PREPARAÇÃO PARA A AGREGAÇÃO DO ADVOGADO ESTAGIÁRIO

PREPARAÇÃO PARA A AGREGAÇÃO DO ADVOGADO ESTAGIÁRIO

2022 • 2.ª Edição

João Maia Castilho
Flávio Mendes Pereira

ALMEDINA

PREPARAÇÃO
PARA A AGREGAÇÃO
DO ADVOGADO ESTAGIÁRIO

AUTORES
João Maia Castilho
Flávio Mendes Pereira

EDITOR
EDIÇÕES ALMEDINA, S.A.
Avenida Emídio Navarro, 81, 3D
3000-151 Coimbra
Tel.: 239 851 904 · Fax: 239 851 901
www.almedina.net · editora@almedina.net

DESIGN DE CAPA
EDIÇÕES ALMEDINA SA

PRÉ-IMPRESSÃO
Patrícia Boleto

IMPRESSÃO E ACABAMENTO
AAAAAAAAA

Outubro, 2022
DEPÓSITO LEGAL
000000/22

ALMEDINA | GRUPOALMEDINA

BIBLIOTECA NACIONAL DE PORTUGAL – CATALOGAÇÃO NA PUBLICAÇÃO
CASTILHO, João Maia, e outro
PREPARAÇÃO PARA A AGREGAÇÃO DO ADVOGADO ESTAGIÁRIO / JOÃO MAIA CASTILHO, FLÁVIO MENDES PEREIRA. – 2ª ed.
I – PEREIRA, Flávio Mendes
ISBN 978-989-40-0886-6
CDU 347

ÍNDICE

PREFÁCIO

É uma das imagens que está mais vincada na minha memória: o dia da prova de agregação à Ordem dos Advogados. Aquele passo, decisivo, a última barreira para o início da concretização do sonho.

Acredito que acontece o mesmo com todas as Advogadas e todos os Advogados.

São momentos de enorme ansiedade, antecedidos por horas incontáveis de estudo e preparação. A urgência de criar um método que nos permita sistematizar tão vasto conhecimento e, mais importante, assegurar que, na hora certa, o consigamos articular da melhor forma.

A obra de Flávio Mendes Pereira e João Maia Castilho é um instrumento fundamental, estruturado, essencial para todas e todos os que estão a preparar-se para se juntarem a nós, nesta nobre missão que é a Advocacia!

O seu cariz assumidamente prático permite às Advogadas e Advogados estagiários terem uma visão metódica, concreta e muito pragmática sobre três pilares determinantes para a nossa profissão: Deontologia Profissional, Direito Processual Civil e Direito Processual Penal.

É este olhar detalhado, organizado e, acima de tudo, muito prático que pode funcionar (funciona, seguramente) como um travão na ansiedade que acima descrevi.

Estamos perante um mapa muito completo para guiar o nosso futuro profissional, identificar aqueles que são os nossos principais alicerces de conhecimento e – muito importante – percebermos quem somos, as nossas obrigações, os nossos direitos e deveres e a forma como nos relacionamos e organizamos na nossa Ordem.

A componente deontológica sempre foi basilar na nossa profissão mas agora assume, a meu ver, um papel determinante neste momento em que a nossa classe continua a sofrer ataques variados, vindos de diversas direções. Temos, por exemplo, a procuradoria ilícita, uma prática ilegal de quem insiste em realizar, de forma clandestina, atos que nos estão reservados.

Nestes momentos é muito importante sabermos quem somos, qual é a nossa essência e a nossa missão. E, também aí, esta obra tem um papel fundamental. Estas páginas, embora dirigidas muito especificamente para quem prepara a agregação à Ordem dos Advogados, são igualmente relevantes para quem já tem anos de carreira e muita experiência acumulada. É sempre bom revisitar os princípios basilares da Advocacia, revisitar conceitos e (bons) princípios para continuarmos firmes na nossa missão.

O trabalho dos meus colegas Mendes Pereira e Maia Castilho é um ás de trunfo para quem está, agora, quase, quase a juntar-se a nós. E um compêndio que pode acompanhar toda a carreira que está prestes a iniciar-se.

Além da visão assumidamente pragmática na estruturação dos conteúdos, a fórmula utilizada é, também ela uma enorme mais-valia para quem ler este livro. O formato pergunta-resposta garante uma abordagem simples, imediata, sintética e objetiva ao mesmo tempo que facilita a apreensão de ideias, conceitos e preceitos legais.

Por fim, uma palavra aos leitores desta obra – seguramente a maioria deles – os quais irei tratar por "Colega" em breve: vocês que vão ter de fazer este percurso, que é difícil mas que vale a pena, apoiem-se neste livro para se aproximarem vertiginosamente da meta que ambicionam, a almejada cédula profissional.

Dr. João Massano

1. INTRODUÇÃO

Decorreram praticamente 10 anos desde a nossa agregação e é com prazer que verificamos que o interesse na nossa obra por parte dos Advogados Estagiários mantém-se.

Apesar de algum tempo de interregno decidimos regressar com uma nova edição atualizada e consolidada, com algumas diferenças de apresentação em algumas matérias, mas sempre com o mesmo espírito que nos guiou e que continuamos a desejar que caracterize a obra.

A inspiração para esta obra surgiu durante a preparação para o exame oral de agregação à Ordem dos Advogados na qual notámos que havia um vazio em termos de apoio ao estudo para este exame. Assim, após a nossa agregação resolvemos contribuir com o resultado dessa preparação para que os nossos Colegas tivessem um elemento que os pudesse guiar e auxiliar no respetivo estudo.

Procurámos abranger as três principais áreas que são objeto de exame escrito e, nomeadamente Deontologia Profissional, Direito Processual Civil e Direito Processual Penal.

Continuamos com a pretensão que o presente trabalho seja eminentemente prático, objetivo, sem grandes questões doutrinárias. Algumas teses que possam ser apresentadas têm cariz prático e não prejudicam as conclusões a que os leitores possam chegar no seu estudo individual.

Quisemos, dentro de cada área, abranger as temáticas fundamentais com casos práticos, e ainda, por vezes, com definições e algumas minutas. Foi sempre nossa preocupação seguir a sistemática dos diplomas legais em questão para uma mais fácil compreensão dos mesmos. Por essa razão, em variadas situações, apenas referimos a base legal e epígrafe do artigo.

Destacamos que este trabalho continua a ter como objetivo, além de ajudar os Colegas Advogados Estagiários nessa preparação, contribuir na resolução de algumas questões que surjam no dia a dia de estudantes de direito, Advogados e todos aqueles ligados às áreas jurídicas *supra* mencionadas.

Por fim, desejamos um Bom Estudo, Boa Sorte para os vossos exames e as maiores felicidades para as vossas carreiras, não esquecendo o que significa ser Advogado e as responsabilidades daí inerentes.

2. QUESTÕES PRÁTICAS

2.1. DEONTOLOGIA PROFISSIONAL DO ADVOGADO[1]

2.1.1. Ordem dos Advogados – aspetos gerais

- *O que é a deontologia?*

"É o conjunto de regras, cuja maioria tem conteúdo ético, fundadas na lei ou na tradição forense, pelas quais o Advogado deve pautar o seu comportamento público, profissional e cívico", *in Orlando Guedes da Costa, Direito Profissional do Advogado,* 6.ª Edição, Almedina, 2008, pág. 6.

- O que é a Ordem dos Advogados (OA)?

É uma associação pública representativa dos profissionais que, em conformidade com os preceitos do presente EOA e demais disposições legais aplicáveis, exercem a advocacia (artigo 1.º/1).

- Onde é que se manifesta o poder e alcance desta organização?

Devem manifestar-se na defesa dos interesses dos seus membros, tanto Advogados como Advogados Estagiários, bem como, manifestar-se no melhoramento dos diplomas legais e numa atualização dos mesmos à realidade que seja vivida na época, com reflexo no facto dos Advogados serem ouvidos sobre alterações legislativas.

[1] Os artigos deste capítulo não acompanhados do respectivo Diploma Legal são do Estatuto da Ordem dos Advogados (EOA).

Pudemos presenciar a verificação de tais situações bem recentemente durante a pandemia provocada pelo COVID 19, por exemplo, nas ações levadas a cabo pela Ordem dos Advogados que originaram as alterações legais que levaram à suspensão dos prazos processuais e administrativos durante o período de estado de emergência e confinamento generalizado.

- A Ordem dos Advogados é independente dos órgãos do Estado?

Sim, a Ordem dos Advogados é independente dos órgãos do Estado, sendo livre e autónoma nas suas regras, nos termos do artigo 1.º/2 e artigo 14.º da LOSJ.

- Quais as atribuições da Ordem dos Advogados?

São por exemplo atribuições da Ordem dos Advogados, defender o Estado de Direito e os Direitos, Liberdades e Garantias dos cidadãos e colaborar na administração da Justiça. Ainda, assegurar o acesso ao direito nos termos da Constituição e exercer em exclusivo jurisdição disciplinar sobre os Advogados e Advogados Estagiários (cfr. artigo 3.º e ainda os artigos 12º, 13º e 14º da LOSJ e 208.º da CRP).

> *"Se o dever de solidariedade é um dos principais deveres entre Advogados, não existe propriamente um dever de solidariedade entre os Advogados e a sua Ordem, mas sim um dever de colegialidade, que não se esgota com a inscrição obrigatória na Ordem e antes é tanto maior quanto mais a Ordem dos Advogados exercer as suas atribuições e competências, designadamente a de zelar pela função social, dignidade e prestígio da profissão de Advogado e promover o respeito pelos respetivos princípios deontológicos; a de defender os interesses, direitos, prerrogativas e imunidades dos seus membros"; "e a de reforçar a solidariedade entre os Advogados", in* Orlando Guedes da Costa, *Direito Profissional do Advogado,* 6.ª Edição, Almedina, 2008, pág. 76 – artigo 3.º-*d), e)* e *f).*

- Quem representa a Ordem dos Advogados?

A Ordem dos Advogados é representada em juízo e fora dele pelo Bastonário, pelos Presidentes dos Conselhos Regionais e pelos Presidentes das Delegações ou pelos Delegados, conforme se trate respetivamente de atribuições do Conselho Geral, dos Conselhos Regionais ou das Delegações, nos termos do artigo 5.º/1.

• A Ordem dos Advogados pode constituir-se assistente ou conceder o patrocínio em processos?

A Ordem dos Advogados pode exercer os direitos de assistente ou conceder patrocínio em processos de qualquer natureza para defesa de todos os seus membros, em todos os assuntos relativos ao exercício da profissão ou ao desempenho de cargos nos órgãos da Ordem dos Advogados, quer se trate de responsabilidades que lhe sejam exigidas, quer de ofensas contra eles praticadas, nos termos do artigo 5.º/2.

• A Ordem dos Advogados, quando intervenha como assistente em processo penal, tem de ser representada por um dos Advogados já constituídos no processo pelos Assistentes?

A Ordem dos Advogados quando intervenha como assistente em processo penal pode ser representada por Advogado diferente do constituído pelos restantes assistentes, se os houver, nos termos do artigo 5.º/3.

• A intervenção direta da Ordem dos Advogados limita-se ao processo penal?

Não, a intervenção da Ordem dos Advogados pode ter a natureza de constituição de assistente em processo penal bem como consubstanciar uma intervenção principal provocada em processo cível.

• A intervenção da Ordem dos Advogados para defesa dos seus membros está limitada a determinadas situações?

A intervenção direta da Ordem dos Advogados no âmbito processual para defesa dos seus membros está maioritariamente reservada à defesa de princípios deontológicos essenciais, tais como o segredo profissional.

• O que é um Advogado?

O Advogado deve ser um servidor da justiça e do Direito (artigo 81.º), recto, leal, independente, exercendo uma função de interesse público (ver também artigo 2.1 do Código Deontológico dos Advogados Europeus – doravante CDAE).

- O EOA define Advogado?

O EOA não define Advogado.

- Quer advogar? O que é ser Advogado? Na essência, o Advogado é o servidor de quê? Isso transforma-o numa profissão de interesse público? Tem prerrogativas? O que acarreta esta profissão?

O Advogado deve zelar pela função social, dignidade e prestígio da profissão e promover o respeito pelos respetivos princípios deontológicos. Deve defender os interesses, direitos, prerrogativas e imunidades dos seus membros e reforçar a solidariedade entre os Advogados – coincide em muito com as atribuições da OA – cfr. artigo 3.º

- Se um indivíduo não inscrito na Ordem dos Advogados fizer um requerimento ao Tribunal, assinar e carimbar como Advogado pratica algum crime?

Sim, pratica o crime de Procuradoria Ilícita, previsto no artigo 7.º da Lei n.º 49/2004. Diferentemente, se por exemplo alguém se fizer passar por médico pratica o crime de usurpação de funções previsto e punido pelo artigo 358.º do Código Penal. Este último crime é de aplicação mais geral, enquanto que o primeiro é específico para os Advogados.

- O que significa Advocare?

Significa colocar-se na posição do cliente e agir como ele agiria.

2.1.2. Órgãos da Ordem dos Advogados

- Quais os órgãos da Ordem dos Advogados?

São órgãos da Ordem dos Advogados o Congresso dos Advogados Portugueses, a Assembleia Geral, o Bastonário, o Presidente do Conselho Superior, o Conselho Superior, o Conselho Geral, o Conselho Fiscal, as Assembleias Regionais, os Conselhos Regionais, os Presidentes dos Conselhos Regionais, os Conselhos de Deontologia, os Presidentes dos Conselhos de Deontologia, as Assembleias Locais, as Delegações e os Delegados, nos termos do artigo 9.º/2.

Órgãos Nacionais	**Órgãos Regionais e Locais**
Congresso dos Advogados Portugueses	Conselhos Regionais
Assembleia Geral	Presidentes dos Conselhos Regionais
Bastonário	Conselhos de Deontologia
Presidente do Conselho Superior	Presidentes dos Conselhos de Deontologia
Conselho Superior	Assembleias Locais
Conselho Geral	Delegações
Conselho Fiscal	Delegados

- Qual é a hierarquia protocolar dos titulares dos órgãos na Ordem dos Advogados?

Bastonário, Presidente do Conselho Superior, Presidente do Conselho Fiscal, os membros do Conselho Superior, do Conselho Geral e do Conselho Fiscal, os Presidentes dos Conselhos Regionais e dos Conselhos de Deontologia, os membros dos Conselhos Regionais e dos Conselhos de Deontologia, os Presidentes das Delegações e Delegados – cfr. artigo 9.º/4.

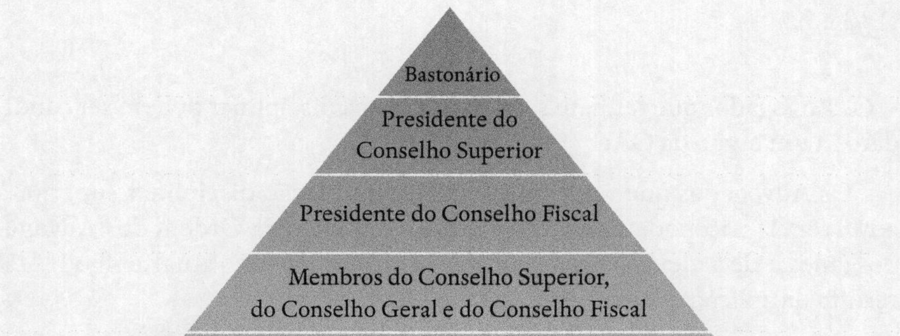

Hierarquia protocolar dos titulares dos órgãos da Ordem dos Advogados

- Enquanto Advogado faz parte de algum órgão da Ordem dos Advogados?

Sim, o Advogado integra a Assembleia Geral, nos termos dos artigos 9.º/2-*b)* e 33.º

- Os órgãos da Ordem dos Advogados são eleitos por quanto tempo?

Os órgãos da Ordem dos Advogados são eleitos por um período de três anos civis, nos termos do artigo 10.º/1.

- É possível a reeleição do bastonário para um terceiro mandato?

Não, não é admitida a reeleição do Bastonário para um terceiro mandato consecutivo, nos termos do artigo 10.º/2.

- Qualquer Advogado pode ser eleito ou designado para qualquer órgão?

Não, apenas os Advogados que tenham inscrição em vigor e no pleno exercício das suas funções. Assim, os Advogados que estejam a cumprir pena de suspensão, enquanto esta se mantiver, ou de expulsão, não poderão ser eleitos para qualquer órgão da Ordem dos Advogados (para certos cargos é necessário cinco ou dez anos de exercício de profissão), nos termos do artigo 11.º/1 e 2.

- Os Advogados que tenham sofrido uma pena disciplinar podem ser candidatos à um órgão da OA?

Os Advogados que tenham sofrido uma punição disciplinar superior à advertência não podem ser candidatos aos órgãos da Ordem dos Advogados (apesar de a menção já não constar expressamente no atual artigo 11.º tal resulta da aplicação dos artigos 18.º/1 e 130.º/11).

- O voto para a eleição do bastonário é obrigatório?

Sim, o voto é secreto e obrigatório, nos termos do artigo 14.º/2.

• Existe alguma punição para quem não cumpra com a sua obrigação de voto?

Sim, o Advogado que sem motivo justificado não exerça o seu direito de voto paga multa que reverte para a Ordem dos Advogados, de montante correspondente ao dobro de uma quota mensal, nos termos do artigo 14.º/4.

Substituição do bastonário – artigo 19.º

Honras e tratamentos – artigo 24.º

• O Advogado que tenha exercido um cargo nos órgãos da Ordem dos Advogados tem algum título honorífico?

O Advogado que tenha exercido cargo nos órgãos da Ordem dos Advogados conserva honorariamente o título correspondente ao cargo mais elevado que haja exercido, nos termos do artigo 25.º

• Quando é que se realiza o congresso dos Advogados portugueses?

O congresso dos Advogados portugueses realiza-se, ordinariamente, de cinco em cinco anos, nos termos do artigo 31.º/1. Pode verificar-se a realização de congresso extraordinário, o qual depende da deliberação, sob proposta do Bastonário, ouvido o Conselho Superior, tomada em reunião do conselho geral, por maioria de dois terços dos votos expressos pelos membros em exercício (artigo 32.º/1-*a*)) ou de requerimento da décima parte dos Advogados com inscrição em vigor, os quais indicam simultaneamente os seus representantes na comissão organizadora do congresso e os temas que pretendem debater (artigo 32.º/1-*b*)) – cfr. artigos 27.º a 32.º.

Assembleia Geral – artigos 33.º a 38.º

• Quem é o Presidente da Ordem dos Advogados?

O Bastonário é o Presidente da Ordem dos Advogados e, por inerência, Presidente do Congresso, da Assembleia Geral e do Conselho Geral, nos termos do artigo 39.º.

- Alguns exemplos das competências do Bastonário da Ordem dos Advogados.

Compete, nomeadamente ao Bastonário, representar a Ordem dos Advogados em juízo e fora dele, designadamente perante os órgãos de soberania (artigo 40.º/1-*a*)), decidir os recursos interpostos das decisões sobre dispensa de sigilo profissional (artigo 40.º/1-*n*)) ou interpor recurso para o Conselho Superior das deliberações de todos os órgãos da Ordem dos Advogados, incluindo o Conselho Geral, que julgue contrárias às leis e regulamentos ou aos interesses da Ordem dos Advogados ou dos seus membros (artigos 40.º/1-*p*), e 165.º/4) – cfr. artigo 40.º/1-*a*) a *r*), 2, 3 e 4.

- Alguns exemplos da competência do Presidente do Conselho Superior.

Compete, nomeadamente, ao Presidente do Conselho Superior resolver conflitos de competência entre Conselhos de Deontologia (artigo 41.º-*a*)),diligenciar na resolução amigável de desinteligências entre Advogados inscritos em diferentes regiões (artigo 41.º-*b*)) ou diligenciar na resolução amigável de desinteligências entre Advogados que exerçam ou tenham exercido funções de Bastonário, Presidente do Conselho Superior, membros do Conselho Geral ou do Conselho Superior, Presidentes dos Conselhos Regionais, Presidentes dos Conselhos de Deontologia e membros dos Conselhos Regionais e dos Conselhos de Deontologia (artigo 41.º-*c*)) – cfr. alíneas *d*) a *i*).

Conselho Superior (competências) – artigos 42.º a 44.º

- Quem tem competência para julgar um processo disciplinar em que seja arguido o Bastonário ou um antigo Bastonário?

É competente o Conselho Superior, nos termos do artigo 44.º/1-*c*).

- O Bastonário também tem algumas competências disciplinares?

Não, o Bastonário não tem competências disciplinares. Em regra, essas competências pertencem em 1.ª instância aos Conselhos de Deontologia, nos termos do artigo 58.º-*a*) e em 2.ª instância ao Conselho Superior reunido em sessão plenária, nos termos do artigo 44.º/1-*b*).

Conselho Geral (competências) – artigos 45.º a 47.º

Conselho Fiscal – artigos 48.ºa 50.º

Assembleias Regionais – artigos 51.º e 52.º

Conselhos Regionais e Presidentes – artigos 53.º a 55.º

• Dê o exemplo de uma competência específica do Presidente do Conselho Regional?

O Presidente do Conselho Regional pode autorizar a revelação de factos abrangidos pelo dever de guardar sigilo profissional, nos termos dos artigos 55.º/1*l)* e 92.º/4.

Conselhos de Deontologia, Presidentes e Delegações – artigos 56.º a 64.º

• O Conselho de Deontologia pode julgar antigos ou atuais membros do Conselho de Deontologia?

O Conselho de Deontologia não pode julgar os seus antigos ou atuais membros, nos termos dos artigos 58.º-*a)* e 44.º/3-*d)*.

Provedor dos Clientes – *artigo 65.º*

	Principais Competências dos Órgãos Nacionais
Congresso dos Advogados Portugueses (art. 28.º)	• Pronunciar-se sobre o exercício da advocacia, seu estatuto e garantias; • Pronunciar-se sobre a administração da justiça; • Pronunciar-se sobre os direitos, liberdades e garantias dos cidadãos;
Assembleia Geral (art. 33.º)	• A aprovação do orçamento e plano de atividades da OA; • A aprovação do relatório e contas da OA; • A aprovação de projetos de alteração do presente Estatuto; • A aprovação de quotas e taxas;
Bastonário (art. 40.º)	• Representar a OA em juízo e fora dele, designadamente perante os órgãos de soberania; • Velar pelo cumprimento da legislação respeitante à OA; • Fazer executar as deliberações da assembleia geral, do conselho superior e do conselho geral; • Apresentar anualmente ao conselho geral os projetos de orçamento e plano de atividades do conselho geral e da OA • Resolver conflitos de competência entre conselhos regionais e delegações que não pertençam à mesma região; • Decidir os recursos interpostos das decisões sobre dispensa de sigilo profissional; • Decidir os recursos interpostos das decisões sobre escusas e dispensas de patrocínio oficioso; • Interpor recurso para o conselho superior das deliberações de todos os órgãos da OA;
Presidente do Conselho Superior (art. 41.º)	• Resolver conflitos de competência entre conselhos de deontologia; • Diligenciar na resolução amigável de desinteligências entre advogados inscritos em diferentes regiões; • Diligenciar na resolução amigável de desinteligências entre advogados que exerçam ou tenham exercido funções de bastonário, presidente do conselho superior, membros do conselho geral ou do conselho superior, presidentes dos conselhos regionais, presidentes dos conselhos de deontologia e membros dos conselhos regionais e dos conselhos de deontologia;
Conselho Superior (art. 44.º)	• Julgar os recursos interpostos das decisões das secções referidas no número3 alíneas b) e e) do artigo 44.º; • Julgar os recursos das deliberações do conselho geral, dos conselhos regionais e dos conselhos de deontologia; • Julgar os processos disciplinares em que sejam arguidos o bastonário, antigos bastonários e membros atuais do conselho superior ou do conselho geral;

	• Deliberar sobre pedidos de escusa, de renúncia e de suspensão temporária de cargo, e julgar os recursos das decisões dos órgãos da OA que determinarem a perda de cargo de qualquer dos seus membros ou declararem a verificação de impedimento para o seu exercício; • Deliberar sobre impedimentos e perda do cargo dos seus membros e suspendê-los preventivamente, em caso de falta disciplinar; Compete às secções do conselho superior: • Julgar os recursos das deliberações, em matéria disciplinar, dos conselhos de deontologia; • Ratificar as sanções de expulsão; • Instruir os processos em que sejam arguidos o bastonário, antigos bastonários e os membros atuais do conselho superior e do conselho geral; • Instruir e julgar, em primeira instância, os processos em que sejam arguidos os antigos membros do conselho superior e do conselho geral e os antigos ou atuais membros dos conselhos regionais e dos conselhos de deontologia; • Dar laudo sobre honorários, quando solicitado pelos tribunais, pelos outros conselhos (...) ou por qualquer advogado, Compete ao conselho superior e ao conselho geral, em reunião conjunta: • Julgar os recursos das deliberações sobre perda do cargo e exoneração dos membros do conselho superior e do conselho geral; • Deliberar sobre os conflitos de competências entre órgãos nacionais e regionais e uniformizar a atuação dos mesmos.
Conselho Geral (art. 46.º)	• Definir a posição da OA perante os órgãos de soberania e da Administração Pública no que se relacione com a defesa do Estado de direito, dos direitos, liberdades e garantias e com a administração da justiça; • Propor as alterações legislativas que se entendam convenientes; • Proceder à inscrição dos advogados e advogados estagiários; • Propor o valor das quotas e taxas a pagar pelos advogados; • Prestar patrocínio aos advogados que hajam sido ofendidos no exercício da sua profissão ou por causa dela, • Deliberar sobre a realização do congresso dos advogados portugueses;
Conselho Fiscal (art. 49.º)	• Acompanhar e controlar a gestão financeira da OA; • Apreciar e emitir parecer sobre o orçamento, relatório de atividades e contas anuais da OA;

2.1.3. Exercício da advocacia

• Quem pode exercer a advocacia em Portugal? É possível um licenciado em direito exercer advocacia? E um Advogado com inscrição suspensa?

Sem prejuízo do artigo 205.º, só os licenciados em Direito com inscrição na Ordem dos Advogados podem, em todo o território nacional, praticar atos próprios da advocacia – artigo 66.º e artigo 1.º da Lei 49.º/2004 (Atos Próprios dos Advogados).

• O que é o mandato forense?

Nos termos do artigo 67.º/1, a) a c) e artigo 2.º da Lei n.º 49/2004 (Atos Próprios dos Advogados), considera-se mandato forense:

- o mandato judicial conferido para ser exercido em qualquer Tribunal, incluindo os Tribunais ou Comissões Arbitrais e os Julgados de Paz;
- o exercício do mandato com representação, com poderes para negociar a constituição, alteração ou extinção de relações jurídicas;
- o exercício de qualquer mandato com representação em procedimentos administrativos, incluindo tributários, perante quaisquer pessoas coletivas públicas ou respetivos órgãos ou serviços, ainda que se suscitem ou discutam apenas questões de facto.

• Pode o mandato forense ser objeto de qualquer limite à escolha do mandatário?

Não, o mandato forense não pode ser objeto, por forma alguma, de medida ou acordo que impeça ou limite a escolha pessoal e livre do mandatário pelo mandante, nos termos do artigo 67.º/2.

• Quando um cliente vai ao escritório do Advogado, há algum tipo de contrato?

Na relação cliente/Advogado não existe o típico contrato de mandato em todas as situações. Se, por exemplo, a pessoa que se desloca ao escritório do Advogado apenas pretende que lhe seja dada uma opinião sobre certo assunto (consulta jurídica), neste caso não estamos perante os elementos necessários para a formação do mencionado contrato de mandato.

- O contrato de mandato civil é oneroso ou gratuito?

O contrato de mandato civil presume-se gratuito, nos termos do artigo 1158.º do Código Civil.

- E o contrato de mandato a um Advogado?

O contrato de mandato conferido a um Advogado presume-se oneroso, pois os atos objetos do mandato são praticados por este a título de profissão, nos termos do artigo 1158.º do Código Civil.

- O que é a consulta jurídica?

Considera-se consulta jurídica a atividade de aconselhamento jurídico que consiste na interpretação da aplicação de normas jurídicas mediante solicitação de terceiro, nos termos do artigo 68.º e artigo 3.º da Lei n.º 49/2004 (Atos Próprios dos Advogados).

- O Advogado pode exercer a sua atividade em regime de subordinação jurídica? Um Advogado pode celebrar um contrato de trabalho com uma empresa?

Sim, o Advogado pode exercer a atividade em regime de subordinação desde que as cláusulas do contrato celebrado com o Advogado estejam em conformidade com os princípios deontológicos, nomeadamente, aquelas não podem pôr em causa a independência e isenção do Advogado. Essa conformidade apenas pode ser aferida pela Ordem dos Advogados (cfr. artigo 73.º – cfr. ainda artigo 81.º/1, 3 e 4).

- É obrigatório o uso de toga num debate instrutório?

O Advogado deve usar a toga quando intervenha num debate instrutório uma vez que se trata de um ato solene que tem lugar numa sala de audiências. Contudo, na prática, alguns juízes nesta diligência não usam a beca e dispensam os Advogados do uso da toga.

- É obrigatório o uso de toga numa audiência de julgamento?

É obrigatório o uso da toga numa audiência de julgamento uma vez que se trata de um ato solene que tem lugar numa sala de audiências, a menos que se trate de um processo da competência de um Advogado Estagiário (vide artigo 196.º) e seja este a realizar a dita audiência. No entanto, é praxe forense que o Advogado Estagiário também envergue a toga.

- É obrigatório o uso de toga em sede de audiência prévia?

Alguns Juízes não usam a beca e isentam os Advogados do uso da toga. Contudo, caso o Juiz e as Partes decidam que a diligência seguirá todos os formalismos, o Advogado deverá usar a toga.

- Se o Advogado não usar toga pode o Juiz impedi-lo de advogar?

"Sendo obrigatório o uso da toga nos Tribunais, parece que o Juiz não poderá impedir o Advogado de exercer o mandato sem ela, porquanto se trata de matéria de carácter deontológico e não processual, devendo, contudo, participar o facto à Ordem, para efeitos disciplinares", *in* António Arnaut, *Estatuto da Ordem dos Advogados Anotado,* 14.ª Edição, Coimbra Editora, 2012, pág. 75, Nota 2 ao artigo 69.º.

- Pode haver uma busca ao escritório do Advogado?

Podem ser efetuadas buscas em escritórios de Advogados. Contudo, estas apenas podem ser decretadas e presididas pelo Juiz competente e estão sujeitas a alguns condicionalismos. Desde logo, o Juiz deve convocar para assistir às buscas o Advogado a elas sujeito, bem como o Presidente do Conselho Regional, o Presidente da Delegação ou o Delegado da Ordem dos Advogados, conforme os casos, os quais podem delegar noutro membro do Conselho Regional ou da Delegação. Na falta de comparência do Advogado representante da Ordem dos Advogados, ou havendo urgência incompatível com os trâmites mencionados, o Juiz deve nomear qualquer Advogado que possa comparecer imediatamente, de preferência de entre os que tenham feito parte dos órgãos da Ordem dos Advogados ou, quando não seja possível, o que for indicado pelo Advogado a quem o escritório ou arquivo pertencer (artigo 75.º/1, 2 e 3 e artigo 177.º/5 do Código de Processo Penal; cfr. ainda o artigo 75.º/4, 5 e 6).

• Quem assiste a uma busca pode reclamar?

Sim, o Advogado interessado, ou na sua falta, qualquer dos familiares ou empregados presentes, bem como o representante da Ordem dos Advogados podem apresentar reclamação, nos termos do artigo 77.º.

• Imagine que um Advogado não tem família e morre sozinho no escritório vítima de ataque cardíaco. Como é que se deve tratar da documentação do escritório?

Perante tal situação, o caso deve ser apresentado ao Conselho Regional respetivo para que este remeta a documentação a alguém habilitado para a rever. Para tal diligência deverá estar presente um representante da Ordem dos Advogados e um Colega de escritório do falecido, ou caso exercesse prática isolada sem qualquer outro Colega no mesmo espaço, um Colega da mesma comarca.

• Qual o maior interesse da reclamação prevista no artigo 77.º?

O artigo 77.º visa garantir a preservação do segredo profissional (n.º 2).

• Porque é que quando é feita uma busca ao escritório de um Advogado tem que estar presente um representante da Ordem dos Advogados?

Para garantir o segredo profissional e para garantir a dignidade e prestígio da profissão.

• Qual a função do representante da Ordem dos Advogados?

A função do representante da Ordem dos Advogados é a salvaguarda do sigilo profissional. Por exemplo, este não deve permitir que se consulte mais nada para além do que consta do mandado de busca.

Apreensão de documentos – artigo 76.º

Direito de comunicação com arguidos presos – artigo 78.º (cfr. Direito Processual Penal).

Informação, exame de processos e pedido de certidões – artigo 79.º

Direito de Protesto – artigo 80.º

Dite um direito de protesto para ata – *"tendo o Advogado do A. Requerido que à Ré e depoente de parte fosse perguntado pelo Meritíssimo Juiz se a assinatura do documento com o nome do Autor foi aposta por ela, o que tinha por objeto a contraprova do quesito em que se pergunta se tal assinatura é do punho do A., protesta porque tal requerimento não foi exarado em ata –"*. O protesto não pode deixar de constar da ata e é havido para todos os efeitos como arguição de nulidade, nos termos da lei.", *in* Orlando Guedes da Costa, *Direito Profissional do Advogado,* 6.ª Edição, Almedina, pág. 247 – artigo 80.º/3.

• Quando é que o Advogado pode fazer uso do direito de protesto?

O Advogado pode fazer uso do direito de protesto quando não lhe é concedida a palavra ou quando um requerimento seu não for lavrado em ata, nos termos do artigo 80.º.

• Imagine que durante a audiência de discussão e julgamento, o Advogado requer a palavra para juntar um documento. Contudo, o Juiz não o autoriza a fazer uso da palavra. O Advogado, de imediato, manda lavrar em ata o direito de protesto. O Juiz, por sua vez, diz-lhe para ir protestar para os corredores do Tribunal. Nesta situação como deve proceder?

Confrontado com tal situação, o Advogado deve arguir a nulidade da ata, uma vez que o teor desta não corresponde ao que realmente se passou. Ainda, deve entregar o seu protesto por escrito na secretaria, requerendo que este passe a constar da ata.

• Imagine que a secretaria estava fechada?

O Advogado deve dar entrada do protesto logo que lhe seja possível praticar o ato.

2.1.4. Incompatibilidades e impedimentos no exercício da advocacia

- Qual a diferença entre incompatibilidade e impedimento no exercício da advocacia?

Nos casos de impedimento estamos perante uma incapacidade restrita, ou seja, o Advogado não pode exercer o patrocínio em casos de determinada natureza. Existe a preocupação de impedir situações de promiscuidade e confusão suscetíveis de fazer surgir, aos olhos da opinião pública, dúvidas acerca da transparência que deve ser apanágio da figura do Advogado. Ao invés, nos casos de incompatibilidade existe uma incompetência absoluta, ou seja, a pessoa em questão não pode exercer a Advocacia, pois o cargo, funções e atividades que leva a cabo não lhe permitem cumprir as normas deontológicas.

- Quais os princípios que estão inerentes aos impedimentos e incompatibilidades para o exercício da advocacia?

Os princípios que estão inerentes aos impedimentos e incompatibilidades são os princípios da autonomia técnica, da isenção, da independência, da responsabilidade, da probidade, da confiança, e da integridade – artigos 81.º a 87.º.

- *Dê a*lguns exemplos de profissões incompatíveis com a advocacia.

Por exemplo, não podem exercer a Advocacia os Notários e Conservadores (salvaguardando os casos de direitos legalmente adquiridos ao abrigo da legislação anterior – artigo 86.º), os Funcionários dos Tribunais, Gestores Públicos, Revisores Oficiais de Contas e Técnicos Oficiais de Contas (cfr. artigo 82.º).

- Diga algumas exceções às incompatibilidades previstas no artigo 82.º.

Os membros da Assembleia da República e os docentes contratados em regime de prestação de serviços são exemplos de exceções às incompatibilidades previstas no artigo 82.º (cfr. n.os 2, 3 e 4).

Alguns outros exemplos previstos abaixo:

- Titular ou membro de órgão de soberania
- Membro do Tribunal Constitucional
- Membro do Tribunal de Contas
- Provedor de Justiça
- Magistrado, ainda que não integrado em órgão ou função jurisdiciona;
- Membro das Forças Armadas
- Revisor oficial de contas ou técnico oficial de contas
- Administrador judicial ou liquidatário judicial
- Mediador imobiliário

- Imagine que o Advogado é convidado para um cargo que lhe suscita dúvidas sobre a existência ou inexistência de incompatibilidade. A quem deve pedir parecer?

As incompatibilidades ou os impedimentos são declarados e aplicados pelo Conselho Geral ou pelo Conselho Regional que for competente (artigos 3.º/1-*c*), e 81.º/5).

- Imagine que o Advogado é convidado para consultor do Presidente da República. Pode continuar a advogar?

Não pode continuar a advogar uma vez que viola o disposto no artigo 82.º/1-*a*) – consultor de um titular de órgão de soberania.

- O que deve fazer o Advogado nessa situação?

O Advogado deve suspender a sua inscrição na Ordem dos Advogados, nos termos do artigo 45.º/1 a) e artigo 46.º do Regulamento n.º 913-C/2015 artigo 91.º-*c*) e *d*).

- Como é que o Advogado procede à suspensão da sua inscrição na Ordem dos Advogados?

O Advogado, para suspender a sua inscrição na Ordem dos Advogados, deve apresentar requerimento ao Presidente do Conselho Geral ou ao Presidente do Conselho Regional, consoante se trate de Advogado ou Advogado Estagiário, nos termos do artigo 46.º do Regulamento n.º 913-C/2015 artigo 91.º-*c*) e *d*).

- Um Advogado pode receber comissões para angariar clientes para um Banco?

O Advogado pode receber comissões para angariar clientes para um Banco, uma vez que não desrespeita os princípios deontológicos. O inverso é que não pode acontecer, ou seja, um Banco não pode receber comissões para angariar clientes para um Advogado (artigo 82.º *a contrario*).

- É possível um Advogado ser gestor ou liquidatário judicial?

Não, uma vez que estaria numa situação de incompatibilidade, nos termos do artigo 82.º/1-*m*).

- Mas atualmente há Advogados que o são. Como é possível?

É possível que atualmente existam Advogados que sejam, por exemplo, liquidatários judiciais, pois as incompatibilidades e impedimentos criados pelo atual Estatuto da Ordem dos Advogados não prejudicam os direitos legalmente adquiridos ao abrigo da legislação anterior, nos termos do artigo 86.º.

- Os Advogados podem ser jurados?

Os Advogados não podem ser jurados, nos termos do artigo 4.º-*i*) do Decreto-Lei n.º 387-A/87, de 29 de dezembro.

- Um Advogado pode ser árbitro de futebol?

Um Advogado pode ser árbitro de futebol pois essa função não desrespeita os princípios deontológicos (artigo 82.º *a contrario*).

- Imagine que um Advogado é eleito para deputado na Assembleia da República – podia continuar a ser Advogado?

Um Advogado eleito deputado na Assembleia da República pode continuar a exercer advocacia, pois está numa situação de exceção ao regime geral das incompatibilidades, nos termos dos artigos 82.º/2-*a*) e 83.º/3.

- E se fosse um funcionário da Assembleia da República, podia exercer Advocacia?

Sim, podia exercer advocacia, pois estaria numa situação de exceção ao regime geral das incompatibilidades, nos termos dos artigos 82.º/2-*a)* e 83.º/4.

- E se fosse funcionário do Estado, podia continuar a exercer advocacia?

Um Advogado que se torne funcionário do Estado deve suspender a sua inscrição, pois encontra-se numa situação de incompatibilidade, nos termos do artigo 82.º/1-*i)*, existindo no entanto as exceções previstas no n.º 3 do artigo 82.º que permitem ao funcionário do Estado exercer a advocacia nas situações e condicionalismos nele descritos, *verbi gratia*, exercer a advocacia em regime de subordinação e exclusividade ao serviço das entidades referidas na alínea i) do número 1 do artigo 82.º.

- Um Professor pode exercer advocacia?

Os Docentes, mesmo que não leccionem Direito, podem exercer advocacia, pois estão numa situação de exceção ao regime geral das incompatibilidades, nos termos do artigo 82.º/2-*c)*.

- Imagine que um Advogado é sócio de uma sociedade imobiliária e dá instruções aos seus funcionários para tentarem ludibriar os compradores no preço. Pode fazê-lo?

Um Advogado, tal como qualquer cidadão, não pode praticar atos contrários à lei. No entanto, é de salientar que o Advogado fruto das suas funções e regras profissionais tem um dever especial de não praticar atos contrários à lei, sendo a sua culpa apreciada de forma mais gravosa.

- Um Advogado pode ser sócio de uma imobiliária?

Um Advogado pode ser sócio de uma imobiliária nos termos do artigo 82.º/1-*n)*, contudo não pode desenvolver a atividade de mediador imobiliário.

Incompatibilidades	
a) Titular ou membro de órgão de soberania, representantes da República para as regiões autónomas, membros do Governo Regional das regiões autónomas, presidentes, vice-presidentes ou substitutos legais dos presidentes e vereadores das câmaras municipais (ainda respetivos adjuntos, assessores, secretários, trabalhadores com vínculo de emprego público ou outros contratados dos respetivos gabinetes ou serviços)	b) Membro do Tribunal Constitucional e respetivos trabalhadores com vínculo de emprego público ou contratados
c) Membro do Tribunal de Contas e respetivos trabalhadores com vínculo de emprego público ou contratados	d) Provedor de Justiça e trabalhadores com vínculo de emprego público ou contratados do respetivo serviço
e) Magistrado ainda que não integrado em órgão ou função jurisdicional	f) Assessor, administrador, trabalhador com vínculo de emprego público ou contratado de qualquer tribunal
g) Notário ou conservador de registos e trabalhadores com vínculo de emprego público ou contratados do respetivo serviço	h) Gestor público
i) Trabalhador com vínculo de emprego público ou contratado de quaisquer serviços ou entidades que possuam natureza pública ou prossigam finalidades de interesse público, de natureza central, regional ou local (cfr. ainda artigo 82.º/3 e 4)	j) Membro de órgão de administração, executivo ou diretor com poderes de representação orgânica das entidades indicadas na alínea anterior (cfr. ainda artigo 82.º/3 e 4)
k) Membro das Forças Armadas ou militarizadas	l) Revisor oficial de contas ou técnico oficial de contas e trabalhadores com vínculo de emprego público ou contratados do respetivo serviço
m) Administrador judicial ou liquidatário judicial ou pessoa que exerça idênticas funções	n) Mediador mobiliário ou imobiliário, leiloeiro e trabalhadores com vínculo de emprego público ou contratados do respetivo serviço

Exceções:
a) Membros da Assembleia da República, bem como dos respetivos adjuntos, assessores, secretários, trabalhadores com vínculo de emprego público ou outros contratados dos respetivos gabinetes ou serviços;
b) Aposentados, reformados, inativos, com licença ilimitada ou na reserva;
c) Docentes;
d) Dos que estejam contratados em regime de prestação de serviços ou de comissão de serviço para o exercício de funções de representação em juízo no âmbito do contencioso administrativo e constitucional ou para o exercício de funções de consultor.

- Num determinado processo em Tribunal, um indivíduo intervém na qualidade de Procurador Adjunto da República. Mais tarde, ingressa na advocacia e um dos arguidos desse processo pede a sua intervenção no processo como Advogado. É possível?

No caso concreto, o agora Advogado não pode aceitar tal patrocínio, uma vez que ao fazê-lo estaria numa situação de impedimento, nos termos do artigo 83.º/1.

- Os Advogados podem ser Solicitadores?

Os Solicitadores não podem ser Advogados. No entanto, alguém que frequente a primeira fase do estágio na Ordem dos Advogados poderá também estar cumulativamente inscrito na Ordem dos Solicitadores e dos Agentes de Execução. Caso passe para a fase seguinte terá que optar entre uma das profissões (artigo 85.º).

- Os Advogados podem ser Agentes de Execução?

O Advogado pode estar registado na Ordem dos Solicitadores e Agentes de Execução enquanto Agente de Execução, nos termos do artigo 85.º/3. (*vide* artigos 105.º e 106.º e artigo 136.º da Lei 154/2015).

- Que nome se dá ao crime de exercício ilegítimo da advocacia?

Quem pratica o exercício ilegítimo da advocacia pratica o crime de procuradoria ilícita, nos termos do artigo 7.º da Lei n.º 49/2004.

2.1.5. Deontologia profissional

i) Princípios gerais

- Quais são os grandes princípios deontológicos do EOA?

Os grandes princípios presentes no EOA são o princípio da independência, da dignidade, da probidade, da isenção, do respeito pela verdade, da lealdade, da urbanidade, da confraternidade, da justiça.

- O que é o princípio da independência?

Segundo o princípio da independência, o Advogado no exercício da profissão deve agir livre de qualquer pressão, especialmente a que resulte dos seus próprios interesses ou de influências exteriores, abstendo-se de negligenciar a deontologia profissional com o intuito de agradar ao seu cliente, a Colegas, ao Tribunal ou a terceiros, nos termos do artigo 89.º (cfr. ainda artigos 73.º/3, 88.º (se forem contrários à lei),97.º/1 do EOA, 12.º/3, 13.º da LOSJ, 1.1., 2.2.1. do CDAE e 208.º da CRP).

- Imagine que um cliente dá instruções diretas ao seu Advogado. Este tem de as cumprir?

O Advogado não tem de cumprir as instruções do seu cliente, uma vez que estaria a pôr em causa a sua autonomia técnica, o que constitui uma violação ao *princípio da independência*, nos termos dos artigos 81.º/1. 89.º, 12.º/3 da LOSJ e 208º da Constituição da República Portuguesa.

- Quais os principais deveres do Advogado para com a comunidade?

O Advogado está obrigado a defender os direitos, liberdades e garantias, a pugnar pela boa aplicação das leis, pela rápida administração da justiça e pelo aperfeiçoamento da cultura e instituições jurídicas, nos termos do artigo 90.º/1. Ainda, não advogar contra a lei ou o direito, não usar de meios ou expedientes ilegais, não promover diligências reconhecidamente dilatórias, inúteis ou prejudiciais para a correta aplicação da lei ou a descoberta da verdade, recusar os patrocínios que considere injustos, verificar a identidade do cliente e dos representantes do cliente, não solicitar clientes, por si ou por interposta pessoa (...), nos termos do n.º 2 do artigo 90.º.

- Imagine que o Advogado redige um contrato promessa de partilha a pedido do seu cliente. As partes celebram-no. No entanto, o seu cliente vem agora informá-lo que nunca teve intenções de celebrar a escritura. Continuaria a patrociná-lo?

Não, o Advogado deverá renunciar ao mandato pois não deve advogar contra lei expressa. No caso concreto, houve uma quebra de confiança entre o mandante e o mandatário, dado que o mandante solicitou o auxílio do Advogado para celebrar um contrato que nunca teve intenções de cumprir (cfr. artigos 89.º, 90.º/1 e 2-a) e 97.º).

- Imagine que um cliente chega ao escritório do Advogado e informa-o que vai prestar declarações ao DIAP sobre um desfalque e confessa-lhe o crime, dizendo ainda que ninguém vai conseguir descobrir que ele o praticou. O que aconselhava ao cliente?

O Advogado deve aconselhar o cliente a confessar, pois o Advogado não deve advogar contra lei expressa, nos termos dos artigos, 90.º/1 e 2-a) e 97.º (confiança quebrada entre mandante e mandatário). Caso o cliente não procedesse dessa forma, o Advogado deveria recusar o patrocínio.

- Imagine que uma entidade patronal não gosta de um determinado funcionário e decide instaurar um processo disciplinar com vista ao seu despedimento. O Advogado é nomeado instrutor do processo e chega à conclusão que o tipo de infração cometida dá lugar apenas à suspensão do trabalhador por dois dias. A entidade patronal pede-lhe para seguir com o despedimento. Que posição assumiria?

No caso concreto, o Advogado deve propor a suspensão do trabalhador por dois dias. O Advogado não tem de cumprir as instruções do seu cliente, uma vez que estaria em causa a sua autonomia técnica, o que constitui uma violação ao princípio da independência (cfr. artigos 81.º/1, 89.º, 90.º/2-*a)* e *b)* e 97.º e 208.º da Constituição da República Portuguesa).

- E se a entidade patronal insistisse para que avançasse com o despedimento?

Nesse caso, o Advogado deve renunciar ao mandato. O Advogado é um servidor da justiça, devendo contribuir sempre para que a solução de cada caso seja a mais justa, nos termos dos artigos 88.º, 97.º e 100.º/2.

- Imagine que alguém o procura, na qualidade de Advogado, e lhe propõe um investimento. Como contrapartida da sua participação oferece-lhe os honorários e um valor extra, caso o investimento tenha um bom retorno. Entretanto um Colega que ouviu a conversa questiona se este investimento não será um caso de tentativa de branqueamento de capitais. O que é que o Advogado deve fazer?

No caso concreto, o Advogado deverá verificar a identidade do cliente e recusar a prestação de serviços quando suspeitar seriamente que a operação em causa visa a obtenção de resultados ilícitos, nos termos do artigo 90.º/2-*c)* e *d)*.

- O Advogado pode promover diligências prejudiciais para a descoberta da verdade?

Nos termos do artigo 90.º/2-*a)*, "se ao Advogado se tolera meia verdade, não pode perdoar-se-lhe a mentira, ou que falseie a verdade. É o dever geral de probidade que lho proíbe", *in* Orlando Guedes da Costa, *Direito Profissional do Advogado,* 6.ª Edição, Almedina, 2008, pág. 270.

- O Advogado deve recusar o patrocínio a questões que considere injustas?

Nos termos do 90.º/2-*b)*, "se o Advogado deve obediência a uma lei mesmo injusta, deve recusar o patrocínio a questões que considere injustas, o que resulta do seu dever de servir a justiça". A recusa deve ser fundamentada "sem que o Advogado possa impor as suas convicções pessoais ou pretenda recusar uma causa de difícil sucesso", *in* Orlando Guedes da Costa, *Direito Profissional do Advogado,* 6.ª Edição, Almedina, 2008, págs. 271 e 272.

- O Advogado pode solicitar ou angariar clientes?

Nos termos do artigo 90.º/2-*h)*, "constitui dever do Advogado para com a comunidade e é corolário do interesse público da profissão não solicitar nem angariar clientes por si nem por interposta pessoa. É a dignidade e decoro da profissão que exigem que o Advogado não promova a captação da clientela", *in* Orlando Guedes da Costa, *Direito Profissional do Advogado,* 6.ª Edição, Almedina, 2008, pág. 291.

A noção de "interposta pessoa" deve ser aferida nos termos do artigo 579.º/2 do Código Civil.

- Um Advogado pode intervir, na qualidade de Advogado, num ato em que ele próprio é o beneficiário do mesmo? Por exemplo, pode o mesmo autenticar uma procuração que lhe atribui poderes?

Um Advogado não pode realizar ato notarial de que seja beneficiário, ou seja, no nosso exemplo, este não pode autenticar procuração que lhe atribui poderes. Neste sentido, veja-se o Parecer n.º E-10/07 da Ordem dos Advogados (cfr. ainda os artigos 38.º/1, do DL 76-A/2006, de 29/março e 5º/1 do Código do Notariado).

- Quais os deveres do Advogado para com a Ordem dos Advogados?

Os deveres do Advogado para com a Ordem dos Advogados vêm previstos no artigo 91.º. Por exemplo, o Advogado não pode prejudicar os fins e prestígio da Ordem dos Advogados e da advocacia (artigo 91.º-*a*)).

Deveres do Advogado para com a Comunidade (art. 90.º)
• Não advogar contra o direito, não usar de meios ou expedientes ilegais, nem promover diligências reconhecidamente dilatórias, inúteis ou prejudiciais para a correta aplicação de lei ou a descoberta da verdade; • Recusar os patrocínios que considere injustos; • Verificar a identidade do cliente e dos representantes do cliente, assim como os poderes de representação conferidos a estes últimos; • Recusar a prestação de serviços quando suspeitar seriamente que a operação ou atuação jurídica em causa visa a obtenção de resultados ilícitos e que o interessado não pretende abster-se de tal operação; • Recusar-se a receber e movimentar fundos que não correspondam estritamente a uma questão que lhe tenha sido confiada; • Colaborar no acesso ao direito; • Não se servir do mandato para prosseguir objetivos que não sejam profissionais; • Não solicitar clientes, por si ou por interposta pessoa.

- O Advogado é obrigado a ter domicílio profissional?

Constitui um dever do Advogado para com a Ordem dos Advogados manter um domicílio profissional dotado de uma estrutura que assegure o cumprimento dos seus deveres deontológicos, nos termos do artigo 91.º-*h*).

- Como Advogado, já não necessita de fazer ações de formação?

Constitui um dever do Advogado para com a Ordem dos Advogados promover a sua própria formação, com recurso a ações de formação permanente, nos termos dos artigos 91.º-*i)* e 197.º e 198.º

- O que é o segredo profissional?

O segredo profissional é o dever deontológico que obriga o Advogado a guardar e manter sob sigilo todos os factos que tenha tido conhecimento no exercício das suas funções ou da prestação dos seus serviços, nos termos do artigo 92.º (cfr. Regulamento n.º 94/2006 – Regulamento de Dispensa de Segredo Profissional).

- O segredo profissional abrange documentos?

O segredo profissional abrange os documentos, e ainda outras coisas que estejam relacionadas com os factos sujeitos a sigilo, nos termos do artigo 92.º/3.

- Quando é que é possível revelar factos abrangidos pelo segredo profissional?

O Advogado pode revelar factos abrangidos pelo segredo profissional, desde que tal seja absolutamente necessário para a defesa da dignidade, direitos e interesses legítimos do próprio Advogado ou do cliente (antigo cliente também abrangido) ou os seus representantes, mediante prévia autorização do Presidente do Conselho Regional respetivo (artigo 55.º/1-*l)*), com recurso para o Bastonário, nos termos do artigo 92.º/4 (cfr. Regulamento n.º 94/2006 – Regulamento de Dispensa de Segredo Profissional). Tal não é aplicável às comunicações previstas no artigo 113.º, nos termos do seu n.º 2.

- Quem pode autorizar o Advogado a revelar factos abrangidos por segredo profissional?

É ao Presidente do Conselho Regional respetivo que compete revelar factos, autorizar o Advogado a revelar factos abrangidos pelo Segredo Profissional, nos termos dos artigos 55.º/1-*l)* e 92.º/4 (cfr. artigo 2.º/2 do Regulamento n.º 94/2006 – Regulamento de Dispensa de Segredo Profissional).

- E perante o indeferimento por parte do Presidente do Conselho Regional respetivo, este é suscetível de recurso?

Sim, este indeferimento é suscetível de recurso para o Bastonário, nos termos dos artigos 40.º/1-*n*), 92.º/4 e artigos 6.º a 8.º do Regulamento n.º 94/2006 – Regulamento de Dispensa de Segredo Profissional).

- Se o Advogado quisesse juntar num processo, um documento que lhe suscita dúvidas quanto à matéria do segredo profissional, o que faria?

O Advogado deveria solicitar a dispensa do sigilo profissional ao Presidente do Conselho Regional, nos termos dos artigos 55.º/1-*l*) e 92.º/4.

- Os atos praticados pelo Advogado com violação do segredo profissional podem valer em juízo?

Não, os atos praticados pelo Advogado com violação do segredo profissional não podem valer em juízo, nos termos do artigo 92.º/5.

- Ainda que dispensado de guardar segredo profissional, o Advogado pode manter o segredo?

O Advogado ainda que dispensado do segredo profissional pode sempre mantê-lo, nos termos do artigo 92.º/6.

- O dever de guardar segredo é extensivo a outras pessoas (por exemplo à funcionária da limpeza do escritório)?

Sim, o segredo profissional abrange todas as pessoas que colaborem com o Advogado no exercício da sua atividade profissional.

- A funcionária da limpeza do escritório responde disciplinarmente perante a Ordem dos Advogados?

Não, uma vez que não é membro da mesma.

- Se disciplinarmente nada pode acontecer à funcionária da limpeza do escritório, para que é que está prevista a norma de proibição no artigo 92.º/7?

A funcionária da limpeza do escritório, apesar de não responder disciplinarmente perante a Ordem dos Advogados, pode responder civilmente e criminalmente nos termos gerais. Importa referir ainda, que os factos revelados ao abrigo do segredo profissional não podem fazer prova em juízo.

• A violação do segredo profissional faz incorrer algum tipo de responsabilidade para o Advogado e Advogado Estagiário?

Sim, tal violação fará com que o Advogado ou Advogado Estagiário incorra em responsabilidade disciplinar, civil (artigo 483.º do Código Civil) e criminal (artigo 195.º do Código Penal).

• A autoridade judiciária ou o Tribunal, havendo dúvidas sobre a legitimidade da escusa, pode insistir em que o Advogado ou Advogado Estagiário testemunhe sobre determinado crime?

Havendo dúvidas fundadas sobre a legitimidade da escusa, pedirá um parecer à Ordem dos Advogados para decidir sobre a legitimidade da mesma. Caso decida pela ilegitimidade desta, o Tribunal deverá ordenar que seja prestado depoimento, nos termos do artigo 135.º do Código de Processo Penal.

• O parecer da Ordem dos Advogados é obrigatório?

O parecer da Ordem dos Advogados é obrigatório, uma vez que o Tribunal apenas poderá decidir após ter sido ouvida a Ordem dos Advogados, nos termos do artigo 135.º/4 do Código de Processo Penal.

• E depois de tudo isto se o Advogado continuasse a negar, cometia algum crime?

Não, nos termos do artigo 31.º-*b)* e *c)* do Código Penal o Advogado que, nestas condições, se escuse a prestar depoimento, não pratica qualquer crime.

• A correspondência ocorrida entre negociações estão sujeitas a segredo profissional?

Sim, tal correspondência está abrangida pelo segredo profissional. Basta para tanto, que tenha havido intervenção apenas do Advogado de uma parte (de outra forma, estar-se-ia a criar uma situação de desigualdade injustificável (artigo 92.º/1-*f*)).

• Imagine que o Advogado troca correspondência com outro Advogado. Entretanto não chegam a acordo e vão para a barra dos Tribunais. O Advogado da parte contrária junta como documentos a correspondência trocada. O que faria?

O Advogado deverá alegar uma exceção de nulidade e requerer o desentranhamento dos mesmos. Pode também requerer que seja extraída certidão dos mesmos para participação na Ordem dos Advogados, nos termos dos artigos 92.º/1-*f*) e 92.º/5 (cfr. artigo 121.º).

• Imagine que um Colega lhe envia uma carta onde o cliente deste se propõe pagar em prestações. Entretanto não há acordo e o processo vai para julgamento. Pode juntar esta carta na audiência de discussão e julgamento para provar a existência do crédito?

O Advogado não pode juntar a correspondência que tenha sido trocada no âmbito de negociações para acordo, mesmo que malogradas, nos termos do artigo 92.º/1-*f*).

O Advogado apenas poderá juntar como documento, no caso de, por exemplo, se tratar de uma carta de interpelação para pagamento ou de resolução de contrato.

• Imagine que o seu cliente vai ao escritório e diz que sabe que a mulher dele tem um amante. Diz-lhe ainda que tem uma arma e vai comprar munições para os matar. O Advogado deve guardar segredo?

No caso concreto, o Advogado deve denunciar tal intenção às autoridades competentes, sob pena de incorrer em processo disciplinar, mas sabendo que age ao abrigo da legítima defesa das vítimas. Neste caso, há bens superiores – vida e integridade física das vítimas – que devem ser salvaguardados (cfr. artigos 24.º e 26.º da Constituição da República Portuguesa).

• A obrigação de segredo prescreve?

Não, a obrigação de segredo é imprescritível, mesmo se o Advogado suspender (artigos 114.º/2 e 49 do Regulamento nº 913-C/2015) ou cancelar a sua inscrição. No caso de cancelamento da inscrição, não há infração disciplinar apenas criminal, nos termos do artigo 195.º do Código Penal. Contudo, a infração disciplinar/criminal prescreve. (*vide* artigos 114.º/3 e artigo 52.º do Regulamento n.º 913-C/2015.)

• Quando o Advogado elabora uma petição inicial está a relatar factos a terceiros. Nesta situação estará a violar o dever de sigilo profissional?

Não, porque a petição inicial é apresentada em nome do Autor, pelo que é este que comunica os factos ao Tribunal e não o Advogado. O Advogado é um mero interlocutor.

• Suponha que em fase de inquérito, um cliente, vítima de um crime, entrega uma carta que lhe tinha sido dirigida pelo Advogado do autor do crime, a dizer que o seu cliente reconhece, confessa e está arrependido dos atos praticados. O Advogado elabora a queixa e junta a carta. Esta carta pode ser livremente junta ao inquérito?

Esta carta não pode ser livremente junta ao inquérito, pois está abrangida pelo segredo profissional, nos termos do artigo 92.º/3.

• No entanto, a junção da carta é indispensável para o andamento do processo uma vez que o seu cliente não tem mais nenhuma prova. O que faria o Advogado?

Esta carta não pode ser livremente junta ao inquérito, pois está abrangida pelo segredo profissional, nos termos do artigo 92.º/3, contudo, o Advogado podia pedir o levantamento do sigilo profissional ao Presidente do Conselho Regional respetivo, nos termos do artigo 92.º/4.

• Imagine que o Bastonário confirma a decisão do Presidente do Conselho Regional, de indeferir o requerimento de levantamento de segredo profissional, a qual transita em julgado. Você entrega a carta ao seu cliente e diz-lhe que não a pode juntar ao processo. O seu cliente descontente com a situação junta a carta. O que faria?

No caso concreto, o Advogado deve renunciar ao mandato, pois houve uma quebra de confiança entre cliente e Advogado, nos termos do artigo 97.º

• Imagine que um Advogado tinha uma avença com uma sociedade comercial, esta solicita-lhe que a represente num processo disciplinar contra um trabalhador. O Advogado trata de todo o processo disciplinar, sendo inclusive instrutor de tal processo, que termina com o despedimento do trabalhador. O trabalhador impugna a decisão e a sociedade pede ao Advogado para a representar na ação. Pode?

Embora não seja aconselhável, o Advogado pode representar a sociedade uma vez não existe conflito de interesses ou violação do segredo profissional.

• Imagine agora que a sociedade está devidamente representada por outro Colega que quer arrolar o mesmo Advogado como testemunha. Pode?

No caso concreto, o Advogado não pode testemunhar por ter conhecimento dos factos no desempenho das suas funções como instrutor no processo disciplinar, tal constituiria uma violação do sigilo profissional, nos termos do artigo 92.º/1 e n.º 1-*a*)).

• Imagine que um Advogado tem conhecimento sobre determinados factos relacionados com um assunto que tratou. Mais tarde, pedem-lhe para testemunhar num processo sobre esses mesmos factos. O que faz?

O Advogado deve escusar-se a depor, nos termos dos artigos 417.º/3-*c*) *e* 4 e 497.º/3 do Código de Processo Civil, 135.º do Código de Processo Penal e 92.º/4.

• E se o cliente o dispensar do sigilo profissional?

O sigilo profissional não está na disponibilidade dos clientes ou dos seus beneficiários. Este tem natureza deontológica e social e não contratual (cfr. ainda artigos 208.º da CRP, 13.º/2 da LOSJ e 2.3. do CDAE).

• Se interveio como Advogado durante as negociações, pode depois ser arrolado como testemunha?

No caso concreto, o Advogado não pode ser arrolado como testemunha, nos termos do artigo 92.º/1-*f*).

• E se o seu depoimento for a única forma de provar que o seu cliente tem razão?

O Advogado pode pedir o levantamento do sigilo profissional ao Presidente do Conselho Regional respetivo, nos termos do artigo 92.º/4 (cfr. ainda o artigo 6.º/2 do Regulamento de Dispensa de Sigilo Profissional).

• Conhece outras disposições legais do sigilo profissional além do EOA?

Além das disposições legais vertidas no EOA, são ainda respeitantes ao sigilo profissional o artigo 135.º Código de Processo Penal, os artigos 417.º/3-*c)*, e 4, e 497.º/3 do Código de Processo Civil, os artigos 195.º e 196.º do Código Penal e o artigo 13.º da LOSJ.

• Qual a ratio da proibição de discussão pública (na imprensa ou noutros meios de comunicação social) de questões profissionais, nos termos do artigo 93.º?

A proibição da discussão pública de questões profissionais visa não influenciar a solução de questões pendentes em órgãos do Estado (uma vez que o centro de decisão é o Tribunal, nos termos dos artigos 93.º e 112.º/1-*a)* e *c)*), proteger os interesses dos clientes, bem como garantir o sigilo profissional.

• Imagine que o Advogado chegava a um café e que um Colega estava a discutir em público o que se tinha passado na audiência de discussão e julgamento. Quid Iuris?

No caso concreto, o Colega está a discutir em público questões profissionais (artigo 93.º), o que acarreta também uma violação do segredo profissional (artigo 92.º), podendo incorrer em responsabilidade disciplinar (eventualmente em responsabilidade civil – artigo 483.º do Código Civil – e criminal – artigo 195.º do Código Penal).

• Imagine que o Advogado é convidado para participar numa tertúlia cor-de-rosa de um programa televisivo. O Advogado pode participar na mesma?

O Advogado pode participar no programa ora em causa se o mesmo não implicar a violação dos princípios deontológicos vertidos no EOA, nomeadamente os artigos 92.º e 93.º

• Imagine que é Advogado num caso mediático e conhece todos os factos do processo. O caso em questão já terminou e a decisão já transitou em julgado. Neste caso concreto, pode ir ao programa de tertúlia cor-de-rosa na televisão?

O Advogado pode participar no programa ora em causa se o mesmo não implicar a violação dos princípios deontológicos vertidos no EOA (cfr. artigo 92.º).

• Imagine que nesse programa se pergunta ao Advogado como arquitetou toda a defesa. Deve responder?

Nesta situação, o Advogado não pode responder à questão que lhe é colocada, uma vez que ao fazê-lo violaria o segredo profissional.

• E se o cliente estiver a ser atacado publicamente?

Se o cliente estiver a ser atacado publicamente, o Advogado pode pedir autorização ao Presidente do Conselho Regional respetivo para se pronunciar, sempre que o exercício desse direito de resposta se justifique, sobre questões profissionais pendentes, de forma a prevenir ou remediar ofensa à dignidade, direitos e interesses legítimos do cliente. Esse pedido deve ser devidamente justificado e indicar o âmbito possível das questões sobre o que entende dever pronunciar-se, nos termos do artigo 93.º/2 e 3 (cfr. n.º 4).

• Imagine que o Presidente do Conselho Regional indefere o pedido.

Da decisão do Presidente do Conselho Regional, que indefira o pedido, cabe recurso para o Bastonário que decide no prazo de três dias úteis, nos termos do 93.º/5.

• Pode o Advogado pronunciar-se sem pedir autorização ao Presidente do Conselho Regional?

O Advogado pode, em casos de manifesta urgência, pronunciar-se de forma tão restrita e contida quanto possível, devendo informar, no prazo de cinco dias úteis, o Presidente do Conselho Regional respetivo das circunstâncias que determinaram tal conduta e do conteúdo das declarações proferidas, nos termos do artigo 93.º/6.

- Imagine que o Advogado é mandatário do Autor num determinado processo, e ouve na rádio o Colega da parte contrária a pronunciar-se sobre a sentença que tinha sido proferida no dia anterior. O que faria?

No caso concreto, o Advogado do Réu está a violar os artigos 93.º/1 e 112.º/1-*d)*, uma vez que se pronuncia sobre uma questão cuja decisão ainda não transitou em julgado. O Advogado do Autor pode, caso assim entenda, participar disciplinarmente do Colega, nos termos do artigo 123.º/1 *in fine*.

- Imagine que é publicada uma lei com a qual não concorda e resolve escrever uma crónica no Expresso. Pode fazê-lo?

O Advogado pode emitir a sua opinião sobre uma lei com a qual não concorde, desde que não revele factos de nenhum caso em particular, nos termos do artigo 93.º.

- Imagine que ao sair do julgamento, enquanto Advogado num processo, tem a comunicação social a pedir-lhe declarações. O que fazer?

O Advogado não deve prestar declarações sobre processos pendentes confiados a si ou a outro Colega, nos termos do artigo 93.º.

- O Advogado pode fazer publicidade do seu escritório?

O Advogado pode divulgar a sua atividade profissional de forma objetiva, verdadeira e digna, no rigoroso respeito dos deveres deontológicos, do segredo profissional e das normas legais sobre publicidade e concorrência, nos termos do artigo 94.º/1. Dentro da publicidade existem atos lícitos, previstos no artigo94.º/3 e atos ilícitos previstos no artigo 94.º/4.

- O que entende por publicidade de forma objetiva?

A publicidade dos Advogados deve conter informação objetiva. Esta informação deve ser aferida nos termos do artigo 94.º/2.

Informação Objetiva

- A identificação pessoal, académica e curricular do advogado ou da sociedade de advogados;
- O número de cédula profissional ou do registo da sociedade de advogados;
- A morada do escritório principal e as moradas de escritórios noutras localidades;
- A denominação, o logótipo ou outro sinal distintivo do escritório;
- A indicação das áreas ou matérias jurídicas de exercício preferencial;
- A referência à especialização, nos termos admitidos no n.º 3 do artigo 70.º;
- Os cargos exercidos na Ordem dos Advogados;
- Os colaboradores profissionais integrados efetivamente no escritório do advogado;
- O telefone, o fax, o correio eletrónico e outros elementos de comunicações de que disponha;
- O horário de atendimento ao público;
- As línguas ou idiomas, falados ou escritos;
- A indicação do respetivo sítio na Internet;
- A colocação, no exterior do escritório, de uma placa ou tabuleta identificativa da sua existência.

- Quais os argumentos a favor da publicidade?

Os defensores da publicidade dos Advogados, equiparadas às sociedades comerciais, consideram que a lei existente viola a liberdade de expressão, é contrária às normas da concorrência existentes e ainda consideram que limita o direito do cliente a estar bem informado sobre o serviço que lhe vai ser prestado.

- Quais os argumentos contra a publicidade?

Os defensores do atual regime da publicidade para os Advogados, consideram que uma equiparação às sociedades comerciais teria o efeito de enganar o público, prejudicar o bom nome da profissão, teria efeitos negativos na qualidade dos serviços prestados, seria demasiado dispendiosa (concorrência desleal entre Sociedades ou Advogados com mais poder financeiro relativamente aos demais) e também seria contrária à ética profissional e aos deveres deontológicos.

- Uma tabuleta grande e luminosa com o nome do Advogado dizendo onde se formou, viola o artigo 94.º do EOA?

A dignidade da profissão de Advogado não permite que estes divulguem a sua atividade com uma tabuleta grande e luminosa, nos termos do artigo 94.º

- Um Advogado pode mandar fazer um cartão que indique "especialista" em direito dos animais?

Um Advogado pode fazer um cartão que indique de forma objetiva que é especialista em direito se essa especialização for reconhecida pela Ordem dos Advogados. No caso concreto, o direito dos animais não é uma especialização reconhecida pela Ordem dos Advogados pelo que o Advogado não podia fazer um cartão que indicasse tal especialidade, nos termos dos artigos 70.º/3 e 94.º/2-*f*) e os artigos 3.º a 5.º do Regulamento Geral das Especialidades – Regulamento n.º 9/2016.

- E pode um Advogado pôr a sua fotografia no cartão?

Sim, um Advogado pode incluir no cartão a sua fotografia, nos termos do artigo94.º/3-*k*).

- Imagine que um Advogado compra uma página de publicidade num jornal conhecido e coloca apenas e tão só a sua fotografia. Estará a publicitar-se como Advogado?

No caso concreto, estamos perante uma situação invulgar que acaba por não beneficiar ninguém. Apesar de não conter informações profissionais, a inclusão da fotografia diariamente num jornal conhecido pode resultar em angariação de clientela para o Advogado, porque este acaba por ser identificável pela dita fotografia. Neste sentido, consideramos que se trata de um ato ilícito de publicidade (artigo 94.º).

- É publicado um anúncio num jornal, de um Advogado com o seu número de telefone, horário de expediente e morada. É possível?

Neste caso, apesar da publicação de informações sobre número de telefone, horário de expediente e morada ser lícita, nos termos do artigo 94.º/3-*d*), a publicação dessas informações num jornal constitui um uso de publicidade direta não solicitada, nos termos do artigo 94.º/4-*e*). Assim, estamos perante um ato ilícito de publicidade.

- O Advogado/Sociedade de Advogados pode ter um sítio na internet?

O Advogado/Sociedade de Advogados pode criar um sitio na internet no qual incluam informação objetiva relativamente à sua atividade profissional, nos termos do artigo 94.º/1 e 2-l).

- O que acha deste anúncio: "consulta jurídica a 15€, envie já a sua questão"?

Este anúncio viola o EOA, nomeadamente o artigo 94.º/4-*b)* uma vez que faz referência a valores dos serviços prestados.

- Pode um Advogado publicitar o seu escritório numa lona de proteção de prédios em obras?

A dignidade da profissão de Advogado não permite que estes divulguem a sua atividade numa lona de proteção de prédios em obras, nos termos do artigo 94.º.

Além disso, esta forma de publicidade constitui um uso de publicidade direta não solicitada, nos termos do artigo 94.º/4-*e)*.

- Um Advogado pode garantir 100% de sucesso nos casos que lhe sejam confiados?

Um Advogado não pode garantir ou prometer resultados aos seus clientes na resolução das questões que lhe sejam confiadas, nos termos do artigo 94.º/4-*d)*. Implicitamente poderá também estar a fazer menção à qualidade do escritório, o que também não é permitido, nos termos do artigo 94.º/4-b).

- O que acha da possibilidade de um Advogado/Sociedade de Advogados abrir um escritório dentro de um centro comercial?

Um centro comercial não é um espaço que seja adequado à dignidade da prática da profissão de Advogado. Além de não ser um espaço recatado, expondo os clientes aos olhares gerais, estar-se-ia, também, a equiparar um Advogado a outras profissões. Não queremos com isto dizer que as atividades normalmente desenvolvidas num centro comercial não sejam dignas, no entanto, o Advogado não visa o lucro. O Advogado tem uma finalidade mais nobre. Servir a justiça!

ATOS LÍCITOS DE PUBLICIDADE (art. 94.º/3)
a) A menção à área preferencial de atividade; b) A utilização de cartões onde se possa colocar informação objetiva; c) A colocação em listas telefónicas, de fax ou análogas da condição de advogado; d) A publicação de informações sobre alterações de morada, de telefone, de fax e de outros dados relativos ao escritório; e) A menção da condição de advogado, acompanhada de breve nota curricular, em anuários profissionais, nacionais ou estrangeiros; f) A promoção ou a intervenção em conferências ou colóquios; g) A publicação de brochuras ou de escritos, circulares e artigos periódicos sobre temas jurídicos em imprensa especializada ou não, podendo assinar com a indicação da sua condição de advogado e da organização profissional que integre; h) A menção a assuntos profissionais que integrem o currículo profissional do advogado e em que este tenha intervindo, não podendo ser feita referência ao nome do cliente, salvo, excecionalmente, quando autorizado por este, se tal divulgação for considerada essencial para o exercício da profissão em determinada situação, mediante prévia deliberação do conselho geral; i) A referência, direta ou indireta, a qualquer cargo público ou privado ou relação de emprego que tenha exercido; j) A menção à composição e estrutura do escritório; k) A inclusão de fotografia, ilustrações e logótipos adotados.
ATOS ILÍCITOS DE PUBLICIDADE (art. 94.º/4)
a) A colocação de conteúdos persuasivos, ideológicos, de autoengrandecimento e de comparação; b) A menção à qualidade do escritório; c) A prestação de informações erróneas ou enganosas; d) A promessa ou indução da produção de resultados; e) O uso de publicidade direta não solicitada;

- O que é o dever geral de urbanidade?

O dever geral de urbanidade constitui o Advogado na obrigação de ser correto para todos. Tal como escreveu o Bastonário Carlos Pires: *"onde está um Advogado deve estar um homem de bem"* (R.O.A. 224), *in* António Arnaut, *Estatuto da Ordem dos Advogados Anotado*, 14.ª Edição, Coimbra Editora, 2012, pág. 109, Nota 1 ao artigo 90.º (cfr. ainda artigo 9.º/1 do Código de Processo Civil).

• Onde vem previsto o dever de urbanidade dos oficiais de justiça para com os Advogados?

O dever de urbanidade dos oficiais de justiça para com os Advogados vem previsto no artigo 157.º/3 do Código de Processo Civil.

• O dever geral de urbanidade obriga os Advogados a levantarem-se quando o Juiz entra na sala?

O dever geral de urbanidade obriga os Advogados, na sua profissão, a levantarem-se quando o Juiz entra na sala de audiências. Trata-se de um uso da profissão e de um sinal de respeito para o Juiz que irá presidir à diligência.

• E na vida privada?

Neste caso, o Advogado não tem a obrigação de levantar-se quando um Juiz entra num espaço onde ele se encontre. Contudo o Advogado deve ser um homem de bem, correto para todos.

• Qual é o alcance do dever geral de urbanidade? Tem de existir num estádio de futebol?

O dever geral de urbanidade deve estar presente, num Advogado, em todas as situações da sua vida. O Advogado deve ser um homem de bem, correto para todos. Isto não o impede de, por exemplo, num estádio de futebol manifestar-se no apoio à sua equipa.

• Conhece algumas praxes forenses?

Um exemplo de praxe forense é o caso do Advogado mais novo deslocar-se ao escritório do Advogado mais velho.

Ainda, o Advogado deve tomar a defesa de um Colega quando este seja injustamente criticado, ou seja, objeto de medidas ilegais ou arbitrárias.

Patrocínio contra Advogados e Magistrados (aplica-se à contestação, reconvenção e substabelecimento) – o Advogado, antes de intervir em procedimento disciplinar, judicial ou de qualquer outra natureza contra um Colega ou um Magistrado, deve comunicar-lhes por escrito a sua intenção, com as explicações que entenda necessárias, salvo tratando-se de procedimentos que tenham natureza secreta ou urgente (exemplo: procedimentos cautelares), nos termos do artigo 96.º

- Quais os princípios que decorrem do artigo 96.º do EOA?

Os princípios que decorrem deste artigo são o da cortesia e da solidariedade entre profissionais do foro. Este artigo tem ainda na sua base, a função de possibilitar a resolução amigável do litígio entre estes.

- Imagine que o Advogado apresentou um requerimento executivo contra um Colega/Juiz/Procurador. Imagine ainda que um cliente do Advogado arrendou uma fração a um Colega para que este a use como seu escritório. Posteriormente, este não paga ao seu cliente. Tem de levar a cabo algum procedimento nestes casos?

O Advogado deve comunicar por escrito a sua intenção de avançar judicialmente contra este, com as explicações que entenda necessárias, nos termos do artigo 96.º.

- E se for contra o seu patrono?

No caso concreto, trata-se de uma situação pouco provável. Entendemos que se deverá cumprir o estabelecido no artigo 96.º, mas com uma exposição mais alargada tendo em vista uma probabilidade mais forte da resolução amigável do litígio.

- Imagine que o Advogado se esquecia de comunicar ao Colega que ia contestar uma ação que intentou contra o seu cliente.

Neste caso, o Advogado cometia uma infração disciplinar que podia ser alvo de participação, nos termos do artigo 123.º.

- Uma cliente pede ao Advogado para intentar uma ação contra o marido que é Juiz Desembargador, mas adverte-o do receio de que o marido venha a alienar o seu Ferrari. O que faria?

Neste caso, o Advogado não deve comunicar a sua intenção ao Juiz Desembargador, pois iria requerer um procedimento cautelar de arresto – processo com natureza urgente. Todavia, já existe o dever de comunicação quando seja intentada a ação principal (artigo 96.º).

• Imagine que um cliente aparece no escritório gravemente ferido, em consequência de graves ofensas à sua integridade física por parte da mulher deste que, por sinal, é uma Colega. O que aconselharia a este cliente?

Neste caso, o Advogado deverá aconselhar o cliente a instaurar um procedimento criminal contra a sua mulher.

• Se fosse instaurado o procedimento criminal, este seria secreto?

Se o procedimento criminal não se encontrar sujeito a segredo de justiça, nos termos do artigo 86.º do Código de Processo Penal, o dever de comunicação ao Colega terá de ser cumprido (artigo 96.º).

ii) **Relações com os clientes**

• Qual o princípio fundamental entre um Advogado e o seu cliente?

O princípio fundamental na relação entre um Advogado e o seu cliente é o princípio da confiança, nos termos do artigo 97.º.

• O princípio da confiança abrange os ex-clientes?

Sim, os ex-clientes estão abrangidos pelo princípio da confiança, nos termos do artigo 97.º/2.

• A confiança entre o Advogado e o cliente tem que ser mútua?

A confiança entre o Advogado e o cliente tem que ser mútua, nos termos do artigo 97.º. A título de exemplo, é quebrada a confiança entre os dois, quando um Advogado substabelece noutro, mesmo com reserva de poderes, sem jamais usar os poderes reservados.

Aceitação do patrocínio e dever de competência – artigo 98.º

• Imagine que o Advogado foi contactado por um cliente para lhe tratar de uma execução fiscal. No entanto, nunca trabalhou nesta área. O que faria?

O Advogado não deve aceitar este patrocínio. Segundo os termos do artigo 98.º/2 não deve aceitar o patrocínio uma questão se souber que não tem competência ou disponibilidade para dela se ocupar prontamente, a menos que atue conjuntamente com outro Advogado com competência e disponibilidade para o efeito.

- Qual o(s) princípio(s) que está inerente(s) ao conflito de interesses?

Os princípios inerentes ao conflito de interesses, são o princípio do interesse público da profissão; o da independência do Advogado e o da confiança, nos termos do artigo 99.º. Também estão presentes preocupações ao nível do segredo profissional, pela salvaguarda do Advogado, da comunidade e da Ordem dos Advogados (tripla função do Advogado).

- Dê um exemplo em que o Advogado deva recusar o patrocínio de uma questão por haver conflito de interesses, nos termos do artigo 99.º.

Estamos perante um caso de conflito de interesses quando, por exemplo, um casal procura um Advogado tendo em vista a formalização de um processo de divórcio por mútuo consentimento e durante o qual, posteriormente, os mesmos entram em conflito, pelo que o referido divórcio terá de ser efetuado segundo os termos previstos para o divórcio sem o consentimento do outro cônjuge. Neste caso, o Advogado que já teve conhecimento dos factos por ambos os cônjuges, não pode patrocinar nenhum deles no processo de divórcio sem consentimento do outro cônjuge.

Há também conflito de interesses quando um Advogado representa o Requerente num procedimento cautelar e depois é contactado pelo Requerido para representá-lo na ação principal.

- Imagine que o Sr. António quer divorciar-se e vai ao escritório do seu Advogado. O mesmo pretende assegurar o divórcio por mútuo consentimento. Contudo, surgem desentendimentos entre os cônjuges e o divórcio já não vai ser amigável. Pode o Advogado defender o Sr. António?

No caso concreto, o Advogado pode defender o Sr. António uma vez que a esposa deste não foi à reunião com o Advogado aquando da formalização do processo de divórcio por mútuo consentimento. O Advogado só teve conhecimento de factos transmitidos pelo Sr. António (artigo 99.º).

- Imagine agora que os cônjuges foram juntos à reunião com o Advogado na tentativa de divórcio por mútuo consentimento. Contudo, surgem desentendimentos entre os cônjuges e o divórcio já não vai ser amigável. O Advogado sente-se mais amigo do cônjuge homem pelo que decide patrociná-lo. Tomou a atitude correta?

O Advogado não tomou a atitude correta, uma vez que os factos de que tem conhecimento foram-lhe dados a conhecer por ambos os cônjuges. Assim, não pode patrocinar nenhum deles, pois um Advogado não pode aconselhar, representar ou agir por conta de dois ou mais clientes, no mesmo assunto ou em assunto conexo, se existir conflito entre os interesses desses clientes, nos termos do artigo 99.º/3.

- Imagine que o Advogado patrocinou o Sr. Manuel numa ação de adoção plena. Agora, passados dois anos, é contactado pela Sr.ª Tânia que quer agir judicialmente contra o Sr. Manuel. Pode aceitar o patrocínio?

O Advogado não deverá aceitar o patrocínio caso os factos que teve conhecimento no processo de adoção plena em que patrocinou o Sr. Manuel estiverem relacionados com este novo processo. Caso contrário poderá aceitar o patrocínio (artigo 99.º *a contrário*).

- Imagine que o Advogado está a patrocinar Abel contra Bento numa ação de reivindicação da propriedade. Bento contesta. Findos os articulados, o Juiz marca uma tentativa de conciliação. Estão todos presentes, mas Bento não aceita qualquer acordo. No entanto, fica muito impressionado com o desempenho do Advogado. Sem qualquer relação com este processo, Bento tem uma situação a resolver contra Custódio, e vai ter com este Advogado para que o patrocine. Deve o Advogado patrociná-lo?

No caso concreto, o Advogado não poderá patrocinar Bento na ação contra Custódio, uma vez que iria pôr em causa a sua isenção e objetividade na ação que está pendente entre Abel e Bento, nos termos do artigo 99.º/5.

- Imagine que um Advogado defendeu um homicida, anos mais tarde, a ex-mulher do homicida procura este Advogado para que defenda num crime de burla. Para o fazer, o Advogado tem de usar dados de que teve conhecimento enquanto defendeu o ex-marido. Quid Iuris?

O Advogado não deve aceitar um novo cliente se tal puser em risco o cumprimento do dever de guardar sigilo profissional relativamente aos assuntos de um anterior cliente (ex-marido), ou se, do conhecimento desses assuntos, resultarem vantagens ilegítimas ou injustificadas para o novo cliente, nos termos do artigo 99.º/5.

• Imagine que um Advogado tem uma avença com uma empresa do ramo automóvel. Entretanto, esse Advogado associa-se a uma sociedade de Advogados. O sócio desse Advogado é contactado por Aníbal, que pretende intentar uma ação contra a empresa que é parte no contrato de avença. O patrocínio de Aníbal pode ser aceite pela sociedade?

Sempre que um Advogado exerça a sua atividade em associação (basta colaboração) sob a forma de sociedade, o que é o caso, o regime do conflito de interesses é aplicável quer à Associação, quer a cada um dos seus membros. A sociedade de Advogados ainda que assegure internamente a criação de grupos de trabalho independentes, não pode patrocinar causas ou clientes quando tal facto consubstanciar uma situação de conflito de interesses. Assim, devem os sócios prestar mutuamente informações sobre a sua atividade profissional de Advogado, sem que tal envolva violação do segredo profissional, ao qual ficam obrigados todos os sócios, associados e colaboradores (artigo 99.º/6).

Neste sentido, o patrocínio de Aníbal não pode ser aceite.

Outros deveres com o cliente – artigo 100.º

• O Advogado pode, desde que tenha motivo justificado, cessar o patrocínio?

O Advogado apesar de ter motivo justificado, não deve cessar o patrocínio de forma a impossibilitar o cliente de obter, em tempo útil, a assistência de outro Advogado (interesse público da profissão). O cliente é livre de, em qualquer altura do processo, revogar o mandato e constituir novo Advogado (artigo 100.º/1-*e) a contrario* e 100.º/2).

• É motivo justificado da renúncia a falta de pagamento da provisão de honorários?

Não sendo entregue a provisão solicitada, o Advogado pode renunciar a ocupar-se do assunto, ou recusar –aceitá-lo-, nos termos dos artigos 103.º/2 e 100.º/1-*e)*.

- É possível o Advogado abandonar o patrocínio de um cliente se este o insultar ou tiver uma atitude menos correta para com ele?

O Advogado tem um motivo justificado para cessar o patrocínio, uma vez que foi quebrada a relação de confiança que deve existir entre ambos. Contudo, não deve fazê-lo- por forma a impossibilitar o cliente de obter em tempo útil, a assistência de outro Advogado, nos termos dos artigos 97.º/1 e 100.º/1-*e)* e 2.

- O Advogado goza de direito de retenção sobre valores, objetos ou documentos para garantia do pagamento de honorários?

O Advogado apresentada a nota de honorários e despesas, goza do direito de retenção sobre os valores, objetos ou documentos que se encontrem em seu poder, para garantia do pagamento dos honorários e reembolso das despesas que lhe sejam devidas pelo cliente. A menos que estes sejam necessários para prova do direito do cliente ou que a sua retenção cause prejuízos irreparáveis ao cliente. Porém, deve restituir tais valores e objetos, independentemente do pagamento a que tenha direito, se o cliente tiver prestado caução arbitrada pelo Conselho Regional.

Importa ainda referir que o direito de retenção não permite ao Advogado pagar-se por suas próprias mãos. Não pode também, o Advogado que tenha cobrado um crédito em dinheiro do seu constituinte, remeter-lhe a conta de honorários e, sem o seu acordo, deduzi-la no montante do crédito cobrado para lhe remeter apenas o saldo apurado. (cfr. Artigo 101.º/3 e 4).

- É obrigatório para os Advogados terem uma conta clientes?

Nos termos do artigo 102.º/1-*a)*, os Advogados devem depositar os fundos dos seus clientes ou de terceiros em conta do Advogado ou sociedade de Advogados separada e com a designação de conta clientes.

Provisões – artigo 103.º

- O que é uma provisão?

É o valor monetário pedido, pelo Advogado ao seu cliente para satisfazer os seus honorários e despesas do processo. Este valor não deve exceder uma estimativa razoável dos honorários e despesas prováveis (artigo 103.º).

• É possível ao Advogado pedir várias provisões?

O Advogado pode pedir além da provisão inicial, um ou vários reforços, tendo em vista o pagamento de honorários e despesas do processo.

• Imagine que o cliente lhe diz que não vai pagar o reforço de provisão pedido pelo Advogado e o julgamento está agendado para o dia seguinte? O que faria?

No caso concreto, o Advogado deve realizar o julgamento e, findo o mesmo, renunciar ao mandato, uma vez que o dever de patrocínio sobrepõe-se ao da confiança, nos termos dos artigos 103.º/2 e 100.º/1-*e)* e 2 – interesse público da profissão.

De referir que o Advogado não deve pedir o reforço da provisão na véspera ou próprio dia da audiência final, sob pena de não realizar a mesma, pois isto consubstancia uma forma ilícita de pressão sobre o seu constituinte.

• Quando é que a revogação e a renúncia do mandato produzem efeitos?

A revogação e a renúncia do mandato produzem efeitos a partir da sua notificação, nos termos do artigo 47.º/2 do Código Processo Civil.

Contudo, nos casos em que seja obrigatória a constituição de Advogado, se a parte, depois de notificada da renúncia, não constituir novo mandatário no prazo de vinte dias:
– suspende-se a instância, se a falta for do Autor ou do Exequente (artigo 47.º/3-*a)*) do Código Processo Civil.;
– o processo segue os seus termos, se a falta for do Réu, do Executado ou do Requerido, aproveitando-se os atos anteriormente praticados (artigo 47.º/3-*b)*) do Código Processo Civil.;
– extingue-se o procedimento ou o incidente inserido na tramitação de qualquer ação, se a falta for do Requerente, Opoente ou Embargante (artigo 47.º/3-*c)*) do Código Processo Civil. – cfr. n.º 4 a 6.

Assim, até ao decurso do prazo de vinte dias o mandatário renunciante está obrigado ao patrocínio. Ocorrem situações nas quais o Advogado renuncia ao mandato poucos dias antes do julgamento, crendo que poderão não estar presentes na audiência já agendada. No entanto, nestas situações de patrocínio obrigatório, terão de continuar a exercer o mandato até ao prazo para a constituição de novo mandatário se encontrar esgotado. A consequência da ausência do Advogado na dita audiência será a de esta realizar-se, sendo considerado pelo Tribunal como faltoso.

Se, porventura, após o prazo de constituição de novo mandatário, o mandatário renunciante for notificado para qualquer efeito, deverá à cautela enviar um escrito aos autos, reiterando a sua renúncia e indicando a data a partir da qual esta produziu efeitos.

• Nas provisões estão incluídos preparos judiciais (taxas de justiça)?

Sim. Geralmente as provisões são para honorários e despesas do processo. Nessas despesas devem ser igualmente incluídos os preparos judiciais.

• Imagine que ao fixar honorários, o Advogado pede ao cliente uma provisão para despesas e honorários, o cliente responde-lhe que só pode pagar a provisão relativa às despesas e não a referente a honorários. O que faria?

No caso concreto, o Advogado pode renunciar a ocupar-se do assunto ou recusar aceitá-lo, nos termos do artigo 103.º/2.

• Suponha que um Advogado é encarregado de patrocinar uma determinada pessoa. Pede uma provisão, para despesas e honorários, de mil euros. No decorrer da ação surgem mais despesas e nega-se a –pagá-las do seu bolso. Pode –fazê-lo-?

Sim, no caso concreto o Advogado pode pedir um reforço de provisão para despesas, nos termos do artigo 103.º/3.

Responsabilidade civil profissional do Advogado – artigo 104.º

• O Advogado tem de ter um seguro de responsabilidade civil profissional?

O Advogado com inscrição em vigor deve celebrar e manter um seguro de responsabilidade civil profissional, por um capital de montante não inferior ao que seja fixado pelo Conselho Geral e que tem como limite mínimo 250.000,00 Euros (duzentos e cinquenta mil euros), nos termos do artigo 104.º/1).

• Quando aparece no papel timbrado do Advogado a menção "RL", o que quer isto dizer?

A menção "RL" significa que o Advogado tem responsabilidade limitada, nos termos do artigo 104.º/2.

Honorários – artigo 105.º

- Como se chama ao dinheiro que os Advogados recebem?

Os Advogados recebem honorários. Tal denominação advém do facto de se tratar de uma dívida de honra.

- O que se entende por honorários?

Entende-se por honorários a retribuição dos serviços profissionais prestados por Advogado na prática de atos próprios da profissão, nos termos do artigo 3.º do Regulamento n.º 40/2005 – Regulamento dos Laudos de Honorários.

- Pode o Advogado pedir um anel/um terreno a título de honorários?

Um Advogado não pode pedir um anel/um terreno a título de honorários uma vez que estes devem corresponder a uma compensação económica a ser saldada em dinheiro, nos termos do artigo 105.º/1.

- É permitido o ajuste prévio dos honorários?

Sim, o ajuste prévio de honorários é permitido sem prejuízo da proibição da quota litis. Este "pode ser uma forma de fixação de honorários mais segura para o cliente e para o Advogado, mas é muitas vezes impraticável por ser incerto o tempo gasto e o resultado. Mas justifica-se, por exemplo, nas ações em que o pedido é integrado pelos honorários do mandatário, por assim ter sido contratualmente estipulado, e nos casos cujos constituintes estão em vias de se ausentarem para o estrangeiro. A chamada *avença* é um ajuste prévio de honorários para vários serviços e tem a vantagem de contribuir para evitar que o Advogado, sob pressão de carências económicas, seja, por vezes, tentado a forçar uma transação desvantajosa para o cliente só porque permite cobrar mais cedo os honorários", *in* Orlando Guedes da Costa, *Direito Profissional do Advogado,* 6.ª Edição, Almedina, 2008, pág. 250.

- Na fixação dos honorários, a que deve o Advogado atender?

O Advogado deve atender à importância dos serviços prestados, à dificuldade e urgência do assunto, ao grau de criatividade intelectual da sua prestação, ao resultado obtido, ao tempo despendido, às responsabilidades por ele assumidas e demais usos profissionais, nos termos dos artigos 100.º/1-*a*) e 105.º/3. Ainda, deve ter como critérios na fixação dos seus honorários, a moderação e adequação, o facto de ser um cliente habitual, o trabalho fora do domicílio profissional ou fim-de-semana/férias ou a capacidade económica dos interessados.

- O sucesso que se tem na causa, mesmo quando é suscetível de avaliação patrimonial, é critério de fixação de honorários de acordo com o EOA?

O sucesso da causa compreende-se no que era razoável esperar dado às circunstâncias. Pode ainda haver uma majoração em razão do mesmo, nos termos dos artigos 105.º/3 e 106.º/3.

- O Advogado pode prestar gratuitamente os seus serviços?

Sim, "nada impede que o Advogado preste gratuitamente os seus serviços por razões de amizade ou de manifesta carência económica do seu constituinte", *in* António Arnaut, *Estatuto da Ordem dos Advogados Anotado,* 14.ª Edição, Coimbra Editora, 2012, pág. 122, Nota 5 ao artigo 100.º.

- Imagine que o oficioso lhe diz que acha que o Instituto de Gestão Financeira e Equipamentos da Justiça (IGFEJ) paga pouco ao Advogado, pelo que, quando este lhe pagar da nomeação oficiosa, o oficioso ainda lhe dará mais qualquer coisa. O que é que faria?

Neste caso o Advogado não pode aceitar, pois as pessoas que, normalmente, recorrem ao apoio judiciário são de fracos recursos económicos.

- No fim do processo, o cliente não lhe paga os honorários. Pode pedi-los-judicialmente?

O Advogado pode pedir judicialmente a cobrança dos seus honorários, através da ação de honorários, nos termos do artigo 73.º do Código de Processo Civil, bem como por meio de procedimento de injunção previsto e intentado nos termos Decreto-Lei 269/98, de 01/09, tendo por base a nota de despesas e honorários enviada ao seu constituinte.

- A Ordem dos Advogados pode intervir na ação de honorários?

A Ordem dos Advogados apenas pode intervir através dos laudos, nos termos do artigo 44.º/1-*i)* e 3-*e)* e Regulamento n.º 40/2005 – Regulamento dos Laudos de Honorários.

- O que é a quota litis? É absolutamente proibida?

Por pacto de quota litis entenda-se o acordo celebrado entre Advogado e cliente, antes da conclusão definitiva da questão em que este é parte, pelo qual o direito a honorários fique exclusivamente dependente do resultado obtido na questão e em virtude do qual o constituinte se obrigue a pagar ao Advogado parte do resultado que vier a obter, quer este consista numa quantia em dinheiro, ou em qualquer outro bem ou valor, nos termos do artigo 106.º/2.

Significa isto que, não havendo resultado, inexiste o direito a honorários, o que é absolutamente proibido. Os honorários são devidos independentemente do resultado. Se assim não fosse, o Advogado ficaria exposto à tentação de enganar a justiça.

- Qual a ratio da quota litis?

Na base da proibição da quota litis está a preocupação do Advogado ficar exposto à tentação de enganar a justiça, pleiteando por si e pelo cliente.

- Imagine que o Advogado fixa os honorários em 1.000,00 Euros (mil euros). Diz ainda ao seu cliente que lhe entregue, no prazo de dez dias, 500,00 Euros (quinhentos euros), devendo entregar o restante apenas se ganhar a ação. Pode fazê-lo?

No caso ora em apreço, o Advogado não pode pedir os honorários nos termos em que o faz, uma vez que parte dos honorários estão exclusivamente dependentes do resultado (artigo 106.º/2).

- Imagine que o Advogado é contactado por um cliente que vai para o estrangeiro e lhe deixa uma procuração com poderes especiais para que venda os prédios que este tem na Avenida da Liberdade. Ele informa-o que não vende por menos de três milhões de Euros e que lhe dá 20% da totalidade. O que faria?

No caso vertente, o Advogado não pode aceitar a fixação dos honorários nestes termos, uma vez que a totalidade dos mesmos está exclusivamente dependente do resultado (artigo 106.º/2).

• Pode acordar com o cliente o pagamento dos honorários da seguinte forma: se a ação tiver sucesso, ser-lhe-ão pagos 15% da indemnização. Se porventura não tiver sucesso, não será pago qualquer valor ao Advogado?

No caso ora em apreço, o Advogado não pode aceitar a fixação dos honorários nestes termos, uma vez que a totalidade dos honorários estão exclusivamente dependentes do resultado (artigo 106.º/2).

• O que é a quota palmarium?

A quota palmarium consiste no acordo pelo qual é convencionado que os honorários base serão acrescidos de uma percentagem em função do resultado obtido (cfr. artigo 106.º/3).

• O que é sucess fee?

O sucess fee (quota palmarium) consiste numa majoração do valor dos honorários em função do resultado obtido (cfr. artigo 106.º/3 *in fine*).

• Imagine que o Advogado fixa os honorários em 1.000,00 Euros (mil euros). Diz ainda ao seu cliente que caso ganhe a ação, este terá de lhe pagar mais 20%. Pode fazê-lo-?

No caso concreto, o Advogado pode pedir os honorários nos termos em que o faz, uma vez que o mesmo não está exclusivamente dependente do resultado. O que foi acordado foi uma majoração em função do resultado (artigo 106.º/2 e 3).

• Imagine que contactam um Advogado, de uma determinada empresa, para que os represente em várias ações de cobrança simples. O Advogado propõe cobrar 100,00 Euros (cem euros) por ação, independentemente do desfecho e 10% do valor da dívida. Pode fazê-lo-?

No caso concreto, o Advogado pode pedir os honorários nos termos em que o faz, uma vez que o mesmo não está exclusivamente dependente do resultado. O que foi acordado foi uma majoração em função do resultado (artigo 106.º/2 e 3).

- É possível o Advogado repartir honorários?

É proibido ao Advogado repartir honorários, ainda que a título de comissão ou outra forma de compensação, exceto com Advogados, Advogados Estagiários e solicitadores com quem colabora ou lhe tenham prestado colaboração, nos termos do artigo 107.º. A ratio desta norma, consiste em obstar a formas de exercício ilegal da profissão e no dever de não enganar o cliente. Ainda, está relacionado com o dever do Advogado não solicitar nem angariar clientes, por si ou por interposta pessoa (cfr. 90.º/2-*h*)).

- O Advogado pode pagar comissões a alguém por ter enviado ou recomendado um cliente?

Nos termos do artigo 107.º, é proibido ao Advogado repartir honorários, ainda que a título de comissão ou outra forma de compensação. Estaríamos também perante uma violação ao dever do Advogado não solicitar nem angariar clientes, por si ou por interposta pessoa (cfr. 90.º/2*h*)).

- Imagine que um agente de execução colabora com o Advogado no seu escritório. A título de honorários, cobra € 200,00 (duzentos euros) ao cliente. Findo o processo, entrega € 100,00 (cem euros) ao agente de execução. Pode fazê-lo?

No caso concreto, o Advogado poderá repartir os honorários com o Agente de Execução. Nos termos do artigo 107.º, é proibido ao Advogado repartir honorários, ainda que a título de comissão ou outra forma de compensação, exceto com Advogados, Advogados Estagiários e Solicitadores com quem colabora ou lhe tenham prestado colaboração.

- Imagine que o cliente recebe a conta de honorários em sua casa. Posteriormente, dirige-se ao escritório do Advogado e afirma que esta é exorbitante. O que fazer?

No caso ora em questão, aconselhava o cliente a requerer um laudo para fixação de honorários nos termos dos artigos 6.º e 8.º do Regulamento dos Laudos de Honorários – Regulamento n.º 40/2005 (cfr. ainda artigos 2.º, 3.º e 5.º do Regulamento dos Laudos).

iv) Relações com os tribunais e entre advogados

- O Advogado pode enviar memoriais aos juízes?

O Advogado não pode enviar memoriais aos juízes, nos termos do artigo 108.º/2.

- O Advogado pode estabelecer contacto com as testemunhas ou demais intervenientes processuais? O Advogado pode chamar as testemunhas ao seu escritório?

O Advogado está proibido de estabelecer contactos com testemunhas ou demais intervenientes processuais, com a finalidade de instruir, influenciar ou por qualquer outro meio alterar o depoimento das mesmas, prejudicando desta forma a descoberta da verdade, nos termos dos artigos 109.º e 112.º/1-*d)*.

Dever de correção – artigo 110.º

- O que é o dever de solidariedade entre os Advogados?

"O dever de solidariedade obriga o Advogado a reagir contra atitudes ilegais ou abusivas contra outro Advogado", *in* Orlando Guedes da Costa, *Direito Profissional do Advogado,* 6.ª Edição, Almedina, 2008, pág. 320 – cfr. artigo 106.º e artigo 5.1. do CDAE.

- Indique alguma(s) praxe(s) forense(s).

Por exemplo, o Advogado mais novo deve deslocar-se ao escritório do Advogado mais velho. Ainda, o Advogado deve tomar a defesa de um Colega quando este seja injustamente criticado, ou seja, objeto de medidas ilegais ou arbitrárias.

Deveres recíprocos dos Advogados – artigo 112.º

- O Advogado pode dar uma consulta sobre um assunto confiado a outro Colega?

O Advogado não pode dar uma consulta sem a presença, ou o prévio acordo, do Colega a quem está confiado o assunto, nos termos do artigo 112.º/1-*c)*. Em causa, estão os princípios da solidariedade, da confiança, da correção.

- Pode dar opiniões?

O Advogado não pode emitir opinião a terceiros, sem a presença, ou o prévio acordo, do Colega a quem está confiado o assunto, nos termos do artigo 112.º/1-*c)*. Em causa, estão os princípios da solidariedade, da confiança e da correção.

- Existe o dever de responder a uma carta de um Colega?

Sim, os Advogados devem responder em prazo razoável às solicitações dos Colegas (orais ou escritas), nos termos do artigo 112.º/1-*b)*.

- Imagine que o Advogado aceita um patrocínio de um cliente, mas fica a saber que este não pagou ao Colega que anteriormente mandatou. O que deve fazer?

O Advogado a quem se cometeu o assunto anteriormente confiado a outro Advogado, não deve iniciar a sua atuação (salvo se for necessário tomar medidas urgentes) sem antes diligenciar no sentido de serem pagos àquele os honorários e demais quantias que lhe sejam devidas. Devendo expor verbalmente ou por escrito ao Colega as razões da aceitação do mandato e dar-lhe conta dos esforços que tenha empregue para aquele efeito. Este dever não constitui o Advogado na obrigação de assegurar o pagamento dos honorários do Colega, nos termos do 112.º/2.

- Imagine que alguém diz ao Advogado que está descontente com um seu Colega, e que quer mudar, propondo-lhe que fique como seu novo Advogado. O que deve fazer, caso pretenda aceitar o patrocínio?

O Advogado a quem se cometeu o assunto anteriormente confiado a outro Advogado não deve iniciar a sua atuação (salvo se for necessário tomar medidas urgentes), sem antes diligenciar no sentido de serem pagos àquele os honorários e demais quantias que lhe sejam devidas, devendo expor verbalmente ou por escrito ao Colega as razões da aceitação do mandato e dar-lhe conta dos esforços que tenha empregue para aquele efeito. Este dever não constitui o Advogado na obrigação de assegurar o pagamento dos honorários do Colega, nos termos do 112.º/2.

Correspondência entre Advogados – artigo 113.º

• Ao dirigir uma carta ao mandatário da contraparte e se não quisesse que a mesma fosse divulgada, o que aporia o Advogado na mesma?

O Advogado pode apor a confidencialidade expressa da comunicação, afastando assim a possibilidade de dispensa de segredo profissional. Por exemplo, "esta mensagem é confidencial".

• E, se ainda assim, o Colega juntar a mesma ao processo?

Nesse caso, o Colega pratica um ilícito disciplinar (artigo 113.º; cfr. ainda artigo 114.º), podendo ainda incorrer em responsabilidade civil (artigo 483.º do Código Civil) e criminal (artigo 195.º do Código Penal).

• As comunicações às quais foi aposta a confidencialidade expressa podem constituir meio de prova?

Não, as comunicações confidenciais não podem, em caso algum, constituir meio de prova, não podendo ser pedida a dispensa do levantamento do segredo profissional acerca dos factos constantes das mesmas, nos termos do artigo 113.º/2. (cfr. Artigo 92.º/4).

• O que deve fazer o Advogado que tem o seu escritório em obras e recebe uma comunicação confidencial de um solicitador?

Caso o Advogado verifique que, tendo em conta as circunstâncias, não reúne as condições para garantir a confidencialidade da comunicação deve devolvê-la ao seu remetente, neste caso o solicitador, nunca revelando a terceiros o seu conteúdo, nos termos do artigo 113.º/3.

• E se o Advogado em questão, mesmo após devolver a comunicação a revelar à sua Colega de escritório?

Nesse caso, o Colega pratica um ilícito disciplinar (artigo 113.º/3; cfr. ainda artigo 114.º), podendo ainda incorrer em responsabilidade civil (artigo 483.º do Código Civil) e criminal (artigo 195.º do Código Penal).

2.1.6. A ação disciplinar, as penas disciplinares e os recursos

- Quem está sujeito à jurisdição disciplinar do EOA?

Estão sujeitos à jurisdição disciplinar os Advogados e os Advogados Estagiários, nos termos do artigo 114.º

- Quais são os órgãos da Ordem dos Advogados com competência disciplinar? Quem é que exerce o poder disciplinar?

Os órgãos com competências disciplinares são o Conselho de Deontologia, o Conselho Superior e as Secções do Conselho Superior.

Compete aos Conselhos de Deontologia exercer poder disciplinar em *1.ª instância* relativamente aos Advogados e Advogados Estagiários com domicílio profissional na área do respetivo distrito, com exceção do Bastonário, dos antigos Bastonários, dos membros do Conselho Superior, do Conselho Geral, dos Conselhos Distritais e dos Conselhos de Deontologia, bem como dos antigos membros desses Conselhos, nos termos do artigo 58.º-*a)* (cfr. ainda artigo 44.º/3/d).

Compete às Secções do Conselho Superior julgar os recursos das deliberações *(2.ª instância),* em matéria disciplinar, dos Conselhos de Deontologia, artigo 44.º/3-*a)*. Compete-lhe ainda instruir os processos em que sejam arguidos o Bastonário, antigos Bastonários e os membros atuais do Conselho Superior e do Conselho Geral e ainda instruir e julgar, em *1.ª instância,* os processos em que sejam arguidos os antigos membros do Conselho Superior ou do Conselho Geral e os antigos ou atuais membros dos Conselhos Distritais e dos Conselhos de Deontologia, nos termos do artigo 44.º/3-*c)* e *d).*

Por fim, compete ao Conselho Superior, reunida em sessão plenária, julgar os processos disciplinares em que sejam arguidos o Bastonário, antigos Bastonários e membros atuais do Conselho Superior ou do Conselho Geral *(1.ª instância),* no artigo 44.º/1-*c).*

- Há possibilidade de um ato praticado pelos órgãos da Ordem dos Advogados ser apreciado por outro órgão deste país?

Dos atos praticados pelos órgãos da Ordem dos Advogados cabe ainda recurso contencioso para os Tribunais Administrativos, nos termos do artigo 6.º/3. Este artigo é uma manifestação do princípio do controlo jurisdicional dos atos da Ordem dos Advogados, próprio de um Estado de Direito Democrático.

"O recurso contencioso para os tribunais administrativos (...) respeita apenas aos atos definitivos e executórios da Ordem, pelo que só é permitido de decisões disciplinares, depois de esgotados os recursos hierárquicos" que o EOA prevê (Acórdão do Conselho Superior de 18/10/1985).

- Um Advogado tentou ludibriar um cliente mas não teve sucesso. Tal atuação por configurar uma infração disciplinar?

Sim, a tentativa é punível nos termos do artigo 115.º/2.

- Quais são os graus de infrações disciplinares previstos no EOA?

As infrações disciplinares podem ser Leves, Graves ou Muito Graves.

As infrações Leves verificam-se quando o Advogado ou Advogado Estagiário viole de forma pouco intensa os deveres profissionais a que se encontra adstrito no exercício da advocacia, nos termos do artigo 115.º/3-a).

As infrações Graves verificam-se quando o Advogado ou Advogado Estagiário viole de forma séria os deveres profissionais a que esse encontra adstrito no exercício da advocacia, nos termos do artigo 115.º/3-b).

As infrações Muito Graves verificam-se quando o Advogado ou Advogado Estagiário viole os deveres profissionais a que está adstrito no exercício da advocacia, afetando com a sua conduta a dignidade e o prestígio profissional de forma tal que fique definitivamente inviabilizado o exercício da advocacia, nos termos do artigo 115.º/3-c).

- Um Advogado que viole os deveres profissionais sem dolo pode ser punido?

Sim, as infrações disciplinares previstas no EOA e outras normas legais e regulamentares são puníveis a título de dolo e negligência, nos termos do artigo 115.º/4.

- A responsabilidade disciplinar é independente da responsabilidade civil ou criminal?

A responsabilidade disciplinar é independente da responsabilidade civil ou criminal, nos termos do artigo 116.º/1.

"Em caso de responsabilidade simultaneamente disciplinar e criminal. A responsabilidade disciplinar é independente da criminal ou civil, sem prejuízo de, estando pendente processo criminal relativo aos mesmos factos, poder ser ordenada a suspensão do processo disciplinar enquanto aquele estiver em segredo de justiça, devendo o Tribunal enviar à ao cópia do despacho de acusação ou de pronúncia", *in* Orlando Guedes da Costa, *Direito Profissional do Advogado,* 6.ª Edição, Almedina, 2008, pág. 388. Ver ainda artigo 116.º/3

• Qual o prazo da prescrição do procedimento disciplinar?

O procedimento disciplinar extingue-se, por efeito de prescrição, logo que sobre a prática da infração tiver decorrido o prazo de cinco anos, no entanto, se a infração disciplinar também constituir infração criminal para a qual a lei estabeleça prescrição sujeita a prazo mais longo, o procedimento disciplinar apenas prescreve decorrido este último prazo, nos termos do artigo 117.º/1 e 2 (cfr. suspensão e interrupção – artigos 118.º e 119.º).

"À contagem do prazo da prescrição e à suspensão e interrupção da prescrição aplicam-se as regras análogas às vigentes em direito penal", *in* Orlando Guedes da Costa, *Direito Profissional do Advogado,* 8.ª Edição, Almedina, 2015, pág. 430; *vide* ainda Parecer do Conselho Superior de 23/02/2007.

A aplicação em questão advém do facto de as normas sobre prescrição do procedimento disciplinar terem uma natureza material e não procedimental (cfr. 126.º *a contrario*).

• Quais os efeitos da desistência da participação?

A desistência da participação extingue a responsabilidade disciplinar, salvo se a falta imputada afetar a dignidade do Advogado visado e o prestígio da Ordem dos Advogados e da profissão, nos termos do artigo 120.º.

• Quem é que pode intervir no processo disciplinar?

Podem intervir no processo disciplinar as pessoas com interesse direto, pessoal e legítimo relativamente aos factos participados, nos termos do artigo 122.º/2.

• O direito de queixa à Ordem dos Advogados extingue-se?

Sim, o direito de queixa à Ordem dos Advogados extingue-se no prazo de seis meses a contar da data na qual o titular do direito teve conhecimento dos factos, nos termos do artigo 122.º/3.

• *Se um* dos titulares do direito de queixa tomar conhecimento dos factos em data diferente do outro. Como proceder?

No caso de existir mais do que um titular do direito de queixa, a contagem do prazo de seis meses é realizada de forma autónoma para cada um deles, nos termos do artigo 122.º/4.

• Quem é que tem legitimidade para instaurar um procedimento disciplinar a um Advogado?

Têm legitimidade para instaurar procedimentos disciplinares a Advogados, os Presidentes dos conselhos com competência disciplinar ou por deliberação dos respetivos órgãos, com base em participação aos órgãos da Ordem dos Advogados por qualquer pessoa devidamente identificada, nos termos do artigo 123.º/1.

Ainda, independentemente de participação, o Bastonário e os Conselhos Superior, Geral, Regional e de Deontologia da Ordem dos Advogados (n.º 2).

• O processo disciplinar é secreto?

O processo disciplinar é secreto até ao despacho de acusação, nos termos do artigo 125.º/1.

• Os processos disciplinares de Advogados com cargos na Ordem dos Advogados têm carácter urgente?

Os processos disciplinares de Advogados com cargos na Ordem dos Advogados têm carácter urgente, nos termos do artigo 129.º.

• Se um Advogado passar um cheque sem provisão, pode haver consequências disciplinares?

Se um Advogado passar um cheque sem provisão, pode estar sujeito a um procedimento disciplinar, face a uma violação do dever de respeito e do prestígio da profissão. Ainda, o Advogado deve atuar sempre de acordo com deveres de correção e rectidão.

• Um Advogado que não compareça, quando a sua presença seja solicitada pela Ordem dos Advogados, está sujeito a alguma sanção?

Os Advogados devem responder às solicitações da Ordem dos Advogados. Caso assim não procedam, podem ser alvo de sanção disciplinar, nos termos do artigo 91.º-*a*).

• A violação do segredo profissional é um crime público, semipúblico ou particular?

A violação do segredo profissional é um crime semipúblico porque depende de queixa, nos termos dos artigos 195.º e 198.º do Código Penal.

• Quais as sanções disciplinares que vêm previstas no EOA?

As sanções disciplinares previstas no EOA são a *advertência*, a *censura*, a *multa*, em quantia até ao valor da alçada dos Tribunais de Comarca (5.000,00 Euros), a *multa*, em quantia entre o valor da alçada dos Tribunais de Comarca (5.000,01 Euros) e o valor da alçada dos Tribunais da Relação (30.000,00 Euros) ou no caso de pessoas coletivas, o valor do triplo da alçada da Relação (90.000,00 Euros), a *suspensão* até dez anos e a *expulsão*, nos termos do artigo 130.º (Medidas e graduação das penas – cfr. artigos 131.º a 143.º).

Processo – artigos 144.º a 161.º

Recursos Ordinários e Extraordinários de Revisão – artigos 162.º a 172.º

• Que tipos de recursos estão previstos no EOA?

Estão previstos no EOA recursos ordinários (artigo 162.º) e o recurso extraordinário de revisão (artigo 172.º).

- Cabe recurso das decisões do Conselho de Deontologia?

Sim, cabe recurso das decisões do Conselho de Deontologia para o Conselho Superior, nos termos dos artigos 162.º/1 e 44.º/3-*a*).

- Cabe recurso das decisões do Conselho Superior?

Sim, cabe recurso das decisões das Secções do Conselho Superior tomadas nos termos do artigo 44.º/3-*d*) para o Plenário do mesmo órgão, nos termos do artigo 162.º/2.

Quanto às decisões do Plenário do Conselho Superior, estas não são suscetíveis de recurso, sem prejuízo do previsto no artigo 6.º/3 (artigo 162.º/3).

- Quem tem legitimidade para interpor recurso nos termos do EOA?

Têm legitimidade para interpor recurso o arguido, os interessados e o Bastonário, nos termos do artigo 163.º/1 (cfr. ainda artigo 168.º para o recurso de revisão).

Recurso Extraordinário de Revisão – artigo 167.º a 172.º

Execução de penas – artigos 173.º e 174.º

- Um Advogado expulso pode ser reabilitado?

O Advogado punido com a pena de expulsão pode ser reabilitado desde que, cumulativamente, tenham decorrido mais de quinze anos desde a data em que se tornou definitiva a decisão que aplicou a expulsão e o reabilitando tenha revelado boa conduta, podendo demonstrá-lo através dos meios de prova admitidos em direito, nos termos do artigo 176.º/1 (cfr. ainda n.os 2 e 3).

Averiguação de inidoneidade para o exercício da profissão

- Quando é que se instaura um processo para averiguação de inidoneidade para o exercício profissional da advocacia?

É instaurado um processo para averiguação de inidoneidade para o exercício profissional da advocacia quando o Advogado ou Advogado Estagiário se encontra numa das situações previstas nas alíneas do artigo 177.º/1.

A falta de idoneidade moral é uma das restrições ao direito de inscrição na Ordem dos Advogados, nos termos do artigo 188.º/1-*a)* (cfr. ainda o artigo 188.º/1, 3 a 5).

• Quais são os crimes considerados gravemente desonrosos para o exercício da profissão e que podem levar à instauração de processo de averiguação de inidoneidade para exercício da Advocacia?

Sempre que o Advogado ou Advogado Estagiário seja condenado, designadamente, nos crimes de furto, roubo, burla, burla informática e nas comunicações, extorsão, abuso de confiança, recetação, infidelidade, falsificação, falsas declarações, insolvência dolosa, frustração de créditos, insolvência negligente, favorecimento de credores, emissão de cheques sem provisão, abuso de cartão de garantia ou de cartão, dispositivo ou dados de pagamento, apropriação ilegítima de bens do sector público ou cooperativo, administração danosa em unidade económica do sector público ou cooperativo, usura, suborno, corrupção, tráfico de influência, peculato, receção não autorizada de depósitos ou outros fundos reembolsáveis, prática ilícita de atos ou operações inerentes à atividade seguradora ou dos fundos de pensões, fraude fiscal ou outro crime tributário, branqueamento de capitais, contrafação de cartões ou outros dispositivos de pagamento, uso de cartões ou outros dispositivos de pagamento contrafeitos, aquisição de cartões ou outros dispositivos de pagamento contrafeitos, atos preparatórios da contrafação, aquisição de cartões ou outros dispositivos de pagamento obtidos mediante crime informático, ou crime previsto no Código das Sociedades Comerciais, no Código dos Valores Mobiliários ou na alínea h) do n.º 1 do artigo 55.º do Código dos Contratos Públicos, é instaurado processo para averiguação de inidoneidade para o exercício da profissão, nos termos do artigo 177.º/1, 1 a) e 2.

• Um Advogado a quem seja reconhecida inidoneidade para o exercício da profissão pode ser reabilitado?

Um Advogado que tenha sido condenado criminalmente e que tenha obtido a reabilitação judicial pode, decorridos 10 anos sobre a data da condenação, solicitar a sua inscrição a qual é decidida pelo conselho de deontologia competente, com recurso para o conselho superior.

O pedido só é deferido quando, mediante inquérito prévio com audiência do Advogado requerente, seja comprovada a manifesta dignidade do seu comportamento nos últimos três anos e se alcance a convicção da sua completa recuperação para o exercício da profissão, nos termos do artigo 179.º/1 e 2.

- Há sanção para o candidato à advocacia que revele conscientemente dados incorretos ou falsos no momento da sua inscrição?

"Não tem idoneidade moral o candidato à advocacia que conscientemente falta à verdade sobre os elementos essenciais para a inscrição como Advogado" – Parecer do Conselho Geral de 3/2/79.

Competência e Deveres dos Advogados Estagiários – artigo 196.º

- Após concluída a primeira fase do estágio, quais os atos próprios da profissão que podem ser praticados pelo Advogado Estagiário?

Concluída a primeira fase do estágio, o Advogado Estagiário pode, sempre sob orientação do patrono, praticar todos os atos da competência dos solicitadores e exercer a consulta jurídica.

Pode ainda praticar os atos próprios da profissão não incluídos nos atos acima referidos, desde que efetivamente acompanhado pelo patrono. (cfr. artigo 196.º/1 e 2).

- Quais os deveres do Advogado Estagiário durante o período de estágio?

O Advogado Estagiário, durante todo o seu período de estágio deve observar escrupulosamente as regras, condições e limitações admissíveis na utilização do escritório do patrono; guardar respeito e lealdade para com o patrono; submeter-se aos planos de estágio que vierem a ser definidos pelo patrono, colaborar com o patrono sempre que este o solicite e efetuar os trabalhos que lhe sejam determinados, desde que se revelem compatíveis com a atividade do estágio; colaborar com empenho, zelo e competência em todas as atividades, trabalhos e ações de formação que venha a frequentar no âmbito dos programas de estágio; guardar sigilo profissional; comunicar ao serviço de estágio competente qualquer facto que possa condicionar ou limitar o pleno cumprimento das normas estatutárias e regulamentares inerentes ao estágio; cumprir em plenitude todas as demais obrigações deontológicas e regulamentares no exercício da atividade profissional, nos termos do artigo 196.º/ 4 a) a h).

Sociedade de Advogados – artigos 213.º a 222.º

• Um não Advogado pode ser sócio de uma sociedade de Advogados?

Um não Advogado não pode ser sócio numa sociedade de Advogados, nos termos dos artigos 213.º/1 e 2 *a contrario* e 7 do EOA.

• Imagine que um sócio de uma sociedade de Advogados comete um erro que prejudica um cliente. Quem é o responsável, o Advogado ou a sociedade?

As sociedades de profissionais têm direito de regresso contra os sócios, administradores, gerentes ou colaboradores responsáveis pelos atos ou omissões culposos geradores de responsabilidade civil da sociedade ou organização, presumindo-se iguais as culpas de todos os responsáveis, nos termos do artigo 16.º da Lei 53/2015, de 11 de Junho.

• Pode existir conflito de interesses nas sociedades de Advogados?

Sempre que um Advogado exerça a sua atividade em associação (basta colaboração) sob a forma de sociedade, o regime do conflito de interesses é aplicável quer à Associação, quer a cada um dos seus membros. A sociedade de Advogados, ainda que assegure internamente a criação de grupos de trabalho independentes, não pode patrocinar causas ou clientes quando tal facto consubstanciar uma situação de conflito de interesses. Assim, devem os sócios prestar mutuamente informações sobre a sua atividade profissional de Advogado, sem que tal envolva violação do segredo profissional, ao qual ficam obrigados todos os sócios, associados e colaboradores (artigo 99.º/6)).

• Porque motivo existe em Portugal proibição de existência de sociedades pluridisciplinares?

Em Portugal há uma proibição de existência de sociedades pluridisciplinares pois a advocacia tem exigências ao nível da privacidade dos clientes, nomeadamente do sigilo profissional.

Acresce ao já acima referido que a legitimação legal de tais sociedades entraria em conflito com vários aspetos da Advocacia, tais como, a própria função do Advogado e a previsão legal dos atos próprios da profissão, as incompatibilidades para o acesso e exercício da profissão previstas no EOA, a proibição e angariação de clientela por si ou por interposta pessoa e a proibição de repartição de honorários com não Advogados (cfr. artigos 213.º/7, 66º a 69.º, 81.º a 83.º, 67.º/2 e 90.º/2-h), 107.º todos do EOA, artigo 12.º da LOSJ e artigos 27.º e 29 da Lei 2/2013, de 10 de Janeiro).

2.1.7. Legislação Complementar

***i)* Atos próprios de Advogados – Lei 49/2004**

- Em Portugal quem pode exercer advocacia?

Sem prejuízo do artigo 205.º do EOA, só os licenciados em Direito com inscrição na Ordem dos Advogados podem, em todo o território nacional, praticar atos próprios da advocacia, nos termos do artigo 66.º EOA e artigo 1.º da Lei 49.º/2004.

- Dê alguns exemplos de atos próprios da profissão de Advogado.

São atos próprios da profissão de Advogado o exercício do mandato forense, o exercício da consulta jurídica, a elaboração de contratos, a prática de atos preparatórios tendentes à constituição, a alteração e extinção de negócios jurídicos, designadamente os praticados junto de Conservatórias e Cartórios Notariais, a negociação tendente à cobrança de créditos, a representação e assistência perante qualquer jurisdição, autoridade ou entidade pública ou privada.

- O que é o mandato forense?

Cfr. pág. 22 no tema Exercício da Advocacia.

- O que é a consulta jurídica?

Cfr. pág. 23 no tema Exercício da Advocacia.

- Um Advogado pode dividir um escritório com um Técnico Oficial de Contas (TOC)?

Não, um Advogado não pode dividir o seu escritório com um TOC, nos termos do artigo 6.º/1 da Lei n.º 49/2004. Caso assim fosse, poderia estar em risco o segredo profissional. Apenas poderá fazê-lo com outros Advogados, Juristas ou Solicitadores.

• O que é um crime de procuradoria ilícita?

O crime de procuradoria ilícita é a prática de atos próprios dos Advogados e dos Solicitadores, por quem não é licenciado em Direito, com inscrição em vigor na Ordem dos Advogados ou por quem não é Solicitador inscrito na Câmara dos Solicitadores, nos termos do artigo 7.º da Lei n.º 49/2004 (cfr. ainda os artigos 87.º e 121.º/1 do EOA).

• Um Advogado pode cometer o crime de procuradoria ilícita?

Um Advogado pode cometer o crime de procuradoria ilícita se não estiver com a sua inscrição em vigor, ou seja, é Advogado mas está suspenso.

• Um Advogado Estagiário de 1.ª fase pode cometer o crime de procuradoria ilícita?

O Advogado Estagiário de 1.ª fase pode cometer o crime de procuradoria ilícita caso pratique um ato próprio de Advogado ou de Solicitador. Por sua vez, o Advogado Estagiário de 2.ª fase já não poderá incorrer nesse crime se não estiver suspenso e cumprir as condições estabelecidas no EOA, nomeadamente no artigo 196.º/1 e 2 do EOA.

• Imagine que um Advogado ia registar uma hipoteca à Conservatória do Registo Predial de Lisboa. O funcionário da Conservatória não atendeu preferencialmente o Advogado. Pode fazê-lo?

Sim, porque em termos registais vigora o princípio do trato sucessivo e, se não fosse assim, o funcionário poderia influenciar a regra da prioridade do registo, nos termos do artigo 63.º do Código do Registo Predial. Esta situação constitui uma exceção ao direito que os Advogados têm de ser atendidos preferencialmente nos serviços públicos.

<u>*ii)* Regulamento de Inscrição de Advogados e Advogados Estagiários – Regulamento n.º 913-C/2015</u>

- Imagine que um Advogado, ou Advogado Estagiário, pretende suspender a inscrição na ao (artigo 45.º do Regulamento n.º 913-C/2015). Como o faria?

O Advogado ou Advogado Estagiário, para suspender a sua inscrição, deve requerer respetivamente ao Presidente do Conselho Geral ou ao Presidente do Conselho Regional competente, nos termos do artigo 46.º Regulamento n.º 913-C/2015 (cfr. ainda artigos 45.º e 47.º a 50.º do Regulamento n.º 913-C/2015).

- O Advogado suspenso ou com a inscrição cancelada deve restituir a cédula?

O Advogado suspenso ou com a inscrição cancelada deve restituir a cédula profissional ao Conselho Regional em que esteve inscrito. Caso não o faça, no prazo de quinze dias, pode a Ordem dos Advogados proceder à respetiva apreensão judicial, nos termos do artigo 187.º/4 do EOA. (cfr. artigo 54.º do Regulamento n.º 913-C/2015).

<u>*iii)* Regulamento dos laudos de honorários – Regulamento n.º 40/2005</u>

- Terá de existir conflito ou divergência para que seja emitido um laudo?

"É pressuposto do laudo a existência de conflito ou divergência, expressos ou tácitos, entre o Advogado e o constituinte ou consulente acerca do valor dos honorários estabelecidos em conta já apresentada, devendo esta ser remetida ao cliente, há, pelo menos, três meses, sem resposta, para que se presuma divergência do mesmo quanto ao seu montante", *in* Orlando Guedes da Costa, *Direito Profissional do Advogado,* 6.ª Edição, Almedina, 2008, pág. 262, nos termos do artigo 7.º/1 e 2 do Regulamento n.º 40/2005.

- A quem compete dar laudo sobre honorários?

Compete às secções do Conselho Superior dar laudo sobre honorários, nos termos do artigo 44.º/3-*e)* do EOA e artigo 1.º do Regulamento n.º 40/2005.

• Pode ser sujeita ao laudo prévio a repartição de honorários entre Advogados que tenham colaborado no mesmo processo ou trabalho?

Pode ser sujeita ao laudo prévio a repartição de honorários entre Advogados que tenham colaborado no mesmo processo ou trabalho, desde que fora do âmbito das sociedades de Advogados, nos termos do artigo 7.º/5 do Regulamento n.º 40/2005.

• Compete à Ordem dos Advogados pronunciar-se sobre os serviços prestados ao cliente?

Não compete à Ordem dos Advogados decidir se os serviços foram efetivamente prestados (é um parecer). Quem detém esta competência são os Tribunais no exercício da função jurisdicional, sob pena de usurpação de poderes (dentro do mesmo entendimento, é aos Tribunais que compete apreciar se há prescrição do direito aos honorários por parte do Advogado).

• Qual o prazo para arguição de nulidades nos processos de laudo?

O prazo para a arguição de nulidades da decisão final nos processos de laudo é de quinze dias, nos termos do artigo 19.º/1 do Regulamento n.º 40/2005.

• É admissível recurso nos processos de laudo?

Não é admissível recurso das deliberações proferidas pelas secções do Conselho Superior nos processos de laudo, nos termos do artigo 19.º/2 do Regulamento n.º 40/2005.

Regulamento geral das especialidades – Regulamento 9/2016 (cfr. ainda artigo 94.º/2-*f)* e 3-*h)* do EOA)

• Um Advogado pode dizer que é especialista em alguma área?

Um Advogado pode adquirir o título de Advogado especialista e o reconhecimento da especialidade, se tiver inscrição em vigor na Ordem dos Advogados, ininterrupta há mais de dez anos, com um igual período mínimo de exercício efetivo da Advocacia na área da especialidade invocada e a quem seja reconhecida competência específica, teórica e prática, nos termos do artigo 3.º do Regulamento Geral das Especialidades – Regulamento n.º 9/2016. (cfr. artigo 70.º/3 EOA)

***iv)* Regulamento de dispensa de segredo profissional – Regulamento n.º 94/2006**

• Da decisão de deferimento de dispensa de segredo profissional cabe recurso?

A decisão de deferimento de dispensa de segredo profissional é irrecorrível nos termos do artigo 5.º/2 do Regulamento de Dispensa de Segredo Profissional – Regulamento n.º 94/2006.

• Da decisão de indeferimento de dispensa de segredo profissional cabe recurso?

Da decisão de indeferimento de dispensa de segredo profissional cabe recurso para o Bastonário, nos termos do artigo 6.º/1 do Regulamento de Dispensa de Segredo Profissional – Regulamento n.º 94/2006.

• Quem tem legitimidade para interpor recurso da decisão de indeferimento de dispensa de segredo profissional?

Apenas o Requerente de dispensa de segredo profissional tem legitimidade para interpor tal recurso, nos termos do artigo 6.º/2 do Regulamento de Dispensa de Segredo Profissional – Regulamento n.º 94/2006.

2.2. PRÁTICA PROCESSUAL CIVIL[2]

2.2.1. Dos princípios fundamentais

• É lícito ao Juiz, ao longo do processo, decidir sobre questões de direito ou de facto sem permitir às partes pronunciarem-se sobre elas?

Não, o Juiz deve observar e fazer cumprir, ao longo de todo o processo, o princípio do contraditório, não lhe sendo lícito, salvo caso de manifesta desnecessidade, decidir questões de direito ou de facto, mesmo que de

[2] Os artigos deste capítulo não acompanhados do respectivo Diploma Legal são do Código de Processo Civil (CPC).

conhecimento oficioso, sem que as partes tenham tido a possibilidade de sobre elas se pronunciarem, nos termos do artigo 3º/3.

• Quando pode a parte contrária responder às exceções deduzidas no último articulado admissível?

A parte contrária pode responder às exceções deduzidas no último articulado admissível na audiência prévia ou, não havendo lugar a ela, no início da audiência final, nos termos do artigo 3º/4.

• Sobre que factos incide o ónus de alegação das partes no processo civil português?

O ónus de alegação das partes incide sobre os factos essenciais que constituem a causa de pedir e aqueles em que se baseiam as exceções invocadas, nos termos do artigo 5º/1.

• Sobre que factos incidem os poderes de cognição do tribunal no processo civil português?

Além dos factos articulados pelas partes, os poderes de cognição do Tribunal abrangem ainda os factos instrumentais que resultem da instrução da causa (artigo 5º/2-*a*)), os factos que sejam complemento ou concretização dos que as partes hajam alegado e resultem da instrução da causa, desde que sobre eles tenham tido a possibilidade de se pronunciar (artigo 5º/2-*b*)) e os factos notórios e aqueles de que o tribunal tem conhecimento por virtude do exercício das suas funções (artigo 5º/2-*c*)).

• O Juiz encontra-se sujeito às alegações das partes no tocante a regras de direito?

Não, o Juiz não está sujeito às alegações das partes no tocante à indagação, interpretação e aplicação das regras de direito, nos termo do artigo 5º/3.

• Como é cumprido o dever de gestão processual ao qual o Juiz está obrigado?

O Juiz para cumprir com o dever de gestão processual ao qual está adstrito deve, sem prejuízo do ónus de impulso especialmente imposto pela lei às partes, dirigir ativamente o processo e providenciar pelo seu andamento célere, promovendo oficiosamente as diligências necessárias ao normal prosseguimento da ação, recusando o que for impertinente ou meramente dilatório e, ouvidas as partes, adotar mecanismos de simplificação e agilização processual que garantam a justa composição do litígio em prazo razoável, nos termo do artigo 6º/1.

O Juiz deve ainda, em cumprimento do dever em questão, providenciar oficiosamente pelo suprimento da falta de pressupostos processuais suscetíveis de sanação, determinando a realização dos atos necessários à regularização da instância ou, quando a sanação dependa de ato que deva ser praticado pelas partes, convidar estas a praticá-lo, nos termos do artigo 6º/2.

- Como se manifesta o princípio da cooperação no processo civil português?

O princípio da cooperação manifesta-se no dever que impende, na condução e intervenção no processo, sobre os magistrados, os mandatários judiciais e as próprias partes de cooperarem entre si, concorrendo para a obtenção, com brevidade e eficácia, para a justa composição do litígio, nos termos do artigo 7º/1.

É ainda manifestação do princípio da cooperação, a prerrogativa conferida pela lei ao Juiz de poder, em qualquer altura do processo, ouvir as partes, seus representantes ou mandatários judiciais, convidando-os a fornecer os esclarecimentos sobre a matéria de facto ou de direito que se afigurem pertinentes e dando-se conhecimento à outra parte dos resultados da diligência, nos termos do artigo 7º/2 (cfr. ainda os nºs 3 e 4 e o artigo 417º, nomeadamente o seu nº 3 quanto à possibilidade de recusa em prestar colaboração).

- A que deveres estão adstritas as partes e os intervenientes processuais nas suas intervenções no processo?

As partes devem agir de boa-fé e observar os deveres resultantes da aplicação do princípio da cooperação, nos termos do artigo 8.º (cfr. artigo 7.º)

Existe ainda um dever de recíproca correção que impende sobre todos os intervenientes processuais, ao abrigo do qual as relações entre advogados e magistrados devem pautar-se por um dever especial de urbanidade, nos termos do artigo 9.º/1.

Dita ainda este dever de recíproca correção que nenhuma das partes deve usar, nos seus escritos ou alegações orais, expressões desnecessária ou injustificadamente ofensivas da honra ou do bom nome da outra, ou do respeito devido às instituições, nos termos do artigo 9.º/2.

- O que é o princípio do dispositivo?

"Princípio que domina o processo cível, segundo o qual às partes cabe iniciar o processo, dar-lhe o conteúdo que entendam (formulando o pedido e a causa de pedir), suspendê-lo ou pôr-lhe termo, por desistência, confissão ou transação." (...) "O juiz encontra-se vinculado ao quadro processual desenhado pelas partes, só podendo, designadamente, levar em conta os factos alegados e provados pelas partes, salvo quando se trate de factos notórios, de factos que venham ao conhecimento do Tribunal em virtude do exercício das suas funções ou «dos factos instrumentais que resultem da instrução e discussão da causa»", *in* Ana Prata, *Dicionário Jurídico*, 4.ª Edição, Almedina, 2005, pág. 925.

Resumidamente, só o que está alegado pode ser objeto de decisão.

- O que é o princípio da estabilidade da instância?

O princípio da estabilidade da instância é aquele segundo o qual após a citação do Réu a instância deve manter-se a mesma quanto às pessoas, ao pedido e à causa de pedir, salvas as possibilidades de modificação consignadas na lei, nos termos do artigo 260.º.

2.2.2. Das espécies de ações

- Quais as espécies de ações que conhece?

As ações são declarativas ou executivas, nos termos do artigo 10.º/1.

- Quais os tipos de ações declarativas que conhece?

As ações declarativas podem ser de simples apreciação, de condenação ou constitutivas, nos termos do artigo 10.º/2 e 3.

- Dê exemplos de ações declarativas de simples apreciação?

São exemplos de ações de simples apreciação, as ações de reconhecimento do direito de propriedade e de declaração da nulidade de negócio jurídico.

- Dê exemplos de ações declarativas de condenação?

São exemplos de ações declarativas de condenação, as ações de despejo e de prestação de contas.

- Dê exemplos de ações declarativas constitutivas?

São exemplos de ações declarativas constitutivas, o exercício do direito de preferência, a adoção, e a impugnação pauliana.

- Qual a diferença entre uma ação de simples apreciação positiva e negativa?

Diz-se que a ação é de simples apreciação negativa quando o seu fim é a declaração da inexistência do direito ou facto. Por sua vez, a ação de simples apreciação positiva visa a declaração da existência do direito ou facto, nos termos do artigo 10.º/3-*a)*.

- A que tipo de ação declarativa pertence a ação de reivindicação?

A ação de reivindicação é de simples apreciação e de condenação (do pedido deve constar o reconhecimento do direito de propriedade e a condenação do Réu, a restituir o bem que pertence ao Autor), nos termos do artigo 10.º/3-*a)* e *b)* e artigo 1311.º/1 do Código Civil.

2.2.3. Das Partes

- Em que consiste a personalidade judiciária?

A personalidade judiciária consiste na suscetibilidade de ser parte, nos termos do artigo 11.º/1.

- Em que consiste a capacidade judiciária?

A capacidade judiciária consiste na suscetibilidade de estar, por si, em juízo, nos termos do artigo 15.º/1.

- Como são representados os incapazes em juízo?

Os incapazes são representados em juízo por intermédio dos seus representantes ou autorizados pelo seu curador, exceto quanto aos atos que possam exercer pessoal e livremente, nos termos do artigo 16.º/1 (cfr. artigo 17.º).

Caso uma das partes seja um menor (artigo 122.º e ss. do Código Civil), e as responsabilidades parentais competirem a ambos os pais, estes representam-no em juízo, sendo necessário o acordo de ambos para a propositura de ações, nos termos do artigo 16.º/2 (cfr. n.º 3).

Sendo uma das partes um inabilitado (artigo 152.º do Código Civil), este pode intervir em todas as ações nas quais seja parte e deve ser citado caso seja Réu, ainda que o curador tenha sido citado, sob pena de se verificar a nulidade correspondente à falta de citação, nos termos do artigo 19.º/1 (cfr. n.º 2).

Por último, incumbe ao MP, em representação de incapazes, intentar quaisquer ações necessárias à tutela dos seus direitos e interesses, nos termos do artigo 23.º/1 (cfr. n.º 2 e artigo 21.º).

- Quem representa os ausentes em Tribunal?

Incumbe ao MP, em representação dos ausentes, intentar quaisquer ações necessárias à tutela dos seus direitos e interesses, nos termos do artigo 23.º/1 (cfr. n.º 2 e artigo 21.º).

- Quem representa os incertos em Tribunal?

Quando a ação é proposta contra incertos, por não ter o Autor possibilidade de identificar os interessados diretos em contradizer, são estes representados pelo MP, nos termos do artigo 22.º/1.

Quando o MP representa o Autor, é nomeado Defensor oficioso aos incertos, nos termos do artigo 22.º/2 (cfr. n.º 3).

- Quem representa o Estado em juízo?

O Estado é representado pelo MP, sem prejuízo dos casos em que a lei especialmente permita o patrocínio por mandatário judicial próprio, cessando a intervenção principal do MP logo que este esteja constituído, nos termos do artigo 24.º/1 (cfr. n.º 2).

- Quem representa os menores em Tribunal?

Quando uma das partes é um menor, e as responsabilidades parentais competirem a ambos os pais, estes representam-no em juízo, sendo necessário o acordo de ambos para a propositura de ações, nos termos do artigo 16.º/2 (cfr. n.º 3).

Se existir desacordo entre os pais acerca da conveniência de intentar a ação, qualquer dos pais pode requerer ao Tribunal competente para a ação a resolução deste conflito, nos termos do artigo 18.º/1.

Se o desacordo apenas surge durante o processo, e é acerca da orientação deste, qualquer dos pais pode, no prazo para a realização do primeiro ato processual afetado pelo desacordo, requerer ao Juiz que providencie sobre a forma do incapaz ser representado no processo, suspendendo-se a instância, nos termos do artigo 18.º/2 (cfr. n.ºs 3, 4 e 5).

Legitimidade das partes – artigos 30.º a 39.º.

- O que é o litisconsórcio?

Estamos perante um caso de litisconsórcio quando existe uma "pluralidade de partes principais no processo civil, isto é, situação que se verifica quando as partes principais em processo civil são mais de duas (Autor e Réu)" *in* Ana Prata, *Dicionário Jurídico,* 4.ª Edição, Almedina, 2005, pág. 729.

- Qual a diferença entre o litisconsórcio voluntário e o litisconsórcio necessário?

Estamos perante uma situação de litisconsórcio voluntário quando a relação controvertida discutida diz respeito a várias pessoas (por exemplo, uma obrigação solidária), a ação pode ser intentada por todos ou contra todos os que tenham interesse legítimo, apesar de também poder ser intentada por um só ou contra um só deles. Esta situação ocorre quando a lei ou o negócio em causa a admitam ou sejam omissos sobre a questão. Caso a ação, que possa ser intentada por todos ou contra todos não o for, o Tribunal conhece apenas acerca do interesse ou apura a responsabilidade de quem a intentou ou daquele contra quem foi intentada, mesmo que o pedido abranja a totalidade (cfr. artigo 32.º).

Quanto ao litisconsórcio necessário, este verifica-se quando a lei ou o negócio jurídico em questão exigirem a intervenção de todos os que tenham interesse legítimo na causa, tendo a ação de ser intentada por todos ou contra todos, sob pena de ilegitimidade. É igualmente necessária a intervenção de todos os interessados quando, pela própria natureza da relação jurídica, ela seja necessária para que a decisão a obter produza o seu efeito útil normal. (cfr. artigo 33.º; ainda artigos 419.º/1, 496.º/2, 535.º e 2091.º/1 do Código Civil).

- O que é a coligação?

No processo civil podem existir vários Autores e vários Réus (parte plural). *Nas referidas situações,* sendo feito um único pedido, estamos perante uma situação de litisconsórcio. Se forem feitos vários pedidos estamos perante uma situação de coligação. Assim, existe coligação quando havendo vários interessados existem também várias relações em conflito. A diversidade de tais relações fixa o carácter facultativo da coligação.

É um caso típico de coligação nos termos do artigo 36.º, quando há um acidente de viação no qual existem vários lesados e apenas um culpado (cfr. ainda artigos 37.º a 39.º).

2.2.4. Patrocínio judiciário

- Em que situações é obrigatória a constituição de Advogado?

É obrigatória a constituição de Advogado nas causas de competência de Tribunais com alçada em que seja admissível recurso ordinário (cfr. artigo 629.º/1), nas causas em que seja sempre admissível recurso, independentemente do valor (cfr. artigo 629.º/2 e 3) e nos recursos e nas causas propostas nos Tribunais superiores (cfr. como exemplo artigo 979.º), nos termos do artigo 40.º/1-*a)* a *c)*.

- Em que situações um Solicitador pode patrocinar uma causa?

O patrocínio pode ser exercido por Solicitador nas causas em que não seja obrigatória a constituição de Advogado, nos termos do artigo 42.º.

- Imagine que o Autor não constitui Advogado, sendo obrigatória a sua constituição. Quid Iuris?

Se a parte não constituir Advogado, sendo obrigatória a sua constituição, o Juiz, oficiosamente ou a requerimento da parte contrária, determina a sua notificação para o constituir dentro de prazo certo, sob pena do Réu ser absolvido da instância, de não ter seguimento o recurso ou de ficar sem efeito a defesa, nos termos do artigo 41.º.

- As próprias partes podem pleitear por si?

As próprias partes podem pleitear por si nas causas em que não seja obrigatória a constituição de Advogado, nos termos do artigo 42.º.

- Como se confere o mandato judicial?

O mandato judicial confere-se por procuração forense. Enquanto que as outras procurações carecem de reconhecimento presencial de assinatura, a procuração forense é um documento simples, particular, que se torna válido com a assinatura da parte, sem qualquer formalismo.

- *Dite uma procuração com poderes gerais (cfr. artigos 44.º e 45.º).*

PROCURAÇÃO FORENSE

______________ **(Nome completo),** contribuinte n.º __________ __________, (Estado Civil), ______________ (Profissão) e residente em __________, constitui seu bastante procurador o Sr. Dr. ____________ **(Nome Profissional do Advogado)**, Advogado, com escritório em __________, a quem confere os mais amplos poderes forenses em direito permitidos, podendo substabelecer.

__________ (local), ___/___/___ (data)

(Ter em atenção que caso os poderes forenses sejam conferidos por pessoa coletiva, pode ser necessária a assinatura de dois gerentes.)

- *Dite uma procuração com poderes especiais* (cfr. artigo 45.º).

PROCURAÇÃO FORENSE

______________ **(Nome completo),** contribuinte n.º __________ __________, (Estado Civil), ______________ (Profissão) e residente em

__________, constitui seu bastante procurador o Sr. Dr. ____________ **(Nome Profissional do Advogado)**, Advogado, com escritório em ________________ (morada), a quem confere os mais amplos poderes forenses em direito permitidos, incluindo os de transigir, confessar ou desistir, nomeadamente para o representar na Audiência de Tentativa de Conciliação a realizar em __________ (data), pelas ______ horas, no âmbito do processo n.º __________ a correr trâmites no ______.º Juízo, ______.ª Secção do Tribunal de ______, assinando e praticando o que necessário for ao mencionado fim.

__________ (local), ___/___/___ (data)

• Imagine que um cliente chega ao seu escritório e informa-o que quer divorciar-se, com base no facto da sua mulher o ter traído. Informa-o também que não quer voltar a vê-la, nem sequer para tratar dos assuntos relacionados com o divórcio (litigioso). Quid Iuris?

No caso concreto, o Juiz irá notificar as partes para comparecerem pessoalmente. Apenas se as partes estiverem ausentes do continente ou da ilha onde correr o processo é que estas se podem fazer representar por mandatário com poderes especiais, nos termos do artigo 931.º/1.

• Imagine que um cliente quer mandatá-lo para comprar uma casa. O que é necessário?

Para tal, é necessário que o cliente confira uma procuração com poderes especiais (cfr. artigo 45.º).

Substabelecimento – artigo 44.º

• Um Advogado que tenha procuração com poderes gerais pode substabelecer?

A lei presume que nos poderes conferidos ao mandatário está incluído o de substabelecer o mandato, nos termos do artigo 44.º/2.

• O que implica o substabelecimento sem reserva?

O substabelecimento sem reserva implica a exclusão do anterior mandatário, nos termos do artigo 44.º/3.

- *Dite um substabelecimento.*

SUBSTABELECIMENTO

__________________ **(Nome Profissional do Advogado)**, Advogado, com escritório em __________________ (morada), substabelece, (com ou sem reserva), no **Sr. Dr. (Nome Profissional do Advogado)**, Advogado Estagiário, com escritório na mesma morada, os poderes gerais forenses que lhe foram conferidos por __________________ (Nome do Cliente), no âmbito do processo de Injunção n.º ______ que corre trâmites no Tribunal de ______, nomeadamente para a audiência de julgamento a realizar no dia ___/___/___, pelas ______ horas.

____________ (local), ___/___/___ (data)

- As afirmações e confissões expressas de factos, feitas pelo mandatário nos articulados, vinculam a parte?

As afirmações e confissões expressas de factos, feitas pelo mandatário nos articulados, vinculam a parte, salvo se forem retificadas ou retiradas enquanto a parte contrária as não tiver aceitado especificadamente, nos termos do artigo 46.º.

- Qual a diferença entre renúncia e revogação do mandato?

Renúncia é o "ato voluntário pelo qual uma pessoa perde um direito de que é titular, sem uma concomitante atribuição ou transferência dele para outrem: a renúncia é, pois, um negócio unilateral abdicativo – e por isso, dispositivo – do direito" *in* Ana Prata, *Dicionário Jurídico,* 4.ª Edição, Almedina, 2005, pág. 1059. A renúncia do mandato é sempre feita pelo Advogado unilateralmente.

Por sua vez, revogação é a "forma de extinção de um negócio jurídico por manifestação de vontade, em regra discricionária, do seu autor ou por acordo entre as partes (se se tratar de contrato): a revogação produz, normalmente, efeitos extintivos apenas para o futuro e não pode, em regra, lesar os interesses de terceiros", *in* Ana Prata, *Dicionário Jurídico,* 4.ª Edição, Almedina, 2005, pág. 1093. A revogação do mandato é sempre feita pelo cliente/mandante.

- Quando é que a revogação e a renúncia do mandato produzem efeitos?

A revogação e a renúncia do mandato produzem efeitos a partir da sua notificação, nos termos do artigo 47.º/2.

Contudo, nos casos em que seja obrigatória a constituição de Advogado, se a parte, depois de notificada da renúncia, não constituir novo mandatário no prazo de vinte dias:

– suspende-se a instância, se a falta for do Autor ou do Exequente (artigo 47.º/3-*a*));

– o processo segue os seus termos, se a falta for do Réu, do Executado ou do Requerido, aproveitando-se os atos anteriormente praticados (artigo 47.º/3-*b*));

– extingue-se o procedimento ou o incidente inserido na tramitação de qualquer ação, se a falta for do Requerente, Opoente ou Embargante (artigo 47.º/3-*c*)) – cfr. n.º 4 a 6.

Assim, até ao decurso do prazo de vinte dias o mandatário renunciante está obrigado ao patrocínio.

- Relacione o artigo 47.º/3 do Código de Processo Civil com o artigo 13.º da Constituição da República Portuguesa. Porquê esta desigualdade?

Esta desigualdade nasce da necessidade de tratar de forma igual o que é igual e de forma desigual o que é desigual. Isto porque se assim não fosse, o Réu nunca iria constituir novo mandatário para deliberadamente deter a ação. É o Autor quem propõe a ação, e é ele que tem interesse em que esta prossiga.

- A falta, insuficiência ou irregularidade da procuração podem ser suscitadas oficiosamente pelo Tribunal?

A falta de procuração ou a sua insuficiência ou irregularidade podem, em qualquer altura, ser arguidas pela parte contrária e suscitadas oficiosamente pelo Tribunal, nos termos do artigo 48.º/1.

- O patrocínio judiciário pode ser exercido a título de gestão de negócios?

Em casos de urgência, o patrocínio judiciário pode ser exercido como gestão de negócios, nos termos do artigo 49.º/1.

Porém, se a parte não ratificar a gestão dentro do prazo fixado pelo Juiz, o gestor será condenado nas custas que provocou e na indemnização do dano causado à parte contrária ou à parte cuja gestão assumiu, nos termos do artigo 49.º/2.

O despacho que fixar o prazo para a ratificação é notificado pessoalmente à parte cujo patrocínio o gestor assumiu, nos termos do artigo 49.º/3.

2.2.5. Da competência

• Na ordem interna portuguesa, a competência reparte-se pelos diferentes Tribunais segundo vários critérios. Quais?

A competência dos Tribunais portugueses reparte-se segundo a matéria, a hierarquia judiciária, o valor da causa e o território, nos termos do artigo 60.º (cfr. artigo 37.º e ss. da LOSJ).

• Dê um exemplo de ações em que os Tribunais portugueses tenham competência exclusiva.

Os Tribunais portugueses têm competência exclusiva em matéria de execuções sobre imóveis situados em território português, nos termos do artigo 63.º-*d)*.

• Dê exemplos de Tribunais de competência especializada.

São exemplos de Tribunais de competência especializada o Tribunal do Trabalho de Lisboa, o Tribunal de Família e Menores de Lisboa, o Tribunal do Comércio de Lisboa, o Tribunal Marítimo de Lisboa (cfr. artigo 65.º e artigo 117.º e ss. da LOSJ).

Competência em razão da hierarquia – artigos 67.º a 69.º e 42.º da LOSJ

• Qual a competência dos Tribunais de 1.ª instância?

Compete aos Tribunais de primeira instância o conhecimento dos recursos das decisões dos Notários, dos Conservadores do Registo e de outros que, nos termos da lei, para eles devam ser interpostos, nos termos do artigo 67.º (cfr. artigos 60.º e ss. E artigo 29.º/1 – a), 2 e 33.º da LOSJ).

• Qual a competência das Relações?

As Relações conhecem dos recursos e das causas que por lei sejam da sua competência.

Compete, ainda, às Relações o conhecimento dos recursos interpostos de decisões proferidas pelos Tribunais de 1.ª instância, nos termos do artigo 68.º (cfr. artigos 29.º/1 – a) e 2 e 32.º e ss. da LOSJ).

• Qual a competência do Supremo Tribunal de Justiça?

O Supremo Tribunal de Justiça conhece dos recursos e das causas que por lei sejam da sua competência. Compete, ainda, ao Supremo Tribunal de Justiça o conhecimento dos recursos interpostos de decisões proferidas pelas Relações e, nos casos especialmente previstos na lei, pelos Tribunais de 1.ª instância, nos termos do artigo 69.º/1 e 2 (cfr. artigos 31.º e ss. da LOSJ).

Competência em razão do território

• Onde deve ser proposta uma ação de despejo?

Uma ação de despejo deve ser proposta no Tribunal da situação do bem, nos termos do artigo 70.º/1.

• Onde deve ser proposta uma ação de preferência?

Uma ação de preferência deve ser proposta no Tribunal da situação do bem, nos termos do artigo 70.º/1.

• Onde deve ser proposta uma ação de divisão de coisa comum?

Uma ação de divisão de coisa comum deve ser proposta no Tribunal da situação do bem, nos termos do artigo 70.º/1.

• E se o objeto da ação forem vários bens móveis e imóveis situados em circunscrições diferentes?

Neste caso concreto, a ação deve ser proposta no Tribunal onde se situem os imóveis de maior valor, nos termos do artigo 70.º/3.

- A ação destinada a exigir o cumprimento de obrigações, a indemnização pelo não cumprimento ou pelo cumprimento defeituoso e a resolução do contrato por falta de cumprimento deve ser proposta em que Tribunal?

As ações destinadas a exigir o cumprimento de obrigações, de indemnização pelo não cumprimento ou pelo cumprimento defeituoso e para resolução do contrato por falta de cumprimento devem ser propostas no Tribunal do domicílio do Réu, podendo o credor optar pelo Tribunal do lugar em que a obrigação deveria ser cumprida, quando o Réu seja pessoa coletiva ou quando, situando-se o domicílio do credor na área metropolitana de Lisboa ou do Porto, o Réu tenha domicílio na mesma área metropolitana, nos termos do artigo 71.º/1.

- Qual o Tribunal competente para propor uma ação que se destine a efetivar a responsabilidade civil baseada em facto ilícito ou fundada no risco?

O Tribunal competente para propor a ação destinada a efetivar a responsabilidade civil baseada em facto ilícito ou fundada no risco é o correspondente ao lugar onde o facto ocorreu, nos termos do artigo 71.º/2.

- Qual o Tribunal competente para propor as ações de divórcio e separação?

O Tribunal competente para propor as ações de divórcio e separação é o Tribunal do domicílio ou da residência do Autor, nos termos do artigo 72.º.

- Qual o Tribunal competente para propor uma ação de honorários?

O Tribunal competente para propor uma ação de honorários é o Tribunal da causa na qual foi prestado o serviço. Se for porém, instaurada na Relação ou no Supremo, a ação correrá no Tribunal da Comarca do domicílio do devedor, nos termos do artigo 73.º.

- Qual o Tribunal competente para requerer um procedimento cautelar?

Quando se tratar de um procedimento cautelar de arresto ou arrolamento, o procedimento pode ser requerido no Tribunal onde deva ser proposta a ação respetiva, no do lugar onde os bens se encontrem ou, se houver bens em várias comarcas, no de qualquer destas, nos termos do artigo 78.º/1-*a)*.

Ainda, tratando-se de procedimento cautelar de embargo de obra nova, é competente o Tribunal do lugar da obra, nos termos do artigo 78.º/1-*b)*.

Por sua vez, no caso de se tratar de um procedimento cautelar inominado, ou caso seja nominado não tenha regra especial, o Tribunal competente para requerer o respetivo procedimento é o Tribunal em que deva ser proposta a ação respetiva, nos termos do artigo 78.º/1-*c)*.

- Qual o Tribunal competente para se requererem diligências antecipadas de prova?

As diligências antecipadas de produção de prova devem ser requeridas no Tribunal do lugar em que hão de efetuar-se, nos termos do artigo 78.º/1-*d)*.

- Qual o Tribunal competente para requerer uma notificação avulsa?

O Tribunal competente para requerer uma notificação avulsa é aquele em cuja área resida a pessoa a notificar, nos termos do artigo 79.º.

- Onde deve ser proposta uma ação de revisão de sentença estrangeira?

A ação de revisão de sentença estrangeira deve ser proposta no Tribunal da Relação da área em que esteja domiciliada a pessoa contra quem se pretende valer a sentença, nos termos do artigo 979.º.

- Qual a regra geral da competência em razão do território?

Em todos os casos não previstos nos artigos 70.º e ss., e em disposições especiais é competente para a ação o Tribunal do domicílio do Réu, nos termos do artigo 80.º.

- Qual o Tribunal competente se o Réu for o Estado?

Se o Réu for o Estado, ao Tribunal do domicílio do Réu substitui-se o do domicílio do Autor, nos termos do artigo 81.º/1.

- Qual o Tribunal competente caso o Réu seja uma pessoa coletiva?

Caso o Réu seja uma pessoa coletiva, ou uma sociedade, será demandado no Tribunal da sede da administração principal ou no da sede da sucursal, agência, filial, delegação ou representação conforme a ação seja dirigida contra aquela ou contra estas, nos termos do artigo 81.º/2.

- Qual o Tribunal competente quando existem vários Réus numa mesma causa?

Havendo mais de um Réu na mesma causa, devem ser todos demandados no Tribunal do domicílio do maior número de Réus. Se for igual o número nos diferentes domicílios pode o Autor escolher o de qualquer deles, nos termos do artigo 82.º/1.

- Qual o Tribunal competente quando se cumulem vários pedidos?

Se o Autor cumular pedidos para cuja apreciação sejam territorialmente competentes diversos Tribunais, pode escolher qualquer deles para a propositura da ação, salvo se a competência para apreciar algum dos pedidos depender de algum dos elementos de conexão que permitem o conhecimento oficioso da incompetência relativa. Neste caso, a ação será proposta nesse Tribunal, nos termos do artigo 82.º/2.

Quando se cumulem, porém, pedidos entre os quais haja uma relação de dependência ou subsidiariedade, deve a ação ser proposta no Tribunal competente para a apreciação do pedido principal, nos termos do artigo 82.º/3.

Da extensão e modificações da competência

- Qual o Tribunal competente para conhecer das questões incidentais?

O Tribunal competente para a ação é também competente para conhecer das questões incidentais, nos termos do artigo 91.º.

- Qual o Tribunal competente para as questões reconvencionais?

O Tribunal da ação é competente para as questões deduzidas por via de reconvenção, desde que tenha competência para elas em razão da nacionalidade, da matéria e da hierarquia. Caso não seja competente, o reconvindo é absolvido da instância, nos termos do artigo 93.º/1 (cfr. n.º 2).

• Qual a diferença entre pacto atributivo de jurisdição e pacto privativo de jurisdição?

O pacto atributivo de jurisdição é a "convenção pela qual as partes estabelecem – desde que «a relação controvertida tenha conexão com mais de uma ordem jurídica» – que «um litígio determinado, ou os litígios eventualmente decorrentes de certa relação jurídica», será submetido a certa jurisdição", *in* Ana Prata, *Dicionário Jurídico*, 4.ª Edição, Almedina, 2005, pág. 841.

Por sua vez, "o pacto diz-se privativo de jurisdição quando retira a competência que tinham os Tribunais portugueses para apreciação de um pedido relativo a uma situação jurídica plurilocalizada", *in* Ana Prata, *Dicionário Jurídico*, 4.ª Edição, Almedina, 2005, pág. 844. (cfr. artigo 94.º).

• As regras de competência podem ser afastadas pelas partes (competência convencional)?

As regras de competência em razão da matéria, da hierarquia e do valor não podem ser afastadas por vontade das partes mas, é-lhes permitido afastar, por convenção expressa, a aplicação das regras de competência em razão do território, salvo nos casos a que se refere o artigo 104.º, nos termos do artigo 95.º/1 (cfr. n.os 2 a 4).

• Quais os casos em que existe incompetência absoluta do Tribunal?

Há incompetência absoluta do Tribunal quando sejam violadas as regras de competência em razão da matéria e da hierarquia e das regras de competência internacional e quando houver preterição do Tribunal arbitral, nos termos do artigo 96.º a) e b).

• Quem pode arguir e quando pode ser arguida a incompetência absoluta?

A incompetência absoluta do Tribunal pode ser arguida pelas partes e, exceto se decorrer da violação de pacto privativo de jurisdição ou de preterição de tribunal arbitral voluntário, deve ser suscitada oficiosamente pelo Tribunal, enquanto não houver sentença com trânsito em julgado proferida sobre o fundo da causa, nos termos do artigo 97.º/1.

Contudo, a violação das regras de competência em razão da matéria que apenas respeitem aos Tribunais judiciais só pode ser arguida, ou oficiosamente conhecida, até ser proferido despacho saneador, ou, não havendo lugar a este, até ao início da audiência final, nos termos do artigo 97.º/2.

- Em que momento se deve conhecer da incompetência absoluta?

Se a incompetência for arguida antes de ser proferido o despacho saneador, pode conhecer-se dela imediatamente ou reservar-se a apreciação para esse despacho. Se for arguida posteriormente ao despacho, deve conhecer-se logo da arguição, nos termos do artigo 98.º.

- Quais os efeitos da incompetência absoluta?

A verificação da incompetência absoluta implica a absolvição do Réu da instância (artigo 278.º/1-*a)*) ou o indeferimento em despacho liminar, quando o processo o comportar, nos termos do artigo 99.º.

- Em que casos se verifica a incompetência relativa?

Verifica-se a incompetência relativa em casos onde exista a infração de regras de competência fundadas no valor da causa, na divisão judicial do território ou decorrentes dos casos em que as partes afastem a aplicação das regras de competência em razão do território (competência convencional), nos termos do artigo 102.º (cfr. artigo 95.º).

- Até quando pode ser arguida pelo Réu a incompetência relativa?

A incompetência relativa pode ser arguida pelo Réu, sendo o prazo de arguição o fixado para a contestação, oposição ou resposta ou, quando não haja lugar a estas, para outro meio de defesa que tenha a faculdade de deduzir, nos termos do artigo 103.º/1.

- O Autor pode responder à arguição por parte do Réu da incompetência relativa?

Sim, o Autor pode responder no articulado subsequente da ação ou, não havendo lugar a este, em articulado próprio, dentro de dez dias após a notificação da entrega do articulado do Réu, nos termos do artigo 103.º/2.

- A incompetência em razão do valor da causa é do conhecimento oficioso do Tribunal?

Sim, a incompetência em razão do valor da causa é sempre do conhecimento oficioso do Tribunal seja qual for a ação em que se suscite, nos termos do artigo 104.º/2.

- Qual o efeito da decisão relativa à exceção de incompetência relativa?

A decisão transitada em julgado resolve definitivamente a questão da competência, mesmo que esta tenha sido oficiosamente suscitada, nos termos do artigo 105.º/2.

- Qual a consequência caso a exceção de incompetência relativa seja julgada procedente?

Caso a exceção de incompetência relativa seja julgada procedente, o processo é remetido para o Tribunal competente, nos termos do artigo 105.º/3.

- As decisões proferidas na apreciação da matéria da incompetência relativa, incluindo a decisão final, são passíveis de recurso?

Com a entrada em vigor da Lei 41/2013 de 26 de junho, da decisão que aprecie a competência cabe agora reclamação, com efeito suspensivo, para o Presidente da Relação respetiva, o qual decide definitivamente a questão, nos termos do artigo 105.º/4.

- Quando é que existe conflito de jurisdição?

Há conflito de jurisdição quando duas ou mais autoridades, pertencentes a diversas atividades do Estado, ou dois ou mais Tribunais, integrados em ordens jurisdicionais diferentes, se arrogam ou declinam o poder de conhecer da mesma questão. O conflito diz-se positivo no primeiro caso e negativo no segundo, nos termos do artigo 109.º/1.

- Quando é que existe conflito de competência?

Há conflito, positivo ou negativo, de competência quando dois ou mais Tribunais da mesma ordem jurisdicional se consideram competentes ou incompetentes para conhecer da mesma questão, nos termos do artigo 109.º/2.

2.2.6. Atos processuais em geral

- Quando é que não se praticam atos processuais?

Sem prejuízo de atos realizados de forma automática, não se praticam atos processuais nos dias em que os Tribunais estiverem encerrados, nem durante o período de férias judiciais, com exceção das citações, notificações e os atos que se destinem a evitar dano irreparável, nos termos do artigo 137.º/1 e 2.

- O prazo processual, estabelecido por lei ou fixado por despacho do Juiz é contínuo?

O prazo processual, estabelecido por lei ou fixado por despacho do Juiz é contínuo, suspendendo-se, no entanto, durante as férias judiciais (artigo 28.º da LOSJ), salvo se a duração for igual ou superior a seis meses ou se tratar de atos a praticar em processos que a lei considere urgentes, nos termos do artigo 138.º/1 (regra da continuidade dos prazos).

Porém, quando o prazo para a prática do ato processual terminar em dia que os Tribunais estiverem encerrados, transfere-se o seu termo para o primeiro dia útil seguinte, nos termos do artigo 138.º/2.

- Qual a diferença entre prazo dilatório e prazo perentório (modalidades de prazo)?

O prazo dilatório adia para certo momento a hipótese de praticar um ato ou o início da contagem do prazo para a extinção do direito de realizar esse ato. O prazo perentório faz com que desapareça a hipótese de praticar tal ato, ou seja, o direito a tal ato extingue-se, nos termos do artigo 139.º/2 e 3.

• Como deve ser contado um prazo perentório que se siga a um prazo dilatório?

Quando um prazo perentório se seguir a um prazo dilatório, os dois prazos contam-se como um só, nos termos do artigo 142.º.

• "Os prazos em processo civil são perentórios". O que quer isto dizer?

Significa que decorrido o prazo previsto para um certo ato, o direito que a parte tem a praticá-lo sai da sua esfera jurídica, ou seja, tal ato já não poderá ser admissível com as consequências daí decorrentes, nos termos do artigo 139.º/3.

• Em que casos é permitido ao Advogado praticar o ato depois do prazo normal?

O Advogado pode praticar atos processuais fora do prazo em caso de justo impedimento ou nos três primeiros dias úteis subsequentes ao termo do prazo, nos termos do artigo 139.º/4 e 5.

Considera-se justo impedimento o evento não imputável à parte, nem aos seus representantes ou mandatários, que obste à prática atempada do ato, nos termos do artigo 140.º/1 (cfr. n.ºs 2 e 3).

A validade do ato praticado dentro dos três primeiros dias úteis subsequentes ao termo do prazo fica dependente do pagamento de uma multa que se fixa em 10 % da taxa de justiça correspondente ao processo ou ato, com o limite máximo de ½ UC se o ato for praticado no 1.º dia; em 25 % da taxa de justiça correspondente ao processo ou ato, com o limite máximo de 3 UC se o ato for praticado no 2º dia; em 40 % da taxa de justiça correspondente ao processo ou ato, com o limite máximo de 7 UC se o ato for praticado no 3º dia, nos termos do artigo 139.º/5-*a)* a *c)* – cfr. n.ºs 6 a 8).

• De que forma devem ser apresentados em juízo os atos processuais?

Os atos processuais que devam ser praticados por escrito pelas partes são apresentados a juízo por transmissão eletrónica de dados, nos termos definidos na portaria prevista no artigo 132.º/1, valendo como data da prática do ato processual a da respetiva expedição, nos termos do artigo 144.º/1 (cfr. n.ºs 2 a 4).

- Existem exceções à regra da forma de apresentação dos atos processuais prevista no artigo 144º/1?

Existem exceções à regra prevista no artigo 144º/1 nas situações em que não seja obrigatória a constituição de Advogado e a parte não esteja patrocinada, ou nos casos em que mesmo que a parte esteja patrocinada por Advogado se verifique justo impedimento para a prática de atos processuais através de transmissão eletrónica de dados (cfr. artigo 144.º/ 7 proémio e nº 8).

Nas situações supra mencionadas, os atos processuais que devam ser praticados por escrito pelas partes também podem ser apresentados a juízo através da entrega na secretaria judicial, valendo como data da prática do ato processual a da respetiva entrega (artigo 144.º/7-*a)*), através da remessa pelo correio, sob registo, valendo como data da prática do ato processual a da efetivação do respetivo registo postal (artigo 144.º/7-*b)*), ou através do envio por telecópia, valendo como data da prática do ato processual a da expedição (artigo 144.º/7-*c)*), entrega por via eletrónica pela própria parte, nos termos definidos na portaria prevista no artigo 132.º/1, valendo como data da prática do ato a data a da respetiva expedição (artigo 144.º/7-d).

- Imagine que o Advogado, após o envio da peça processual comete um lapso ao indicar que os factos ocorreram em julho de 2008 quando queria dizer que ocorreram em julho de 2009. O que pode fazer para retificar o erro?

O Advogado poderá retificar este erro juntando um requerimento aos autos onde releva o lapso, corrigindo-o e requerendo a sua respetiva retificação, nos termos do artigo 146.º/1 e 2.

- Qual a definição de articulado?

O articulado é uma peça em que as partes expõem os fundamentos da ação e da defesa e formulam os pedidos correspondentes, nos termos do artigo 147.º/1 (cfr. n.º 2).

- Qual o prazo supletivo para a prática dos atos processuais?

O prazo supletivo para a prática dos atos processuais é de dez dias, nos termos do artigo 149.º.

• Imagine que é Advogado num determinado processo e a caminho da audiência de discussão e julgamento fica preso no trânsito. O que faria?

No caso concreto, o Advogado deveria telefonar para o escritório e pedir para comunicarem prontamente ao Tribunal – cfr. artigo 151.º/5.

• Qual a finalidade dos despachos de mero expediente?

Os despachos de mero expediente destinam-se a prover ao andamento regular do processo, sem interferir no conflito existente entre as partes, nos termos do artigo 152.º/4.

• O dever de correção e urbanidade dos funcionários judiciais para com os Advogados vem previsto no Código de Processo Civil?

Nos termos do artigo 157.º/3, os funcionários judiciais devem agir com especial correção e urbanidade nas relações com os mandatários judiciais.

• Os mandatários judiciais constituídos pelas partes podem solicitar que os processos lhes sejam confiados para exame fora da secretaria do Tribunal?

Os mandatários judiciais constituídos pelas partes podem solicitar, por escrito ou verbalmente, que os suportes físicos de processos pendentes/findos que contenham atos e documentos que não tenham representação eletrónica lhes sejam confiados para exame fora da secretaria do Tribunal, nos termos do artigo 165.º/1 e 2 (cfr. n.os 3 e 4).

• A passagem de certidões deve ser precedida de despacho?

A secretaria deve, sem precedência de despacho, passar as certidões de todos os termos e atos processuais que lhe sejam requeridas, oralmente ou por escrito, pelas partes no processo, por quem possa exercer o mandato judicial ou por quem revele interesse atendível, nos termos do artigo 170.º/1.

No entanto, tratando-se dos processos previstos no artigo 164.º, nenhuma certidão é passada sem prévio despacho sobre a justificação, constante de requerimento escrito, da sua necessidade, devendo o despacho fixar os limites da certidão, nos termos do artigo 170.º/2.

- Qual a diferença entre uma carta precatória e uma carta rogatória?

A prática de atos processuais que exijam intervenção dos serviços judiciários pode ser solicitada a outros Tribunais ou autoridades por carta precatória ou rogatória, empregando-se a carta precatória quando a realização do ato seja solicitada a um Tribunal ou a um Cônsul português e a carta rogatória quando o seja a autoridade estrangeira, nos termos do artigo 172.º/1.

- Quem é o deprecado?

O deprecado é o Tribunal que deve cumprir a carta precatória expedida por outro.

- Quem é o deprecante?

O deprecante é o Tribunal que ordena a expedição da carta precatória.

- Dê um exemplo de carta precatória.

É exemplo de carta precatória o pedido de avaliação de um prédio em comarca diferente (cfr. artigo 172.º).

- Dê um exemplo de carta rogatória.

É exemplo de carta rogatória o pedido para ouvir uma testemunha no Tribunal de outro país (cfr. artigo 172.º).

- Que nulidades deve o Tribunal conhecer oficiosamente?

Nos termos do artigo 196.º, o Tribunal deve conhecer oficiosamente da ineptidão da petição inicial (artigo 186.º), da anulação do processado posterior à petição inicial (artigo 187.º), nos casos de citação edital ou não tendo sido indicado prazo para a defesa apreciar a nulidade da citação na primeira intervenção do citado no processo (artigo 191.º/2 2.ª parte), do erro na forma de processo (artigo 193.º) e a falta de vista ou exame ao MP como parte acessória (artigo 194.º) – cfr. artigos 197.º e 198.º.

Atos Especiais

i) Citação e notificações

• O que é a citação?

A citação é o ato pelo qual se dá conhecimento ao Réu de que foi proposta contra ele determinada ação e se chama ao processo para se defender. Emprega-se ainda para chamar, pela primeira vez, ao processo alguma pessoa interessada na causa, nos termos do artigo 219.º/1.

• O que é a notificação?

A notificação serve para, em quaisquer outros casos, chamar alguém a juízo ou dar conhecimento de um facto, nos termos do artigo 219.º/2.

• As partes devem notificar a parte contrária de todos os atos processuais que pratiquem?

As partes apenas não devem notificar a contraparte da petição inicial e da contestação, nos termos do artigo 221.º (cfr. artigo 255.º).

• Após a contestação, é necessário o Advogado notificar o MP de todos os atos processuais nos casos em que este represente uma das partes?

Esta regra não se aplica ao MP uma vez que o Tribunal lhe dá vista sobre todos os requerimentos e peças processuais juntos aos autos.

• Como é feita a citação ou notificação de incapazes e pessoas coletivas?

Os incapazes, os incertos, as pessoas coletivas, as sociedades, os patrimónios autónomos e o condomínio são citados ou notificados na pessoa dos seus legais representantes, sem prejuízo do disposto no artigo 19.º, nos termos do artigo 223.º/1.

• As pessoas coletivas podem ser citadas na pessoa de qualquer empregado?

As pessoas coletivas e as sociedades consideram-se pessoalmente citadas ou notificadas na pessoa de qualquer empregado que se encontre na sede ou local onde funciona normalmente a administração, nos termos do artigo 223.º/3.

• A citação e as notificações podem efetuar-se em qualquer lugar? Por exemplo, pode alguém ser citado ou notificado num templo?

A citação e as notificações podem efetuar-se em qualquer lugar onde seja encontrado o destinatário do ato, designadamente, quando se trate de pessoas singulares, na sua residência ou local de trabalho, nos termos do artigo 224.º/1.

Contudo, ninguém pode ser citado ou notificado dentro dos templos ou enquanto estiver ocupado em ato de serviço público que não deva ser interrompido, nos termos do artigo 224.º/2.

• Quando é que existe falta de citação?

Há falta de citação quando o ato tenha sido completamente omitido (artigo 188.º/1-*a*)), quando tenha havido erro de identidade do citado (artigo 188.º/1-*b*)), quando se tenha empregado indevidamente a citação edital (artigo 188.º/1-*c*)), quando se mostre que foi efetuada depois do falecimento do citando ou da extinção deste, tratando-se de pessoa coletiva- ou sociedade (artigo 188.º/1-*d*)) e quando se demonstre que o destinatário da citação pessoal não chegou a ter conhecimento do ato, por facto que não lhe seja imputável (artigo 188.º/1-*e*)) – cfr. ainda artigo 188.º/2.

• A falta de citação pode ser sanada?

Se o Réu ou o MP intervier no processo sem arguir logo a falta da sua citação, considera-se sanada a nulidade, nos termos do artigo 189.º.

• Quando é nula a citação?

Sem prejuízo dos casos de falta de citação, é nula a citação quando na sua realização não tenham sido observadas as formalidades legais, nos termos do artigo 191.º/1 (cfr. artigo 188.º).

• Imagine que a secretaria se engana e indica um prazo para a defesa superior ao que a lei concede. Quid Iuris?

Se a secretaria tiver indicado um prazo superior ao que lei concede, deve a defesa ser admitida dentro do prazo indicado, a não ser que o Autor tenha feito citar novamente o Réu em termos regulares, nos termos do artigo 191.º/3.

- Quais os efeitos da citação?

Além de outros, a citação faz cessar a boa fé do possuidor (artigo 564.º-*a*)), torna estáveis os elementos essenciais da causa (artigo 564.º-*b*) e artigo 260.º), inibe o Réu de propor contra o Autor ação destinada à apreciação da mesma questão jurídica (artigo 564.º-*c*)) ou interrompe a prescrição (artigo 323.º do Código Civil).

- Que tipos de citação conhece?

A citação pode ser pessoal ou edital, nos termos do artigo 225.º/1.

- Se houver revelia numa citação edital, esta é operante?

No caso concreto a revelia é inoperante, nos termos do artigo 568.º-*b*).

- Como é feita a citação pessoal?

A citação pessoal é feita mediante transmissão eletrónica de dados, nos termos definidos na portaria prevista no artigo 132.º/1 (artigo 225.º/2-*a*)), com a entrega ao citando de carta registada com aviso de receção, seu depósito, pela certificação da recusa de recebimento (artigo 229.º/3 e 5; cfr. ainda artigo 225.º/2-*b*)) ou pelo contacto pessoal do Agente de Execução ou do funcionário judicial com o citando (artigo 225.º/2-*c*)).

- Um Advogado pode citar um Réu?

Sim, é admitida a citação promovida pelo mandatário judicial, nos termos dos artigos 225.º/3, 237.º e 238.º (cfr. artigos 227.º e 231.º)

- Quando é que tem lugar a citação edital?

A citação edital tem lugar quando o citando se encontre ausente em parte incerta, nos termos dos artigos 236.º e 240.º ou, quando sejam incertas as pessoas a citar, ao abrigo do artigo 243.º (cfr. artigo 188.º), nos termos do artigo 225.º/6.

- Quando é que a citação depende de despacho judicial?

A citação depende de prévio despacho judicial nos casos especialmente previstos na lei; nos procedimentos cautelares e em todos os casos em que incumba ao Juiz decidir da prévia audiência do Requerido; nos casos em que a propositura da ação deve ser anunciada, nos termos da lei; quando se trate de citar terceiros chamados a intervir em causa pendente; no processo executivo e quando se trate de citação urgente, nos termos do artigo 226.º/4– a) a f).

- Quais os elementos a transmitir obrigatoriamente ao citando?

O ato de citação implica a remessa ou entrega ao citando do duplicado da petição inicial e da cópia dos documentos que a acompanhem, comunicando-se-lhe que fica citado para a ação a que o duplicado se refere, e indicando-se-lhe o Tribunal, Juízo e Secção por onde corre o processo, nos termos do artigo 227.º/1.

No ato de citação, indicar-se-á ainda ao destinatário o prazo dentro do qual pode oferecer a defesa, a necessidade de patrocínio judiciário e as cominações em que incorre no caso de revelia, nos termos o artigo 227.º/2.

Citação via postal – cfr. artigos 228.º a 230.º.

Citação por Agente de Execução ou funcionário judicial – cfr. artigos 231.º a 233.º.

Citação edital – artigos 240.º a 244.º.

- Quando se considera feita a citação edital?

A citação edital considera-se feita no dia da publicação do anúncio, nos termos do artigo 242.º/1.

- Qual a dilação prevista aos prazos de defesa do citando?

Ao prazo de defesa do citando acresce uma dilação de cinco dias quando a citação tenha sido realizada em pessoa diversa do Réu (artigo 245.º/1-*a*)) ou quando o Réu tenha sido citado fora da área da comarca sede do Tribunal onde pende a ação (artigo 245.º/1-*b*)) – cfr. ainda artigos 228.º/2 e 232.º/2 e 4 para citação em pessoa diversa do Réu.

Quando o Réu haja sido citado para a causa no território das Regiões Autónomas, correndo a ação no continente ou em outra ilha, ou vice-versa, a dilação é de quinze dias, nos termos do artigo 245.º/2.

Caso o Réu haja sido citado para a causa no estrangeiro, a citação haja sido edital ou se verifique o caso do artigo 229.º/5, a dilação é de trinta dias, nos termos do artigo 245.º/3 (cfr. n.º 4).

Notificações da secretaria – artigos 247.º a 254.º.

• Como devem ser feitas as notificações às partes que constituíram mandatário?

As notificações às partes em processos pendentes são feitas na pessoa dos seus mandatários judiciais, nos termos do artigo 247.º/1.

Quando a notificação se destine a chamar a parte para a prática de ato pessoal, além de ser notificado o mandatário, será também expedido pelo correio um aviso registado à própria parte, incluindo a data, o local e o fim da comparência, nos termos do artigo 247.º/2 (cfr. n.º 3).

• Quando é que o Advogado deve considerar-se notificado, sendo a notificação realizada por via eletrónica?

O sistema Citius assegura a certificação da data da elaboração da notificação, devendo o Advogado considerar-se notificado no terceiro dia posterior ao da elaboração, ou no primeiro dia útil seguinte a esse, quando o final da contagem termine em dia não útil, nos termos do artigo 248.º (cfr. Portaria n.º 280/2013 – Tramitação Eletrónica dos Processos Judiciais).

• Como devem ser feitas as notificações às partes que não constituíram mandatário?

Se a parte não tiver constituído mandatário, as notificações são feitas por carta registada, dirigida para a sua residência ou sede para o domicílio escolhido para o efeito de as receber, presumindo-se feita no terceiro dia posterior ao do registo ou primeiro dia útil seguinte a esse, quando o não seja, nos termos do artigo 249º/1.

- Como devem ser feitas as notificações às testemunhas?

As notificações que tenham por fim chamar ao Tribunal testemunhas, peritos e outras pessoas com intervenção acidental na causa são feitas por meio de aviso expedido pelo correio, sob registo, indicando-se a data, o local e o fim da comparência, nos termos do artigo 251.º/1 (cfr. artigo 219.º/5 para os casos de notificações efetuadas por via eletrónica).

- Como devem ser feitas as notificações de decisões judiciais?

Quando sejam notificados despachos, sentenças ou acórdãos, deve enviar-se, entregar-se ou disponibilizar-se ao notificado cópia ou fotocópia legível da decisão e dos fundamentos, nos termos do artigo 253.º.

- O que é uma notificação judicial avulsa e qual o seu objetivo?

A notificação judicial avulsa é o "processo usado para uma pessoa comunicar, por via judicial, a outra um facto", *in* Ana Prata, *Dicionário Jurídico,* 4.ª Edição, Almedina, 2005, pág. 798. Por outras palavras, a notificação judicial avulsa é uma notificação feita pelo Tribunal que tem mais força que uma mera interpelação pela parte.

- Dê exemplos práticos da utilidade da notificação judicial avulsa?

A notificação judicial avulsa pode ser útil para interromper o prazo de prescrição num acidente de viação (artigo 323.º/1 do Código Civil), para resolver um contrato de arrendamento (artigo 1083.º/3 e 1084.º/1 Código Civil), para fixar um prazo para um contrato promessa (por exemplo, escritura pública), para interromper o decurso do prazo de usucapião (artigo 1292.º do Código Civil) ou para o exercício do direito de preferência quando a carta a comunicar a possibilidade do exercício desse direito for devolvida (artigo 416.º do Código Civil).

- Qual o Tribunal competente para apresentar a notificação judicial avulsa?

O Tribunal competente para apresentar a notificação judicial avulsa é o Tribunal em cuja área resida a pessoa a notificar, nos termos do artigo 79.º.

- As notificações judiciais avulsas admitem oposição?

As notificações judiciais avulsas não admitem oposição, nos termos do artigo 257.º/1.

- Como deve ser feita a notificação para revogação de mandato ou procuração?

Se a notificação tiver por fim a revogação de mandato ou procuração, deve ser feita ao mandatário ou procurador, e também à pessoa com quem ele devia contratar, caso o mandato tenha sido conferido para tratar com certa pessoa, nos termos do artigo 258.º/1 (cfr. n.º 2).

2.2.7. Da instância – artigos 259.º a 291.º.

- Qual o momento em que a ação se considera proposta?

A ação considera-se proposta, intentada ou pendente logo que a respetiva petição se considere apresentada nos termos do artigo 144.º/1 e 6. Com esta, inicia-se também a instância, nos termos do artigo 259.º/1.

- Quando é que a ação produz efeitos em relação ao Réu?

A ação produz efeitos em relação ao Réu quando é citado, nos termos do artigo 259.º/2.

- Havendo acordo das partes, é sempre admissível a alteração do pedido e da causa de pedir?

Havendo acordo das partes, o pedido e a causa de pedir podem ser alterados ou ampliados em qualquer altura, em 1.ª ou 2.ª instância, salvo se a alteração ou ampliação perturbar inconvenientemente a instrução, discussão e julgamento do pleito, nos termos do artigo 264.º.

- Quando é que é possível a alteração da causa de pedir na falta de acordo?

Na falta de acordo, a causa de pedir só pode ser alterada ou ampliada em consequência de confissão feita pelo Réu e aceita pelo Autor, devendo a alteração ou ampliação ser feita no prazo de 10 dias a contar da aceitação, nos termos do artigo 265.º/1.

- Quando é que é possível a alteração do pedido na falta de acordo?

O Autor pode, em qualquer altura, reduzir o pedido e pode ampliá-lo até ao encerramento da discussão em 1.ª instância se a ampliação for o desenvolvimento ou a consequência do pedido primitivo, nos termos do artigo 265.º/2.

- É permitido a modificação simultânea do pedido e da causa de pedir?

Sim, é permitida a modificação simultânea do pedido e da causa de pedir, desde que tal não implique convolação para relação jurídica diversa da controvertida, nos termos do artigo 265.º/6.

- Suponha que o Autor amplia o pedido até ao encerramento da discussão em 1.ª instância. O que deve fazer para tal?

O Advogado deve comunicar ao Colega, nos termos do artigo 221.º e 255.º.

- O Réu pode responder?

Sim, o Réu pode responder à luz do princípio do contraditório, nos termos do artigo 3.º/4.

- Quais as causas da suspensão da instância?

A instância suspende-se quando falecer ou se extinguir alguma das partes (artigo 269.º/1-*a*)), nos processos em que é obrigatória a constituição de Advogado, quando este falecer ou ficar absolutamente impossibilitado de exercer o mandato, quando falecer ou se impossibilitar o representante legal do incapaz, salvo se houver mandatário judicial constituído (artigo 269.º/1-*b*)), quando o Tribunal ordenar a suspensão ou houver acordo das partes (artigo 269.º/1-*c*)) ou quando a lei o determinar especialmente (artigo 269.º/1-*d*)).

Suspende-se ainda especialmente a instância nos casos dos artigos 28.º/2, 29.º/1, 47.º/3 a) e 150.º/6.

• A morte de alguma das partes dá sempre lugar à suspensão da instância?

A morte de uma das partes não dá lugar à suspensão da instância mas sim à extinção da instância (artigo 277.º-*e)*), quando torne impossível ou inútil a continuação da lide, nos termos do artigo 269.º/3.

• As partes podem suspender a instância a todo o tempo e por quanto tempo quiserem?

As partes só podem acordar na suspensão da instância por períodos que, na sua totalidade, não excedam três meses, desde que dela não resulte o adiamento da audiência final, nos termos do artigo 272.º/4.

• Em que situações a instância pode extinguir-se?

A instância pode extinguir-se pelo julgamento (artigo 277.º-*a)*), por compromisso arbitral (artigo 277.º-*b)*), por deserção (artigo 277.º-*c)*), por desistência, confissão ou transação (artigo 277.º-*d)*) ou por impossibilidade ou inutilidade superveniente da lide (artigo 277.º-*e)*).

• Imagine que apresentou uma petição inicial pedindo o pagamento de uma dívida. No prazo da contestação, o Réu não contesta mas recebe um cheque no seu escritório no valor peticionado. O que faria?

No caso concreto, o Advogado deveria requerer a extinção da instância por inutilidade superveniente da lide, nos termos do artigo 277.º-*e)*. Desta forma, a responsabilidade pelas custas fica a cargo do Réu (contrariamente ao que sucederia se o Autor desistisse do pedido), nos termos do artigo 536.º/3 e 4.

• Quais os casos de absolvição da instância?

O Juiz deve abster-se de conhecer do pedido e absolver o Réu da instância quando julgue procedente a exceção de incompetência absoluta do Tribunal (artigo 278.º/1-*a)*), quando anule todo o processo (artigo 278.º/1-*b)*), quando entenda que alguma das partes é destituída de personalidade judiciária ou que, sendo incapaz, não está devidamente representada ou autorizada (artigo 278.º/1-*c)*), quando considere ilegítima alguma das partes (artigo 278.º/1-*d)*) ou quando julgue procedente alguma outra exceção dilatória (artigo 278.º/1-*e)*).

O Réu não é absolvido da instância quando o processo haja de ser remetido para outro Tribunal e quando a falta ou a irregularidade tenha sido sanada, nos termos do artigo 278.º/2 (cfr. n.º 3).

- A absolvição da instância impede que se proponha outra ação sob o mesmo objeto?

A absolvição da instância não obsta a que se proponha outra ação sobre o mesmo objeto, nos termos do artigo 279.º/1.

- Os efeitos civis da primeira ação e da citação do Réu podem manter-se após a absolvição da instância?

Sem prejuízo do previsto em relação à prescrição e caducidade dos direitos, os efeitos civis derivados da proposição da primeira ação e da citação do Réu mantêm-se, quando seja possível, se a nova ação for intentada ou o Réu for citado desta dentro de trinta dias, a contar do trânsito em julgado da sentença de absolvição da instância, nos termos do artigo 279.º/2.

- Quando é que a instância se considera deserta?

Considera-se deserta a instância quando, por negligência das partes, o processo se encontre a aguardar impulso processual há mais de seis meses, nos termos do artigo 281.º/1 (cfr. n.º 5).

Caso surja algum incidente com efeito suspensivo, a instância é considerada deserta quando, por negligência das partes, o incidente se encontre a aguardar impulso processual há mais de seis meses, nos termos do artigo 281.º/3.

- Quando é que os recursos se consideram desertos?

O recurso considera-se deserto quando, por negligência do recorrente, esteja a aguardar impulso processual há mais de seis meses, nos termos do artigo 281.º/2.

Caso surja algum incidente com efeito suspensivo, o recurso considera-se deserto quando, por negligência das partes, o incidente se encontre a aguardar impulso processual há mais de seis meses, nos termos do artigo 281.º/3.

- Qual a diferença entre desistência da instância e desistência do pedido?

A desistência do pedido extingue o direito que se pretendia fazer valer, enquanto que a desistência da instância apenas faz cessar o processo que se instaurara, nos termos do artigo 285.º/1 e 2.

- A desistência da instância é livre? É possível desistir da instância, já com a audiência de discussão e julgamento a decorrer? E oito dias antes? E um mês antes?

Não, a desistência da instância depende da aceitação do Réu, desde que seja requerida depois do oferecimento da contestação, nos termos do artigo 286.º/1.

- A desistência do pedido é livre?

A desistência do pedido é livre, mas não prejudica a reconvenção, a não ser que o pedido reconvencional seja dependente do formulado pelo Autor, nos termos do artigo 286.º/2.

- Em termos jurídicos, o que é uma confissão?

A confissão é o reconhecimento que a parte faz da realidade de um facto que lhe é desfavorável e favorece a parte contrária, nos termos do artigo 352.º do Código Civil.

- Em que casos a confissão é inadmissível?

A confissão é inadmissível se for declarada insuficiente por lei ou recair sobre facto cujo reconhecimento ou investigação a lei proíba (artigo 354.º-*a)* do Código Civil), se esta recair sobre factos relativos a direitos indisponíveis (artigo 354.º-*b)* do Código Civil) e se o facto confessado for impossível ou notoriamente inexistente (artigo 354.º-*c)* do Código Civil).

- A confissão, desistência ou transação no caso de litisconsórcio é livre?

No caso de litisconsórcio voluntário é livre a confissão, desistência e transação individual, limitada ao interesse de cada um na mesma, nos termos do artigo 288.º/1.

- É permitida a confissão, desistência e transação em todos os tipos de processos?

Não é permitida a confissão, desistência ou transação que importe a afirmação da vontade das partes relativamente a direitos indisponíveis, nos termos do artigo 289.º/1 e 354.º-*b)* do Código Civil (por exemplo, na ação de paternidade).

- É livre a desistência nas ações de divórcio e de separação de bens?

Sim, é livre a desistência nas ações de divórcio e de separação de bens, nos termos do artigo 289.º/2.

- Como se realiza a confissão, desistência ou transação?

A confissão, desistência ou transação podem fazer-se por documento autêntico ou particular, sem prejuízo das exigências de forma da lei substantiva, ou por termo no processo, nos termos do artigo 290.º/1.

- Como é que um Advogado age na audiência de julgamento, caso já tenha celebrado um acordo extrajudicial antes da mesma?

O Advogado deve informar o Juiz de tal facto e fazer a transação em ata. Em tal caso, o Juiz limitar-se-á a homologá-la por sentença ditada para a ata, condenando nos respetivos termos, nos termos do artigo 290.º/4.

- Qual a força probatória da confissão?

A confissão pode ser judicial ou extrajudicial. A confissão judicial escrita tem força probatória plena contra o confidente, nos termos do artigo 358.º/1 do Código Civil.

Por sua vez, a confissão extrajudicial seja por documento autêntico ou particular, considera-se provada nos mesmos termos que estes documentos e caso seja feita à parte contrária ou ao seu representante tem força probatória plena. Já a confissão extrajudicial que não conste de documento não pode ser provada por testemunhas nos casos em que este meio de prova não seja admitido. Caso este meio de prova seja admissível à situação, a força probatória da confissão é livremente apreciada pelo Tribunal, nos termos do artigo 358.º/2 e 3 do Código Civil.

• Imagine que os mandatários chegam a acordo, mas a um destes não foram conferidos poderes especiais para confessar, desistir ou transacionar. Quid Iuris?

Quando a nulidade provenha unicamente da falta de poderes do mandatário judicial ou da irregularidade do mandato, a sentença homologatória é notificada pessoalmente ao mandante, com a cominação de, nada dizendo, o ato ser havido por ratificado e a nulidade suprida. Por sua vez, se declarar que não ratifica o ato do mandatário, este não produzirá quanto a si qualquer efeito, nos termos do artigo 291.º/3.

2.2.8. Dos incidentes da instância

• O que é um incidente?

"Diz-se incidente da instância a ocorrência estranha ao desenrolar normal de um processo, que dê lugar a processado próprio e tenha fins específicos, embora limitados, a alcançar", *in Ana Prata, Dicionário Jurídico,* 4.ª Edição, Almedina, 2005, pág. 622.

• Qual o prazo para a oposição a um incidente?

O prazo de oposição a um incidente é de dez dias, nos termos do artigo 293.º/2.

• Qual o efeito da não oposição a um incidente?

A falta de oposição no prazo legal determina, quanto à matéria do incidente, a produção do efeito cominatório que vigore na causa em que o incidente se insere, nos termos do artigo 293.º/3.

• Qual o limite de testemunhas nos incidentes?

A parte não pode produzir mais de cinco testemunhas, nos termos do artigo 294.º/1.

• Qual o Tribunal competente para resolver as questões incidentais?

O Tribunal competente para a ação é também competente para conhecer dos incidentes, nos termos do artigo 91.º

Verificação do valor da causa – artigos 296.º a 310.º

- Cumulando-se vários pedidos, qual o valor da causa?

Cumulando-se na mesma ação vários pedidos, o valor é a quantia correspondente à soma dos valores de todos eles. Contudo, quando como acessório do pedido principal se pedirem juros, rendas e rendimentos já vencidos e os que se vencerem durante a pendência da causa, na fixação do valor atende-se somente aos interesses já vencidos, nos termos do artigo 297.º/2.

- Qual o valor das alçadas dos Tribunais de primeira instância?

Em matéria cível, o valor da alçada dos Tribunais de 1.ª instância é de 5.000,00 Euros (cinco mil euros), nos termos do artigo 44.º/1 da LOSJ.

- Qual o valor da alçada dos Tribunais da Relação?

Em matéria cível, o valor da alçada dos Tribunais da Relação é de 30.000,00 Euros (trinta mil euros), nos termos do artigo 44.º/1 LOFTJ.

- O que é a alçada? O que é que o valor da alçada determina?

A alçada define a competência dos Tribunais em razão do valor e determina a recorribilidade das decisões (cfr. artigo 44.º da LOSJ).

- Como se afere o valor do processo no caso de pedidos alternativos?

No caso de pedidos alternativos, atender-se-á unicamente ao pedido de maior valor, nos termos do artigo 297.º/3.

- Como se afere o valor do processo no caso de pedidos subsidiários?

No caso de pedidos subsidiários, atender-se-á ao pedido formulado em primeiro lugar, nos termos do artigo 297.º/3 *in fine*.

- Como se afere o valor do processo nas ações de despejo?

Nas ações de despejo, o valor é o da renda de dois anos e meio, acrescido do valor das rendas em dívida ou do valor da indemnização requerida, consoante o que for superior, nos termos do artigo 298.º/1.

• Imagine uma renda de €10,00 (dez euros), não havendo rendas em atraso nem indemnização, qual o valor desta ação de despejo?

Nas ações de despejo, o valor é o da renda de dois anos e meio, acrescido do valor das rendas em dívida ou do valor da indemnização requerida, consoante o que for superior, nos termos do artigo 298.º/1. Assim, no caso concreto, o valor da ação é de 300,00 Euros (trezentos euros).

• No caso acima exposto, perante o valor da ação, é admissível recurso para o Tribunal da Relação?

Independentemente do valor da causa e da sucumbência, é sempre admissível recurso para a Relação das ações em que se aprecie a validade, subsistência ou a cessação de contratos de arrendamento, com exceção dos arrendamentos para habitação não permanente ou para fins especiais transitórios, nos termos do artigo 629.º/3-*a*).

• E para o Supremo Tribunal de Justiça?

Se a matéria não tem alçada para o Supremo Tribunal de Justiça não há recurso para este órgão.

• Como se afere o valor do processo nas ações de alimentos definitivos e contribuição para despesas domésticas?

Nas ações de alimentos definitivos e nas de contribuição para despesas domésticas o valor é o quíntuplo da anuidade correspondente ao pedido, nos termos do artigo 298.º/3.

• Em que momento é que se atende para a determinação do valor?

Na determinação do valor da causa, deve atender-se ao momento em que a ação é proposta, exceto quando haja reconvenção ou intervenção principal, nos termos do artigo 299.º/1.

• Em que situações o valor da ação é determinado pelo valor do ato jurídico?

Quando a ação tiver por objeto a apreciação da existência, validade, cumprimento, modificação ou resolução de um ato jurídico, atender-se-á ao valor do ato determinado pelo preço ou estipulado pelas partes, nos termos do artigo 301.º/1 (cfr. n.os 2 e 3).

- Como se determina o valor da ação que tem por fim valer o direito de propriedade sobre uma coisa?

Se a ação tiver por fim fazer valer o direito de propriedade sobre uma coisa, o valor desta determina o valor da causa, nos termos do artigo 302.º/1 (por exemplo, a compropriedade).

- Como se afere o valor nas ações para divisão de coisa comum?

Nas ações para divisão de coisa comum, atende-se ao valor da coisa que se pretende dividir, nos termos do artigo 302.º/2.

- Como se afere o valor nos processos de inventário?

Nos processos de inventário atende-se à soma do valor dos bens a partilhar. Quando não seja determinado o valor dos bens, atende-se ao valor constante da relação apresentada no serviço de finanças, nos termos do artigo 302.º/3.

- Como se determina o valor da ação que tem por fim um direito real sobre a posse/usufruto de uma coisa?

Tratando-se de direito real de posse/usufruto sobre uma coisa, atender-se-á ao seu conteúdo e duração provável, nos termos do artigo 302.º/4.

- Como se afere o valor das ações sobre o estado das pessoas ou sobre interesses materiais, casa de morada de família, constituição ou transmissão do direito de arrendamento?

As ações sobre o estado das pessoas ou sobre interesses materiais, casa de morada de família, constituição ou transmissão do direito de arrendamento consideram-se sempre de valor equivalente à alçada da Relação mais 0,01 cêntimo (um cêntimo), nos termos do artigo 303.º/1 e 2.

- Como se afere o valor dos incidentes?

O valor dos incidentes é o da causa a que respeitam, salvo se o incidente tiver realmente valor diverso do da causa, nos termos do artigo 304.º/1.

Caso tenha um valor diferente, deverá ser aferido consoante a matéria em questão, nos termos do artigo 304.º/1 *in fine*.

Se a parte que deduzir o incidente não indicar o seu valor, entende-se que aceita o valor dado à causa. No entanto, a parte contrária pode impugnar o valor com fundamento em que o incidente tem valor diverso do da causa, nos termos do artigo 307.º/1 (cfr. artigos 306.º, 308.º e 309.º).

A impugnação também é admitida quando haja sido indicado para o incidente valor diverso do da causa e a parte contrária não se conforme com o mesmo, nos termos do artigo 307.º/2.

- Como se afere o valor dos procedimentos cautelares?

O valor dos procedimentos cautelares é aferido da seguinte forma:

– nos alimentos provisórios e no arbitramento de reparação provisória, pela mensalidade pedida, multiplicada por 12 (artigo 304.º/3-*a)*);
– na restituição provisória de posse, pelo valor da coisa esbulhada (artigo 304.º/3-*b)*);
– na suspensão de deliberações sociais, pela importância do dano (artigo 304.º/3-*c)*);
– no embargo de obra nova e nas providências cautelares não especificadas, pelo prejuízo que se quer evitar (artigo 304.º/3-*d)*);
– no arresto, pelo montante do crédito que se pretende garantir (artigo 304.º/3-*e)*);
– no arrolamento, pelo valor dos bens arrolados (artigo 304.º/3-*f)*).

Intervenção de Terceiros

A intervenção de terceiros pode ser principal ou acessória. A intervenção principal pode ser espontânea (artigo 311.º e ss.) ou provocada (artigo 316.º e ss.). A intervenção acessória pode ser provocada (artigo 321.º e ss.), pela intervenção acessória do Ministério Público (artigo 325.º) ou pela intervenção como Assistente (artigo 326.º e ss.).

Intervenção Principal Espontânea – artigos 311.º a 315.º

- Quando tem lugar um incidente de intervenção principal espontânea?

Estando pendente uma causa entre duas ou mais pessoas, pode nela intervir como parte principal aquele que, em relação ao objeto da causa, tiver um interesse igual ao do Autor ou do Réu, nos termos do artigo 311.º(cfr. artigo 32.º a 34.º).

- As partes principais podem opor-se ao incidente de intervenção principal espontânea?

Requerida a intervenção principal espontânea, o Juiz, se não houver motivo para a rejeitar liminarmente, ordena a notificação das partes primitivas para lhe responderem, decidindo logo da admissibilidade do incidente, nos termos do artigo 315.º/1 (cfr. n.º 2).

- Imagine que Abel e Bento são titulares de direitos sobre uma obra. Contrataram a publicação de 1500 livros. Sem autorização dos mesmos, a editora aumentou a publicação para 2000 livros. Agora, Abel aciona a editora. Bento tendo tomado conhecimento desta ação, dirige-se ao seu escritório e pergunta-lhe o que pode fazer para salvaguardar os seus interesses. Quid Iuris?

No caso concreto, Bento pode deduzir incidente de intervenção principal espontânea, uma vez que em relação ao objeto da causa tem um interesse igual ao de Abel, nos termos do artigo 311.º.

Intervenção Principal Provocada – artigos 316.º a 320.º

- Em que situações pode ser deduzido incidente de intervenção principal provocada?

Ocorrendo preterição de litisconsórcio necessário, qualquer das partes pode chamar a juízo o interessado com legitimidade para intervir na causa, seja como seu associado, seja como associado da parte contrária, nos termos do artigo 316.º/1.

Nos casos de litisconsórcio voluntário, pode o Autor provocar a intervenção de algum litisconsorte do Réu que não haja demandado inicialmente ou de terceiro contra quem pretenda dirigir o pedido, nos termos do artigo 316.º/2 (cfr. artigo 39.º).

O Réu pode ainda deduzir o chamamento por sua iniciativa quando mostre um interesse atendível em chamar a intervir outros litisconsortes voluntários que sejam sujeitos passivos da relação material controvertida (artigo 316.º/3-*a)*) ou quando pretenda provocar a intervenção de possíveis contitulares do direito invocado pelo Autor (artigo 316.º/3-*b)*).

• Imagine que Abel detinha créditos sobre Bento. Entretanto Bento falece sem ter pago a dívida a Abel. Perante tal situação, Abel demanda César, herdeiro de Bento, tendo em vista a satisfazer os seus créditos perante os bens da herança. Posteriormente, Abel toma conhecimento que Daniel é co-herdeiro da herança aberta de Bento sobre a qual recaem as dívidas. O que pode fazer Abel em relação a Daniel?

No caso concreto, Abel deve chamar a juízo Daniel como associado de César, uma vez que o mesmo é interessado com direito a intervir na causa, nos termos do artigo 316.º/1.

Intervenção Acessória Provocada – artigos 321.º a 324.º

• Em que situações pode ser deduzido incidente de intervenção acessória provocada?

O Réu que tenha ação de regresso contra terceiro para ser indemnizado do prejuízo que lhe cause a perda da demanda pode chamá-lo a intervir como auxiliar na defesa, sempre que o terceiro careça de legitimidade para intervir como parte principal, nos termos do artigo 321.º/1.

A intervenção do chamado circunscreve-se à discussão das questões que tenham repercussão na ação de regresso invocada como fundamento do chamamento, nos termos do artigo 321.º/2.

• Imagine que Abel foi contratado por Bento para realizar obras na casa deste. Abel subcontratou César para ficar responsável pela parte de canalização da obra em causa. Passado algum tempo da finalização da obra começaram a ser visíveis defeitos nas paredes, em virtude de infiltrações, pelo que Bento aciona Abel. Agora, Abel dirige-se ao seu escritório pois entende não ser o responsável pelos defeitos que a obra apresenta. Quid Iuris?

No caso concreto, Abel pode deduzir incidente de intervenção acessória provocada de César, uma vez que tem ação de regresso contra este para ser indemnizado do prejuízo que lhe cause a perda da demanda, nos termos do artigo 321.º/1 e 2.

Intervenção Acessória do Ministério Público – cfr. artigo 325.º

Assistência – artigos 326.º a 332.º

• Quem pode intervir como Assistente em processo civil?

Estando pendente uma causa entre duas ou mais pessoas, pode intervir nela como Assistente, para auxiliar qualquer das partes, quem tiver interesse jurídico em que a decisão do pleito seja favorável a essa parte, nos termos do artigo 326.º/1.

Para que haja interesse jurídico, capaz de legitimar a intervenção, basta que o Assistente seja titular de uma relação jurídica cuja consistência prática ou económica dependa da pretensão do assistido, nos termos do artigo 326.º/2.

• Imagine que Abel mutuou € 3.000,00 (três mil euros) a Bento. Entretanto Abel falece. César, enquanto cabeça de casal da herança aberta de Abel, aciona Bento. Daniel, irmão de César e co-herdeiro da herança aberta de Abel, dirige-se ao seu escritório, dizendo-lhe que também pretende intervir na ação. Quid Iuris?

No caso concreto, Daniel pode intervir na ação como Assistente, auxiliando César, uma vez que tem interesse jurídico em que a decisão do pleito seja favorável a César, nos termos do artigo 326.º e ss.

Oposição

A oposição pode ser espontânea (artigo 333.º e ss.), provocada (artigo 338.º e ss.) ou mediante embargos de terceiro (artigo 342.º e ss.).

Oposição Espontânea – artigos 333.º a 337.º

• Em que situações é admitida a oposição espontânea?

Estando pendente uma causa entre duas ou mais pessoas, pode um terceiro intervir nela como opoente para fazer valer, no confronto de ambas as partes, um direito próprio, total ou parcialmente incompatível com a pretensão deduzida pelo Autor ou pelo Reconvinte, nos termos do artigo 333.º/1.

• Até quando é admitida a dedução de oposição espontânea?

A intervenção do opoente só é admitida enquanto não estiver designado dia para a discussão e julgamento da causa em 1.ª instância ou, não havendo lugar a audiência final, enquanto não estiver proferida sentença, nos termos do artigo 333.º/2.

• Imagine que Abel intenta contra Bento uma ação de reivindicação da propriedade. César, comproprietário do referido imóvel, tendo tomado conhecimento desta ação, dirige-se ao seu escritório e pergunta-lhe o que pode fazer para salvaguardar os seus interesses. Quid Iuris?

No caso concreto, César enquanto comproprietário do imóvel ora em causa, pode deduzir incidente de oposição espontânea, uma vez que tem um direito totalmente incompatível com a pretensão de Abel, nos termos do artigo 333.º/1.

Oposição Provocada – artigos 338.º a 341.º

• Em que situações é admitida a oposição provocada?

A oposição pode ser provocada pelo Réu da causa principal quando esteja pronto a satisfazer a prestação, mas tenha conhecimento de que um terceiro se arroga ou pode arrogar-se de direito incompatível com o do Autor. Neste caso pode o Réu requerer, dentro do prazo fixado para a contestação, que o terceiro seja citado para vir ao processo deduzir a sua pretensão, desde que aquele demandado proceda simultaneamente à consignação em depósito da quantia ou coisa devida, nos termos do artigo 338.º.

• Imagine que Abel aciona Bento para pagamento de uma dívida. Bento no seu articulado de contestação confessa ser devedor da quantia em questão e manifesta vontade em realizar o pagamento. Sucede que a quantia em questão não foi entregue a Bento por Abel, mas sim por César. Abel afirma ter comprado o crédito a César. Bento tem sérias dúvidas em quem é o verdadeiro credor. Quid Iuris?

No caso concreto, Bento poderá deduzir incidente de oposição provocada pois não contraiu a dívida com Abel e tem sérias dúvidas se este se arroga de um direito incompatível com o direito de César, nos termos do artigo 338.º.

Oposição mediante Embargos de Terceiro – artigos 342.º a 350.º

- Em que situações é admitida a oposição mediante embargo de terceiros?

Se a penhora, ou qualquer ato judicialmente ordenado de apreensão ou entrega de bens, ofender a posse ou qualquer direito incompatível com a realização ou o âmbito da diligência, de que seja titular quem não é parte na causa, pode o lesado fazê-lo valer, deduzindo embargos de terceiro, nos termos do artigo 342.º/1 (cfr. n.º 2).

- Imagine que, no âmbito de uma ação executiva, é penhorado um terreno que, apesar de ser propriedade do Executado, está na posse de Franco, que aí cultiva batatas. Franco dirige-se ao seu escritório e pergunta-lhe o que pode fazer para salvaguardar a sua posse. Quid Iuris?

No caso concreto, Franco pode deduzir incidente de oposição mediante embargo de terceiro, uma vez que a penhora do terreno ofende a sua posse, nos termos do artigo 342.º/1.

- Qual o prazo para o Embargante deduzir incidente de oposição mediante embargos de terceiro?

O Embargante deduz a sua pretensão, mediante petição, nos trinta dias subsequentes àquele em que a diligência foi efetuada ou em que o embargante teve conhecimento da ofensa, mas nunca depois de os respetivos bens terem sido judicialmente vendidos ou adjudicados, oferecendo logo as provas, nos termos do artigo 344.º/2.

- Quais os efeitos da rejeição dos embargos?

A rejeição dos embargos, nos termos do disposto no artigo 345.º, não obsta a que o Embargante proponha ação em que peça a declaração da titularidade do direito que obsta à realização ou ao âmbito da diligência, ou reivindique a coisa apreendida, nos termos do artigo 346.º.

• Quais os efeitos do recebimento dos embargos?

O despacho que receba os embargos determina a suspensão dos termos do processo em que se inserem, quanto aos bens a que dizem respeito, bem como a restituição provisória da posse, se o Embargante a houver requerido, podendo, todavia, o Juiz condicioná-la à prestação de caução pelo Requerente, nos termos do artigo 347.º.

• A decisão quanto ao direito do Embargante faz caso julgado?

A sentença de mérito proferida nos embargos constitui, nos termos gerais, caso julgado quanto à existência e titularidade do direito invocado pelo Embargante ou por algum dos Embargados, nos termos do artigo 349.º (cfr. artigo 348.º/2).

• É possível deduzir incidente de oposição mediante embargos de terceiro antes da realização da diligência que ordene a apreensão ou entrega de um bem?

Os embargos de terceiro podem ser deduzidos, a título preventivo, antes de realizada, mas depois de ordenada, a diligência de penhora ou qualquer ato judicial que ordene a apreensão ou entrega de bens, observando-se o disposto no regime de oposição mediante embargos de terceiros, com as necessárias adaptações, (artigo 342.º e ss.), nos termos do artigo 350.º/1.

A diligência não será efetuada antes de proferida decisão na fase introdutória dos embargos e, sendo estes recebidos, continuará suspensa até à decisão final, podendo o Juiz determinar que o Embargante preste caução, nos termos do artigo 350.º/2.

• Imagine que, no âmbito de uma ação executiva, é penhorado um quadro que não é propriedade da Executada. Emílio, proprietário do quadro e marido da Executada, dirige-se ao seu escritório e pergunta-lhe o que pode fazer para salvaguardar o seu direito de propriedade. Quid Iuris?

No caso concreto, Emílio pode deduzir incidente de oposição mediante embargo de terceiro, uma vez que a penhora do quadro ofende o seu direito de propriedade, nos termos dos artigos 342.º/1 e 343.º.

Habilitação – artigo 351.º e ss.

• Quando tem lugar e quem pode promover o incidente de habilitação de herdeiros?

O incidente de habilitação de herdeiros é deduzido quando uma das partes falecer na pendência da causa. Para a ação prosseguir, o incidente de habilitação pode ser promovido tanto por qualquer das partes que sobreviverem como por qualquer dos sucessores e deve ser promovido contra as partes sobrevivas e contra os sucessores do falecido que não forem requerentes, nos termos do artigo 351.º/1.

Se, em consequência das diligências para citação do Réu, resultar certificado o falecimento deste, poder-se-á requerer a habilitação dos seus sucessores, em conformidade com o que nesta secção se dispõe, ainda que o óbito seja anterior à proposição da ação, nos termos do artigo 351.º/2.

Se o Autor falecer depois de ter conferido mandato para a proposição da ação e antes de esta ter sido instaurada, pode promover-se a habilitação dos seus sucessores quando se verifique algum dos casos excecionais em que o mandato é suscetível de ser exercido depois da morte do constituinte, nos termos do artigo 351.º/3.

• Imagine que representa marido e mulher numa ação como Autores. O marido contacta-o informando que a sua mulher faleceu. Enquanto mandatário dos Autores, o que deve fazer?

No caso concreto, o Advogado deve deduzir incidente de habilitação de herdeiros. Caso a legitimidade dos herdeiros esteja reconhecida por sentença, escritura ou outro documento oficial, o incidente é processado nos próprios autos da causa principal, nos termos do artigo 353.º/1.

Caso a legitimidade dos herdeiros não esteja reconhecida por sentença, escritura ou outro documento oficial, o incidente corre por apenso, nos termos do artigo 352.º/2.

• Quais os documentos necessários para juntar num incidente de habilitação de herdeiros?

Os documentos necessários para juntar num incidente de habilitação de herdeiros são a certidão de óbito, a certidão de nascimento dos filhos (se houver), a certidão de casamento (se houver) ou escritura de habilitação de herdeiros (artigo 353.º/1 neste caso).

• Imagine que os habilitados são incertos. Quid Iuris?

Se forem incertos, são citados editalmente os sucessores da parte falecida, nos termos do artigo 355.º/1 (cfr. n.os 2 e 3).

• Imagine que a proprietária de um prédio intenta uma ação de despejo contra o seu inquilino. No entanto, na pendência da ação a senhoria (Autora) morre. Agora, o seu filho e o seu marido vêm ao seu escritório e dizem-lhe que querem continuar com a ação, substituindo-se na posição da Autora. De que forma podem ser assegurados os interesses dos herdeiros da Autora na ação?

No caso concreto, o Advogado deve deduzir incidente de habilitação de herdeiros. Caso a legitimidade dos herdeiros esteja reconhecida por sentença, escritura ou outro documento oficial, o incidente é processado nos próprios autos da causa principal, nos termos do artigo 353.º/1.

Caso a legitimidade dos herdeiros não esteja reconhecida por sentença, escritura ou outro documento oficial, o incidente corre por apenso, nos termos do artigo 352.º/2.

Liquidação – artigo 358.º a 361.º

• Em que situações é admitida a dedução do incidente de liquidação?

Antes de começar a discussão da causa, o Autor deduzirá, sendo possível, o incidente de liquidação para tornar líquido o pedido genérico, quando este se refira a uma universalidade ou às consequências de um facto ilícito, nos termos do artigo 358.º/1.

O incidente de liquidação pode ser deduzido depois de proferida sentença de condenação genérica (artigo 609.º/2) e, caso seja admitido, a instância extinta considera-se renovada, nos termos do artigo 358.º/2.

• Imagine que Abel aciona Bento por danos provocados por obras no prédio. No momento da propositura da ação, Abel ainda não conhece o valor exato dos danos. Entretanto, no decorrer da ação consegue apurar esse valor. Como Advogado de Abel, o que deve fazer?

Como Advogado de Abel deve deduzir incidente de liquidação, nos termos do artigo 358.º

• Imagine que chega um cliente ao seu escritório com uma sentença de 2019, na qual o Réu foi condenado a pagar uma indemnização cujo valor ainda não se encontra liquidado. O Réu só agora apresenta bens no seu património. O que faria?

O Advogado deve deduzir incidente de liquidação, uma vez que só agora o Réu apresenta património que possibilite a cobrança, considerando-se renovada a instância extinta, nos termos do artigo 358.º/2.

• Qual o Tribunal competente para se deduzir o incidente de liquidação?

O Tribunal competente para se deduzir o incidente de liquidação é o Tribunal que proferiu a sentença, nos termos do artigo 91.º

• Imagine que remeteu tal incidente para o Tribunal de Execução e este indefere liminarmente por se considerar incompetente. O que faria?

O Advogado perante tal decisão deve interpor recurso, nos termos do artigo 629.º/2-*a)* – cfr. alínea *b)* para os casos respeitantes ao valor da causa.

2.2.9. Dos procedimentos cautelares

• Qual a especificidade das ações cautelares?

As ações cautelares são procedimentos urgentes pois são tramitados antes de qualquer outro serviço judicial e têm um prazo mais reduzido que os outros. Têm por fim prevenir/acautelar lesões graves e dificilmente reparáveis aos direitos dos Requerentes.

• Quais os requisitos para que alguém possa requerer um procedimento cautelar?

Os requisitos para que alguém possa requerer um procedimento cautelar são o "fundado receio", "lesão grave e dificilmente reparável ao seu direito", "causado por outrem", nos termos do artigo 362.º/1.

- Há casos de procedimentos cautelares em que não se tenha que provar o justo receio?

Sim, por exemplo no caso dos alimentos provisórios (artigo 384.º), arbitramento de reparação provisória (artigo 388.º) e arrolamento no caso de divórcio (artigo 409.º/3).

- Qual o prazo máximo de decisão de um procedimento cautelar?

O prazo máximo de decisão de um procedimento cautelar é de dois meses caso o Réu for citado, ou quinze dias, caso o Réu não seja citado, nos termos do artigo 363.º/2.

- O procedimento é sempre dependente de uma causa que tenha por fundamento o direito acautelado?

O procedimento cautelar é dependência de uma causa que tenha por fundamento o direito acautelado, exceto se for decretada a inversão do contencioso, nos termos do artigo 364.º/1 1ª parte.

- O procedimento é sempre requerido como preliminar de uma ação?

Não, o procedimento cautelar pode ser requerido como incidente de uma ação declarativa ou executiva, nos termos do artigo 364.º/1 2ª parte.

- Se estivermos perante um contrato-promessa de compra e venda que procedimento cautelar pode requerer?

Pode ser requerido procedimento cautelar não especificado, nos termos do artigo 362.º.

- A citação num procedimento cautelar depende de despacho judicial?

Sim, a citação nos procedimentos cautelares depende de prévio despacho judicial, nos termos do artigo 226.º/4-*b*).

- Qual o processamento de um procedimento cautelar?

O Requerente deve oferecer petição na qual apresenta prova sumária do direito ameaçado e justifica o receio da lesão. É admissível a fixação de sanção pecuniária compulsória que se mostre adequada a assegurar a efetividade do procedimento decretado, nos termos do artigo 365.º/1 e 2. As partes devem ainda apresentar o rol de testemunhas e requerer outros meios de prova que tenham por convenientes. Não podem produzir mais de cinco testemunhas, nos termos do artigo 365.º/3 (cfr. artigos 293.º a 295.º).

A oposição deve ser deduzida no prazo de dez dias. A falta de oposição no prazo legal leva a que o procedimento seja decretado, nos termos do artigo 293.º/2 e 3 *ex vi* 365.º/3.

- Quando é que há lugar ao contraditório do Requerido?

O Tribunal ouvirá o Requerido exceto quando a audiência puser em risco sério o fim ou a eficácia do procedimento, nos termos do artigo 366.º/1.

O Requerido quando seja ouvido antes do decretamento do procedimento é citado para deduzir oposição. A citação é substituída por notificação quando este já tenha sido citado para a causa principal, nos termos do artigo 366.º/2.

- Desde que haja probabilidade séria da existência do direito e se mostre suficientemente fundado o receio da sua lesão, o procedimento é decretado?

O procedimento pode ser recusado pelo Tribunal quando o prejuízo dele resultante para o Requerido exceda consideravelmente o dano que com ele o Requerente pretende evitar, nos termos do artigo 368.º/2.

- O que é a inversão do contencioso?

A inversão do contencioso é a possibilidade do Juiz na decisão que decrete a providência, dispensar o Requerente do ónus de propositura da ação principal caso se verifiquem cumulativamente os seguintes requisitos:
- a matéria adquirida no procedimento lhe permitir formar convicção segura acerca da existência do direito acautelado; e
- a natureza da providência decretada for adequada a realizar a composição definitiva do litígio.

A inversão do contencioso só opera mediante requerimento do Requerente do procedimento cautelar, nos termos do artigo 369.º/1 (cfr. n.º 2 e 3).

• Tratando-se de procedimento sem contraditório prévio, o Requerido pode opor-se à inversão do contencioso?

Tratando-se de procedimento sem contraditório prévio, o Requerido pode opor-se à inversão do contencioso conjuntamente com a impugnação da providência decretada, nos termos do artigo 369.º/2.

• A decisão que decrete a inversão do contencioso é recorrível?

A decisão que decrete a inversão do contencioso só é recorrível em conjunto com o recurso da decisão sobre a providência requerida, nos termos do artigo 370.º/1.

• A decisão que indefira a inversão do contencioso é recorrível?

A decisão que indefira a inversão do contencioso é irrecorrível, nos termos do artigo 370.º/1 in fine.

• A decisão que determine a inversão do contencioso é recorrível para o Supremo Tribunal de Justiça?

Das decisões proferidas nos procedimentos cautelares, incluindo a que determine a inversão do contencioso, não cabe recurso para o Supremo Tribunal de Justiça, sem prejuízo dos casos em que o recurso é sempre admissível, nos termos do artigo 370.º/2.

• Sendo decretada a inversão do contencioso, qual o prazo que o Requerido tem para intentar a ação de impugnação do direito acautelado?

Sem prejuízo das regras sobre a distribuição do ónus da prova, logo que transite em julgado a decisão que decretou a providência cautelar e inverteu o contencioso, o Requerido é notificado, com a advertência de que, querendo, deve intentar a ação destinada a impugnar a existência do direito acautelado nos 30 dias subsequentes à notificação, sob pena de a providência decretada se consolidar como composição definitiva do litígio, nos termos do artigo 371.º/1. O efeito da decisão se consolidar como composição definitiva do litígio verifica-se igualmente quando, proposta a ação para impugnação da existência do direito acautelado, o processo estiver parado mais de 30 dias por negligência do autor ou o réu for absolvido da instância e o autor não propuser nova ação em tempo de aproveitar os efeitos da propositura da anterior, nos termos do artigo 371.º/2. A procedência, por decisão transitada em julgado, da ação proposta pelo requerido determina a caducidade da providência decretada, nos termos do artigo 371.º/3.

- O regime de inversão do contencioso é aplicável a todos os procedimentos cautelares?

O regime de inversão do contencioso é aplicável, com as devidas adaptações à restituição provisória da posse (artigo 377.º), à suspensão de deliberações socias (artigo 380.º), aos alimentos provisórios (artigo 384.º), ao embargo de obra nova (artigo 397.º) bem como às demais providências previstas em legislação avulsa cuja natureza permita realizar a composição definitiva do litígio, nos termos do artigo 376.º/4.

- Quais as causas de extinção nos procedimentos cautelares?

Nos termos do artigo 373.º/1-*a)* a *e)*, os procedimentos cautelares extinguem-se e, quando decretados caducam, se o Requerente não propuser a ação principal dentro de trinta dias contados da data em que tenha sido notificado da decisão que o ordenou. Se o Requerido não tiver sido ouvido antes do decretamento, a ação principal deverá ser intentada no prazo de dez dias, contados da notificação da decisão que o ordenou.

Também, é causa de extinção dos procedimentos cautelares quando a ação principal estiver parada mais de trinta dias por negligência do Requerente e quando esta vier a ser julgada improcedente por decisão transitada em julgado.

Outra causa de extinção, será a situação na qual o Réu é absolvido da instância e o Requerente não propõe nova ação em tempo de aproveitar os efeitos da proposição da anterior.

Por fim, é causa de extinção dos procedimentos cautelares, a extinção do direito que o Requerente pretende acautelar.

- Quantos dias tem o Requerente para propor a ação principal?

O Requerente dispõe de trinta dias, nos termos do artigo 373.º/1-*a)* (cfr. n.º 2 em caso de prestação de caução).

• Qual o prazo para o Requerido se opor?

O Requerido dispõe de dez dias, nos termos do artigo 293.º/2 *ex vi* artigo 365.º/3.

• As disposições gerais acerca dos procedimentos cautelares são aplicáveis aos procedimentos nominados?

Com exceção do artigo 368.º/2, as disposições constantes desta secção são aplicáveis aos procedimentos cautelares nominados, em tudo o que não esteja para eles especialmente previsto, nos termos do artigo 376.º/1.

Procedimentos cautelares especificados

Restituição Provisória da Posse – cfr. artigos 377.º a 379.º

• Em que casos pode ser requerido um procedimento cautelar de restituição provisória da posse?

No caso de esbulho violento, pode o possuidor pedir que seja restituído provisoriamente na sua posse, alegando os factos que constituem a posse, o esbulho e a violência, nos termos do artigo 377.º.

• Imagine que o possuidor é esbulhado sem violência. Pode requerer um procedimento cautelar de restituição provisória da posse?

No caso concreto, o esbulhado não pode requerer um procedimento cautelar de restituição provisória da posse, uma vez que a violência é um requisito essencial para este tipo de procedimento. Contudo, o esbulhado pode requerer procedimento cautelar comum, nos termos do artigo 379.º.

• O que é o esbulho?

"Ato pelo qual alguém priva outrem, total ou parcialmente, da posse de uma coisa. O esbulho pode ser praticado com ou sem violência, entendendo a doutrina e jurisprudência que a violência tanto pode consubstanciar-se em coação física como moral" – *in* Ana Prata, *Dicionário Jurídico,* 4.ª Edição, Almedina, pág. 503, 2005.

Suspensão das deliberações sociais – cfr. artigos 380.º a 383.º.

Alimentos Provisórios – cfr. artigos 384.º a 387.º

• Qual o fundamento para requerer um procedimento cautelar de alimentos provisórios?

O titular de direito a alimentos pode requerer a fixação da quantia mensal que deva receber, a título de alimentos provisórios, enquanto não houver pagamento da primeira prestação definitiva, nos termos do artigo 384.º

• Como se processam os procedimentos cautelares de alimentos provisórios?

Recebida em juízo a petição de alimentos provisórios, é logo designado dia para o julgamento sendo as partes advertidas de que devem comparecer pessoalmente na audiência ou nela se fazer representar procurador com poderes especiais para transigir, nos termos do artigo 385.º/1.

A contestação é apresentada na própria e nesta procurará o Juiz obter a fixação de alimentos por acordo que logo homologará por sentença, nos termos do artigo 385.º/2.

Na falta de alguma das partes, ou se a tentativa de conciliação se frustrar, o Juiz ordena a produção da prova e, de seguida decide por sentença oral sucintamente fundamentada, nos termos do artigo 385.º/3.

• Imagine que a contestação da petição de alimentos provisórios apresentada em audiência é muito extensa. O que é que o mandatário do Requerente pode fazer?

Caso a contestação apresentada em audiência seja muito extensa (ou seja deduzida uma exceção), o mandatário do Requerente pode solicitar prazo para resposta, invocando o princípio do contraditório constante no artigo 3.º/3, o que levará irremediavelmente a uma suspensão da audiência, dando azo à designação de nova data para prossecução da diligência, ou a um adiamento da respetiva audiência.

• Qual o valor de um procedimento cautelar de alimentos provisórios?

O valor de um procedimento cautelar de alimentos provisórios é determinado pela mensalidade pedida, multiplicada por doze, nos termos do artigo 304.º/3-*a*).

Arbitramento de reparação provisória – cfr. artigos 388.º a 390.º.

• Imagine o caso de um acidente de viação em que o condutor faleceu, deixando mulher e filhos pequenos. As partes não chegaram a acordo quanto ao valor da indemnização. A mulher trabalhava mas ficou desempregada no decurso da ação, não tendo meios de subsistência. Agora, esta senhora dirige-se ao seu escritório e pretende saber o que pode fazer?

No caso concreto, o Advogado deverá aconselhar a que seja requerido um procedimento cautelar de arbitramento de reparação provisória, nos termos do artigo 388.º.

• Qual o Tribunal competente para o procedimento de arbitramento de reparação provisória?

O Tribunal competente para o procedimento de arbitramento de reparação provisória é o Tribunal onde deva ser proposta a ação principal respetiva, nos termos do artigo 78.º/1-*c)* – cfr. artigo 388.º.

Arresto – cfr. artigos 391.º a 396.º

• Qual o fundamento para se requerer um procedimento cautelar de arresto?

O credor que tenha justificado receio de perder a garantia patrimonial do seu crédito, pode requerer o arresto de bens do devedor, nos termos do artigo 391.º (cfr. 619.º do Código Civil).

• Qual o valor do procedimento cautelar de arresto?

O valor do procedimento cautelar de arresto é determinado pelo montante do crédito que se pretende garantir, nos termos do artigo 304.º/3-*e)*.

• Em que Tribunal deve ser requerido o procedimento cautelar de arresto?

O procedimento cautelar de arresto, tanto pode ser requerido no Tribunal onde deva ser proposta a ação respetiva, como no do lugar onde os bens se encontrem ou, se houver bens em várias comarcas, no de qualquer destas, nos termos do artigo 78.º/1-*a)*.

- Em que consiste o arresto?

O arresto consiste numa apreensão judicial de bens, à qual são aplicáveis as disposições relativas à penhora, nos termos do artigo 391.º/2.

- Imagine que um cliente seu vendeu vinte porcos a um senhor no ano passado, tendo-se verificado o incumprimento do pagamento. Posteriormente, soube que o senhor tinha vendido os porcos a um terceiro. O único património que lhe conhece é uma fração autónoma em Lisboa que está prestes a ser vendida. O que deve aconselhar ao seu cliente?

O Advogado deve aconselhar o seu cliente a requerer um procedimento cautelar de arresto da fração autónoma em Lisboa, nos termos do artigo 391.º/1 e 2.

- Imagine que um cliente seu tem uma letra de câmbio vencida no mês passado e informa-o que o devedor apenas tem um automóvel que foi, por este, posto à venda. O que deve aconselhar ao seu cliente?

O Advogado deve aconselhar o seu cliente a requerer um procedimento cautelar de arresto do automóvel, nos termos do artigo 391.º/1 e 2.

- O arresto depende de audiência prévia do proprietário?

O arresto é decretado sem a audiência da parte contrária, desde que se mostrem preenchidos os requisitos legais, nos termos do artigo 393.º/1 (cfr. n.os 2 e 3).

- Existe algum caso especial de caducidade no caso de arresto?

Sim, o arresto fica também sem efeito no caso de, tendo sido obtida na ação de cumprimento sentença com trânsito em julgado, o credor insatisfeito não promover execução dentro dos dois meses subsequentes, ou se, promovida a execução, o processo ficar parado durante mais de trinta dias por negligência do Exequente, nos termos do artigo 395.º (cfr. artigo 373.º para regra geral de caducidade dos procedimentos cautelares).

• O arresto e o arrolamento podem estar relacionados com partilhas? Qual a diferença entre estas duas figuras?

O arresto é uma garantia patrimonial para pagamento de uma dívida. Por sua vez, o arrolamento já não é uma garantia para pagamento das dívidas mas sim uma medida de conservação de bens. O arresto não é um procedimento que deva ser utilizado em caso de partilhas ao contrário do arrolamento, que é um procedimento mais adequado a estas situações, nomeadamente, em casos de divórcio e nos processos de inventário.

Embargo de Obra Nova – cfr. artigo 397.º a 402.º

• Quais os fundamentos para se intentar um procedimento cautelar de embargo de obra nova?

Quem se julgar ofendido no seu direito de propriedade, em qualquer direito real ou pessoal de gozo, ou na sua posse, em consequência de obra, trabalho ou serviço novo que lhe cause ou ameace causar prejuízo, pode requerer no prazo de trinta dias a contar do conhecimento do facto que a obra, trabalho ou serviço seja mandado suspender imediatamente, nos termos do artigo 397.º/1.

• É possível fazer-se um embargo de obra extrajudicialmente?

Sim, o interessado pode fazer o embargo por via extrajudicial, notificando verbalmente perante duas testemunhas o dono da obra ou na sua falta, o encarregado ou quem o substituir para não a continuar. Porém, este embargo fica sem efeito se no prazo de cinco dias não for requerida a ratificação judicial, nos termos do artigo 397.º/2 e 3 (cfr. ainda artigo 400.º para ratificação de embargo).

• Imagine que o seu cliente é proprietário de um imóvel e, muito perto deste está a ser construída uma bomba de gasolina que lhe tem danificado a moradia. O que aconselharia o seu cliente a fazer?

O Advogado deve aconselhar o seu cliente a requerer um procedimento cautelar de embargo de obra nova, nos termos do artigo 397.º

• Se não propuser a ação principal o que acontece ao embargo?

O procedimento cautelar de embargo de obra extingue-se/caduca, nos termos do artigo 373.º/1-*a*).

• Em que Tribunal deve ser requerido o procedimento cautelar de embargo de obra nova?

O procedimento cautelar de embargo de obra nova deve ser requerido no lugar da obra, nos termos do artigo 78.º/1-*b*).

• Qual o valor do procedimento cautelar de embargo de obra nova?

O valor do procedimento cautelar de embargo de obra nova é determinado pelo prejuízo que se quer evitar, nos termos do artigo 304.º/3-*d*).

• As obras do Estado podem ser embargadas?

Não, as obras do Estado não podem ser embargadas pelos meios civis, nos termos do artigo 399.º

• Uma obra embargada pode ser autorizada a continuar?

Sim, embargada a obra, pode ser autorizada a sua continuação, a requerimento do embargado, quando se reconheça que a demolição restituirá o embargante ao estado anterior à continuação ou quando se apure que o prejuízo resultante da paralisação da obra é consideravelmente superior ao que pode advir da sua continuação e em ambos os casos mediante caução prévia às despesas da demolição total, nos termos do artigo 401.º

• Como se pode reagir a uma inovação abusiva?

Se o embargado continuar a obra depois da notificação e enquanto o embargo subsistir, sem autorização, pode o embargante requerer que seja destruída a parte inovada, nos termos do artigo 402.º/1. Averiguada a existência de inovação o Embargado é condenado a destrui-la. Se não o fizer no prazo fixado promover-se-á nos próprios autos a execução para a prestação de facto devida, nos termos do artigo 402.º/2.

Arrolamento – cfr. artigos 403.º a 409.º

• Qual o fundamento para se poder requerer o procedimento cautelar de arrolamento?

Para se requerer procedimento cautelar de arrolamento deve existir justo receio de extravio, ocultação ou dissipação de bens, móveis ou imóveis, ou de documentos, nos termos do artigo 403.º/1.

• Qual a finalidade do procedimento cautelar de arrolamento?

O procedimento cautelar de arrolamento tem como finalidades descrever, avaliar e depositar os bens, nos termos do artigo 406.º/1.

• Imagine que um cliente vai ao seu escritório e diz-lhe que saiu de casa, deixando lá muitos objetos de elevado valor e tem receio que os mesmos possam desaparecer. O que aconselha o seu cliente a fazer?

O Advogado deve aconselhar o seu cliente a requerer um procedimento cautelar de arrolamento, nos termos do artigo 403.º.

• Em que Tribunal deve ser requerido o procedimento cautelar de arrolamento?

O procedimento cautelar de arrolamento tanto pode ser requerido no Tribunal onde deva ser proposta a ação respetiva, como no do lugar onde os bens se encontrem ou, se houver bens em várias comarcas, no de qualquer destas, nos termos do artigo 78.º/1-*a)*.

• Qual o valor do procedimento cautelar de arrolamento?

Determina-se o valor do procedimento cautelar de arrolamento pelo valor dos bens arrolados, nos termos do artigo 304.º/3-*f)*.

• Quem tem legitimidade para requerer um arrolamento?

O arrolamento pode ser requerido por qualquer pessoa que tenha interesse na conservação dos bens ou dos documentos. No caso dos credores, só pode ser requerido o arrolamento quando haja lugar à arrecadação da herança, nos termos dos artigos 404.º/1 e 2.

• Como se processa o arrolamento?

O Requerente deve fazer prova sumária do direito relativo aos bens e dos factos em que fundamenta o receio do seu extravio ou dissipação. Se o direito relativo aos bens depender de ação proposta ou a propor, tem o Requerente de convencer o Tribunal da provável procedência do pedido correspondente, nos termos do artigo 405.º/1.

Produzidas as provas que forem julgadas necessárias, o Juiz ordena os procedimentos se adquirir a convicção de que, sem o arrolamento, o interesse do Requerente corre sério risco, nos termos do artigo 405.º/2.

• Quem é o depositário dos bens arrolados?

O depositário dos bens arrolados, normalmente, é o possuidor ou detentor dos bens, salvo se houver manifesto inconveniente em que estes lhe sejam entregues, nos termos do artigo 408.º.

• Conhece algum caso de arrolamento especial?

Sim, nos casos em que o arrolamento é preliminar ou incidente da ação de separação judicial de pessoas e bens, divórcio, declaração de nulidade ou anulação de casamento, nos termos do artigo 409.º/1.

Ainda, se houver bens abandonados, por estar ausente o seu titular, por estar jacente a herança ou por outro motivo, e tornando-se necessário acautelar a perda ou deterioração, estes bens são arrecadados judicialmente mediante arrolamento, nos termos do artigo 409.º/2.

Nas situações supra descritas, não é necessário invocar o justo receio, nos termos do artigo 409.º/3.

• Nos casos de ação de separação judicial de pessoas e bens ou divórcio (...) é necessário que haja justo receio de extravio/dissipação de bens?

Nos casos de ação de separação judicial de pessoas e bens ou divórcio, não é necessário que haja justo receio de extravio/dissipação de bens, nos termos do artigo 409.º/3.

- Imagine que um cliente vai ao seu escritório e lhe diz que há três dias o seu cônjuge saiu de casa, tendo avultadas quantias no Banco, bem como carros. O que aconselharia o seu cliente a fazer?

O Advogado deve aconselhar o seu cliente a requerer um procedimento cautelar de arrolamento, nos termos do artigo 403.º.

- Que documentos pedia de imediato ao seu cliente?

O Advogado deve pedir os certificados de matrícula dos veículos, os números de contas bancárias, a certidão de casamento (caso existam imóveis – a escritura de compra e venda ou certidão do registo predial).

Custas nos procedimentos cautelares (cfr. artigo 539.º).

2.2.10. Da instrução do processo

- Para que serve a instrução do processo?

A instrução tem por objeto os temas da prova enunciados ou, quando não tenha de haver lugar a esta enunciação, os factos necessitados de prova, nos termos do artigo 410.º.

- Quais são os meios de prova admissíveis em processo civil?

São admissíveis como meios de prova em processo civil a prova testemunhal, a prova documental, a prova pericial, a prova por inspeção judicial e a prova por confissão das partes.

Ónus da Prova – artigo 414.º e artigos 342.º a 344.º do Código Civil.

- Qual a regra geral do ónus da prova?

Àquele que invocar um direito cabe fazer prova dos factos constitutivos do direito alegado, nos termos do artigo 342.º/1 do Código Civil.

- A quem compete a prova dos factos constitutivos, modificativos e extintivos?

Compete àquele contra quem a invocação é feita, nos termos do artigo 342.º/2 do Código Civil.

- A quem compete o ónus da prova em casos especiais?

Nas ações de simples apreciação ou declaração negativa, compete ao Réu a prova dos factos constitutivos do direito que se arroga, nos termos do artigo 343.º/1 do Código Civil.

Nas ações que devam ser propostas dentro de certo prazo a contar da data em que o Autor teve conhecimento de determinado facto, cabe ao Réu a prova de o prazo ter já decorrido, salvo se outra for a solução especialmente consignada na lei, nos termos do artigo 343.º/2 do Código Civil.

Se o direito invocado pelo Autor estiver sujeito a condição suspensiva ou a termo inicial, cabe-lhe a prova de que a condição se verificou ou o termo se venceu. Se o direito estiver sujeito a condição resolutiva ou a termo final, cabe ao Réu provar a verificação da condição ou o vencimento do prazo, nos termos do artigo 343.º/3 do Código Civil.

Presunções – artigo 349.º e ss. cfr. 350.º/2 do Código Civil.

- O que é uma presunção?

A presunção consiste nas ilações que a lei ou o julgador tira de um facto conhecido para firmar um facto desconhecido, nos termos do artigo 349.º do Código Civil.

- O que é uma presunção legal?

A presunção legal é aquela que resulta da lei. As mesmas podem ser ilidíveis (presunções iuris tantum) ou inilídiveis, nos termos do artigo 350.º/1 e 2 do Código Civil.

- O que é uma presunção judicial?

A presunção judicial (ou presunção hominis), é aquela que alguém realiza com base nos seus conhecimentos e nos dados da experiência. Estas só são admitidas nos casos e termos em que é admitida a prova testemunhal, nos termos do artigo 351.º do Código Civil.

- O que é o princípio da audiência contraditória?

É o princípio segundo o qual as provas não serão admitidas nem produzidas sem audiência contraditória da parte a quem hajam de ser opostas, nos termos dos artigos 3.º/4 e 415.º./1 (cfr. n.º 2).

- A prova pode ser produzida antes de ser proposta a ação?

Havendo justo receio de vir a tornar-se impossível ou muito difícil o depoimento de certas pessoas ou a verificação de certos factos por meio de perícia ou inspeção, pode o depoimento, a perícia ou a inspeção realizar-se antecipadamente e até antes de ser proposta a ação, nos termos do artigo 419.º.

- Qual a forma de antecipação da prova?

O requerente da prova antecipada justificará sumariamente a necessidade da antecipação, mencionará com precisão os factos sobre que há de recair e identificará as pessoas que hão de ser ouvidas, quando se trate de depoimento de parte ou testemunhas, nos termos do artigo 420.º/1.

Quando se requeira a diligência antes de a ação ser proposta, há de indicar-se sucintamente o pedido e os fundamentos da demanda e identificar-se a pessoa contra quem se pretende fazer uso da prova, a fim de ser notificada pessoalmente para os efeitos do artigo 415.º Se esta não puder ser notificada, será notificado o MP quando se trate de incertos ou de ausentes, ou um Advogado nomeado pelo Juiz, quando se trate de ausentes em parte certa, nos termos do artigo 420.º/2.

- O depoimento de uma parte (ou perícias) num processo com audiência contraditória podem ser invocados num outro processo judicial?

Os depoimentos (ou perícias) produzidos num processo com audiência contraditória da parte podem ser invocados noutro processo contra a mesma parte, sem prejuízo do disposto no artigo 355.º/3 do Código Civil, nos termos do artigo 421.º/1 1.ª parte.

Se, porém, o regime de produção da prova do primeiro processo oferecer às partes garantias inferiores às do segundo, os depoimentos (ou perícias) produzidos no primeiro só valem no segundo como princípio de prova, nos termos do artigo 421.º/1 *in fine* (cfr. n.º 2).

- Imagine que Abel intentou uma ação contra Bento, o qual foi absolvido nos termos do artigo 278.º/1-*e*). Agora, Abel veio intentar nova ação contra Bento e pretende aproveitar a prova produzida na primeira ação. Pode fazê-lo?

Se Bento tiver sido absolvido da instância nos termos do artigo 278.º/1-*e*), na nova ação que corra entre as mesmas partes podem ser aproveitadas as provas produzidas no primeiro processo e têm valor as decisões aí proferidas, nos termos do artigo 279.º/3.

Prova por documentos

- O que é a prova documental?

A prova documental é a que resulta de documento. Diz-se documento qualquer objeto elaborado pelo homem com o fim de reproduzir ou representar uma pessoa, coisa ou facto, nos termos do artigo 362.º do Código Civil.

- Qual a diferença entre um documento autêntico e um documento particular?

O documento autêntico é exarado pelas autoridades públicas nos limites da sua competência e na área em que tenha competência, pelo notário ou outro oficial público provido de fé pública (por exemplo: conservadores). Todos os outros são particulares, nos termos do artigo 363.º do Código Civil (cfr. n.º 3).

Importa referir que os Advogados também têm competência para autenticar documentos, nos termos do artigo 38.º do Decreto-Lei n.º 76-A/2006 (cfr. ainda a Portaria n.º 657-B/2006).

- Quando é que devem ser apresentados os documentos destinados a fazer prova?

Os documentos destinados a fazer prova dos fundamentos da ação ou da defesa devem ser apresentados com o articulado em que se aleguem os factos correspondentes, nos termos do artigo 423.º/1.

Se não forem juntos com o articulado respetivo, os documentos podem ser apresentados até 20 dias antes da data em que se realize a audiência final, mas a parte é condenada em multa, exceto se provar que os não pôde oferecer com o articulado, nos termos do artigo 423.º/2.

Após o limite temporal previsto no artigo 423.º/2, só são admitidos os documentos cuja apresentação não tenha sido possível até àquele momento, bem como aqueles cuja apresentação se tenha tornado necessária em virtude de ocorrência posterior, nos termos do artigo 423.º/2 (cfr. artigo 424.º).

- É possível a apresentação de documentos após o encerramento da discussão?

Depois do encerramento da discussão só são admitidos, no caso de recurso, os documentos cuja apresentação não tenha sido possível até àquele momento, nos termos do artigo 425.º (cfr. artigo 651.º)

- Imagine que está no decorrer da audiência final e tem necessidade de juntar um documento tendo em vista a contrariar o depoimento de uma testemunha. Dite para a Ata a referida junção.

"Na sequência do depoimento da testemunha Abel arrolada pelo Réu, vem o Autor requerer a V. Ex.ª a junção aos autos de um documento tendo em vista fazer prova do ponto 1º dos temas da prova enunciados no douto despacho de V.Exa..

A versão dos factos apresentada pela testemunha é contraditória com o teor do documento agora junto e que nele tem aposta a assinatura do mesmo.

O Autor só agora procedeu à sua junção uma vez que se encontrava convicto que a testemunha iria depor de boa fé e com verdade, pelo que o depoimento de Abel não pode ser considerado relevante para a apreciação a ser realizada por este douto Tribunal.

Neste sentido, não pode também o Autor ser condenado em multa por junção tardia de documento.

Espera Deferimento"

- Até quando se pode juntar pareceres?

Os pareceres de Advogados, professores ou técnicos podem ser juntos, nos Tribunais de 1.ª instância, em qualquer estado do processo, nos termos do artigo 426.º.

- Como pode o Advogado fazer uso de um documento que se encontre em poder da parte contrária?

Quando se pretenda fazer uso de documento em poder da parte contrária, o interessado requererá que ela seja notificada para apresentar o documento dentro do prazo que for designado; no requerimento a parte identificará quanto possível o documento e especificará os factos que com ele quer provar, nos termos do artigo 429.º/1.

Se os factos que a parte pretende provar tiverem interesse para a decisão da causa, será ordenada a notificação, nos termos do artigo 429.º/2.

Prova por confissão e por declaração de partes – artigos 452.º a 466.º.

- O depoimento de parte num procedimento cautelar ou num incidente vale como confissão na ação principal?

O depoimento de parte num procedimento cautelar ou num incidente vale como confissão na ação principal, nos termos dos artigos 355.º/3 do Código Civil e 421.º

- Quem pode pedir o depoimento de uma das partes?

Podem pedir o depoimento de uma das partes o Juiz, a parte contrária e os compartes, nos termos dos artigos 452.º/1 e 2 e 453.º/3.

- Pode ser requerido o depoimento de parte do Assistente?

Pode ser requerido o depoimento de parte do Assistente, nos termos do artigo 328.º/3.

- Se requerer o depoimento de parte, qual o cuidado que deve ter?

O Advogado deve indicar, de forma discriminada, os factos sobre que há de recair, nos temos do artigo 452.º/2.

- Imagine que pretende o depoimento de parte de uma sociedade. Quem é que pode depor e sobre que factos?

O depoimento deverá ser prestado pelo representante legal da sociedade, cuja qualidade é comprovada através da certidão permanente da mesma, e irá ter como objeto factos que este conheça no desempenho das suas funções (cfr. artigo 453.º/2).

• Sobre que factos pode recair o depoimento de parte?

O depoimento só pode ter por objeto factos pessoais ou de que o depoente deva ter conhecimento, nos termos do artigo 454.º/1.

Não é, porém, admissível o depoimento sobre factos criminosos ou torpes, de que a parte seja arguida, nos termos do artigo 454.º/2.

• O depoimento de parte pode ser prestado na audiência prévia?

O depoimento deve, em regra, ser prestado na audiência final, salvo se for urgente ou o depoente estiver impossibilitado de comparecer no Tribunal. Contudo, este também pode ser prestado na audiência prévia, nos termos do artigo 456.º/1 e 3.

• Pode haver depoimento de parte numa ação de divórcio?

Não, porque a prova por confissão é irrelevante nos processos relativos a direitos indisponíveis (cfr. artigo 354.º-*b)* do Código Civil).

• No final do depoimento de parte o que acontece?

No final do depoimento de parte há uma assentada, ou seja, reduz-se o depoimento a escrito, na parte em que o depoente tenha confessado, ou na parte em que o depoente narre factos que impliquem indivisibilidade da declaração confessória, nos termos do artigo 463.º/1.

A redação incumbe ao Juiz, podendo as partes ou seus Advogados fazer as reclamações que entendam, nos termos do artigo 463.º/2.

Concluída a assentada, é lida ao depoente, que a confirmará ou fará as retificações necessárias, nos termos do artigo 463.º/3.

• Na qualidade de Advogado de uma empresa, pode, na audiência prévia, indicar os gerentes como testemunhas?

O Advogado não pode indicar os gerentes como testemunhas uma vez que são parte, nos termos do artigo 496.º.

- As partes podem prestar declarações em sede de audiência final?

As partes podem requerer, até ao início das alegações orais em 1ª instância, a prestação de declarações sobre factos em que tenham intervindo pessoalmente ou de que tenham conhecimento direto, nos termos do artigo 466.º/1 (cfr. n.º 2 e 3).

Prova pericial – cfr. artigos 467.º a 489.º e artigos 388.º e 389.º do Código Civil

Inspeção judicial – cfr. artigos 490.º a 494.º e artigos 390.º e 391.º do Código Civil

Prova testemunhal – artigos 495.º a 526.º e artigos 392.º a 396.º do Código Civil.

Prova sobre documentos particulares – artigo 394.º/1 do Código Civil.

- Quem está impedido de depor como testemunha?

Estão impedidas de depor como testemunhas as pessoas que na causa possam depor como parte, nos termos do artigo 496.º.

- Quem é que se pode recusar legitimamente a depor como testemunhas?

Podem recusar-se a depor como testemunhas, salvo nas ações que tenham como objeto verificar o nascimento ou o óbito dos filhos, os ascendentes nas causas dos descendentes e os adotantes nas dos adotados, e vice-versa (artigo 497.º/1-*a*)), o sogro ou a sogra nas causas do genro ou da nora e vice-versa (artigo 497.º/1-*b*)), qualquer dos cônjuges, ou ex-cônjuges, nas causas em que seja parte o outro cônjuge ou ex-cônjuge (artigo 497.º/1-*c*)) e quem conviver, ou tiver convivido, em união de facto em condições análogas às dos cônjuges com alguma das partes na causa (artigo 497.º/1-*d*)).

Incumbe ao Juiz advertir as pessoas referidas no número anterior da faculdade que lhes assiste de se recusarem a depor, nos termos do artigo 497.º/2.

- Quem é que deve escusar-se a depor como testemunha?

Devem escusar-se a depor os que sejam adstritos ao segredo profissional, ao segredo de funcionários públicos e ao segredo de Estado, relativamente aos factos abrangidos pelo sigilo, nos termos do artigo 497.º/3 (cfr. artigo 417.º/3-c) e 4).

- Quem goza de prerrogativa de inquirição?

Gozam da prerrogativa de ser inquiridos na sua residência ou na sede dos respetivos serviços o Presidente da República (artigo 503.º/1-*a*)) e os agentes diplomáticos estrangeiros que concedam idêntica regalia aos representantes de Portugal (artigo 503.º/1-*b*)).

Gozam de prerrogativa de depor primeiro por escrito, se preferirem, além das entidades previstas no artigo 503.º/1-*a)* e *b)*:

- os membros do Conselho de Estado (artigo 503.º/2 a));
- os membros dos órgãos de soberania, com exclusão dos Tribunais, e dos órgãos equivalentes das Regiões Autónomas (artigo 503.º/2-*b*));
- os Juízes dos Tribunais superiores (artigo 503.º/2-c));
- o Provedor de Justiça (artigo 503.º/2-d));
- o Procurador-Geral da República e o Vice-Procurador-Geral da República (artigo 503.º/2-*e*));
- os membros do Conselho Superior da Magistratura, do Conselho Superior dos Tribunais Administrativos e Fiscais e do Conselho Superior do MP (artigo 503.º/2-*f*));
- os Oficiais Generais das Forças Armadas (artigo 503.º/2-g));
- os altos dignitários de confissões religiosas (artigo 503.º/2-*h*));
- o Bastonário da Ordem dos Advogados e o Presidente da Câmara dos Solicitadores (artigo 503.º/2-*i*)).

Ao indicar como testemunha uma das entidades designadas nos artigos 503.º/1 e 2, a parte deve especificar os factos sobre que pretende o depoimento, nos termos do artigo 503.º/3.

- Qual o limite de testemunhas em processo comum?

Os Autores não podem oferecer mais de dez testemunhas, para prova dos fundamentos da ação. Igual limitação se aplica aos Réus que apresentem a contestação, nos termos do artigo 511.º/1 (incidentes 5 testemunhas – artigo 294.º/1).

Quando estejam em causa ações de valor não superior à alçada do Tribunal de 1ª instância, o limite do número de testemunhas é reduzido para cinco, nos termos do artigo 511.º/1, *in fine*.

No caso de reconvenção, cada uma das partes pode oferecer também até dez testemunhas, para prova dela e da respetiva defesa, nos termos do artigo 511.º/2.

Consideram-se não escritos os nomes das testemunhas que no rol ultrapassem o número legal, nos termos do artigo 511.º/3.

Contudo, atendendo à natureza e extensão dos temas da prova, pode o Juiz, por decisão irrecorrível, admitir a inquirição de testemunhas para além do limite previsto no artigo 511.º/1 (cfr. artigo 511.º/4).

- Qual é a ordem dos depoimentos?

Antes de começar a inquirição, as testemunhas são recolhidas a uma sala, donde saem para depor pela ordem em que estiverem mencionadas no rol, primeiro as do Autor e depois as do Réu, salvo se o Juiz determinar que a ordem seja alterada ou as partes acordarem na alteração, nos termos do artigo 512.º/1.

Se, porém, figurar como testemunha algum funcionário da secretaria, é ele o primeiro a depor, ainda que tenha sido oferecido pelo Réu, nos termos do artigo 512.º/2.

- Uma testemunha pode ser inquirida pelos mandatários judiciais no domicílio de um deles?

Havendo acordo das partes, a testemunha pode ser inquirida pelos mandatários judiciais no domicílio profissional de um deles, devendo tal inquirição constar de uma ata, datada e assinada pelo depoente e pelos mandatários das partes, da qual conste a relação discriminada dos factos a que a testemunha assistiu ou que verificou pessoalmente e das razões de ciência invocadas, aplicando-se-lhe ainda disposto no artigo 519.º/1, 2 e 4, nos termos do artigo 517.º/1.

- É possível que uma testemunha apresente depoimento através de documento escrito?

Quando se verificar impossibilidade ou grave dificuldade de comparência no Tribunal, pode o Juiz autorizar, havendo acordo das partes, que o depoimento da testemunha seja prestado através de documento escrito, datado e assinado pelo seu Autor, do qual conste relação discriminada dos factos a que assistiu ou que verificou pessoalmente e das razões de ciência invocadas, nos termos do artigo 518.º/1.

Incorre nas penas previstas para o crime de falsidade de testemunho quem, apresentando depoimento através de documento escrito, prestar depoimento falso, nos termos do artigo 518.º/2.

• O que é a contradita?

A contradita é a faculdade de a parte, contra quem é apresentada uma testemunha, reagir contra a credibilidade desta, quer afetando a razão da ciência invocada pela testemunha, quer por diminuir a fé que o seu depoimento deve merecer, nos termos do artigo 521.º.

• Como se processa a contradita?

A contradita é deduzida quando o depoimento da testemunha termina, nos termos do artigo 522.º/1. Em termos de prova, se a contradita for deferida, é ouvida a testemunha sobre a matéria alegada. Quando esta não seja confessada, a parte pode comprová-la por documentos ou testemunhas, não podendo produzir mais de três testemunhas, nos termos do artigo 522.º/2.

Ainda, as testemunhas sobre a matéria da contradita têm de ser apresentadas e inquiridas imediatamente. Por sua vez, os documentos podem ser oferecidos até ao momento em que deva ser proferida decisão sobre os factos da causa, nos termos do artigo 522.º/3 (cfr. n.º 4).

• O que é uma acareação?

A acareação é uma inquirição de duas ou mais pessoas simultaneamente, quando haja oposição direta, acerca de determinado facto, entre o depoimento das testemunhas ou entre elas e o depoimento de parte. Esta, pode ter lugar, oficiosamente ou a requerimento de qualquer das partes, nos termos do artigo 523.º.

• Como se processa a acareação?

Estando as pessoas presentes, a acareação far-se-á imediatamente. Não estando, será designado dia para a diligência, nos termos do artigo 524.º/1 (cfr. n.º 2 para depoimento prestados por carta precatória).

- É possível alguma "acareação" fora do circunstancialismo fixado no artigo 523.º?

Nos termos do artigo 604.º/8, o Juiz pode determinar, em sede de audiência final, a audição em simultâneo de testemunhas de ambas as partes sobre determinados factos. Nesta fase, o Juiz não tem conhecimento do teor dos depoimentos, não sabendo se são ou não discordantes, o que se equipara a uma acareação realizada fora do circunstancialismo do artigo 523.º.

- Uma pessoa pode ser notificada a depor por iniciativa do Tribunal?

Quando, no decurso da ação, haja razões para presumir que determinada pessoa, não oferecida como testemunha, tem conhecimento de factos importantes para a boa decisão da causa, deve o Juiz ordenar que seja notificada para depor, nos termos do artigo 526.º/1 (cfr. n.º 2).

2.2.11. Da litigância de má fé

- O que entende por litigante de má fé?

É litigante de má fé qualquer das partes que num processo, com dolo ou negligência grave, tenha deduzido pretensão ou oposição cuja falta de fundamento não devia ignorar (artigo 542.º/2-*a)*), tenha alterado a verdade dos factos ou omitido factos relevantes para a decisão da causa (artigo 542.º/2-*b)*), tenha praticado omissão grave do dever de cooperação (artigo 542.º/2-*c)*) e tenha feito do processo ou dos meios processuais um uso manifestamente reprovável, com o fim de prosseguir um objetivo ilegal, impedir a descoberta da verdade, entorpecer a ação da justiça ou protelar, sem fundamentos sério, o trânsito em julgado da decisão (artigo 542.º/2-*d)*).

- A decisão que condene em litigância de má fé é recorrível?

É sempre admitido recurso da decisão que condene em litigância de má fé, em um grau, independentemente do valor da causa e da sucumbência, nos termos do artigo 542.º/3.

• O mandatário da parte pode ser responsabilizado por litigância de má fé?

Quando se reconheça que o mandatário da parte teve responsabilidade pessoal e direta nos atos pelos quais se revelou a má fé na causa, dar-se-á conhecimento do facto à Ordem dos Advogados ou à Câmara dos Solicitadores, para que estas possam aplicar as sanções respetivas e condenar o mandatário na quota-parte das custas, multa e indemnização que lhes parecer justa, nos termos do artigo 545.º.

• Imagine que o pedido de condenação em litigância de má fé não foi apresentado na petição inicial porque, à data, não eram conhecidos os argumentos apresentados pelo Réu. Até quando pode fazê-lo?

"A lei não marca o momento em que o pedido deve ser formulado, pelo que parece ser de tirar a conclusão de que o interessado pode pedir a indemnização em qualquer altura, seja nos articulados, na audiência de discussão e julgamento, ou em sede de recurso, e que pode pedi-la por qualquer forma, seja por meio de requerimento escrito ou oral." – cfr. Acórdão da Relação de Coimbra de 11 de Dezembro 2012, processo n.º 2198/12.6TBLRA.C1, in http://www.dgsi.pt/jtrc.nsf/8fe0e606d8f56b22802576c0005637dc/0de4ee720df41b4e80257af6003c6336?OpenDocument

• Imagine que o seu cliente é dono de um imóvel e celebrou um contrato de arrendamento. Contudo, diz-lhe que o referido imóvel foi alvo de uma ocupação ilegal. O Advogado apresenta uma ação para a desocupação do locado e, citado, o arrendatário vem apresentar o contrato de arrendamento. Existe litigância de má fé?

No caso concreto existe litigância de má fé por parte do Autor por violação do artigo 542.º/2 pelo que o mesmo deverá ser condenado em multa e numa indemnização à parte contrária, se esta a pedir, nos termos do artigo 542.º/1.

• Em que momento é cobrada a multa aplicada por condenação em litigância de má fé?

A multa aplicada por condenação em litigância de má fé é cobrada na conta final de custas.

- A parte pode pedir que a indemnização por litigância de má fé consista no pagamento dos honorários do Advogado/peritos?

A indemnização por litigância de má fé pode consistir no reembolso das despesas a que a má fé do litigante tenha obrigado a parte contrária, incluindo os honorários do mandatário ou técnicos (peritos), nos termos do artigo 543.º/1-*a*).

Os honorários são pagos diretamente ao mandatário, salvo se a parte mostrar que o seu patrono já está reembolsado, nos termos do artigo 543.º/4.

2.2.12. Formas de processo

- Que formas de processo conhece?

O processo pode ser comum ou especial (artigo 878.º e ss. para os processos especiais).

O processo especial aplica-se aos casos expressamente designados na lei. Por sua vez, o processo comum é aplicável a todos os casos a que não corresponde processo especial, nos termos do artigo 546.º/1 e 2.

- Quais as formas de processo comum que conhece?

O processo comum segue forma única, nos termos do artigo 548.º.

- Qual a consequência do erro na forma de processo?

O erro na forma de processo importa unicamente a anulação dos atos que não possam ser aproveitados devendo ser praticados aqueles que forem estritamente necessários para que o processo se aproxime, o mais possível, da forma estabelecida pela lei, nos termos do artigo 193.º/1.

Porém, não devem ser aproveitados os atos já praticados, se de tal aproveitamento resultar uma diminuição de garantias do réu, nos termos do artigo 193.º/2.

- Qual a consequência do erro na qualificação do meio processual?

O erro na qualificação do meio processual utilizado pela parte leva à sua correção oficiosa pelo Juiz, determinando que sejam seguidos os termos processuais adequados, nos termos do artigo 193.º/3.

- O que é a alçada da Relação?

A alçada da Relação define a competência dos Tribunais em razão do valor e determina a recorribilidade das decisões (cfr. artigo 44.º da LOSJ).

Do processo comum – articulados

- Em que situações a petição inicial é considerada inepta?

A petição inicial é considerada inepta quando falte ou seja ininteligível a indicação do pedido ou da causa de pedir (artigo 186.º/2-*a)*), quando o pedido esteja em contradição com a causa de pedir (artigo 186.º/2-*b)*) ou quando se cumulem causas de pedir ou pedidos substancialmente incompatíveis (artigo 186.º/2-*c)*).

Se o Réu contestar, apesar de arguir a ineptidão com fundamento no artigo 186.º/2-*a*, não se julgará procedente a arguição quando, ouvido o Autor, se verificar que o Réu interpretou convenientemente a petição inicial, nos termos do artigo 186.º/3.

No caso do artigo 186.º/2-*c)*, a nulidade subsiste, ainda que um dos pedidos fique sem efeito por incompetência do Tribunal ou por erro na forma do processo, nos termos do artigo 186.º/4.

- Quais os requisitos da petição inicial?

Na petição, com que propõe a ação, deve o Autor:
- designar o Tribunal e respetivo juízo em que a ação é proposta e identificar as partes, indicando os seus nomes, domicílios ou sedes e, obrigatoriamente no que respeita ao Autor e sempre que possível relativamente às demais partes, números de identificação civil e de identificação fiscal, profissões e locais de trabalho (artigo 552.º/1-*a)*);
- indicar o domicílio profissional do mandatário judicial (artigo 552.º/1-*b)*);
- indicar a forma do processo (artigo 552.º/1-*c)*);
- expor os factos essenciais que constituem a causa de pedir e as razões de direito que servem de fundamento à ação (artigo 552.º/1-*d)*);
- formular o pedido (artigo 552.º/1-*e)*);
- declarar o valor da causa (artigo 552.º/1-*f)*);
- designar o Agente de Execução incumbido de efetuar a citação ou o mandatário judicial responsável pela sua promoção (artigo 552.º/1-*g)*).

No final da petição, o Autor deve apresentar o rol de testemunhas e requerer outros meios de prova, nos termos do artigo 552.º/6 ab initio.

O Autor deve juntar à petição inicial o documento comprovativo do prévio pagamento da taxa de justiça devida ou da concessão do benefício de apoio judiciário, na modalidade de dispensa do mesmo, nos termos do artigo 552.º/7 (cfr. n.ºs 2 a 5 do artigo 552.º).

• O Autor pode alterar o requerimento probatório apresentado com a petição inicial?

Caso o Réu apresente contestação, é admitido ao Autor alterar o requerimento probatório anteriormente apresentado, podendo fazê-lo na réplica, caso haja lugar a esta, ou fazendo-o no prazo de 10 (dez) dias a contar da notificação da contestação, nos termos do artigo 552.º/6 *in fine*.

O requerimento probatório apresentado pode ainda ser alterado na audiência prévia quando a esta haja lugar, nos termos do artigo 598.º/1 (cfr. artigos 591.º e 593.º/3).

O rol de testemunhas pode ser aditado ou alterado até 20 dias antes da data na qual seja realizada a audiência final, sendo a parte contrária notificada, para no prazo de 5 dias, usar de igual faculdade se assim o entender, nos termos do artigo 598.º/2.

Caso as partes usem da faculdade supra indicada, incumbe-lhes a apresentação das testemunhas indicadas, nos termos do artigo 598.º/3.

• E se a secretaria não reparar que a ação é inepta e a mesma for distribuída. Quid Iuris?

O Tribunal deve conhecer oficiosamente da nulidade, nos termos do artigo 196.º.

Fora destes casos, a nulidade só pode ser invocada pelo interessado na observância da formalidade ou na repetição ou eliminação do ato, nos termos do artigo 197.º/1.

Não pode arguir a nulidade, a parte que lhe deu causa ou quem, expressa ou tacitamente, tenha renunciado à arguição da mesma, nos termos do artigo 197.º/2.

• Até quando pode ser arguida a nulidade fundada na ineptidão da petição inicial?

A nulidade fundada na ineptidão da petição inicial só pode ser arguida até à contestação ou neste articulado, nos termos do artigo 198.º/1.

- Depois de ser alegada a matéria de facto, o que deve ser alegado a seguir?

Após ser alegada a matéria de facto, o Autor deve expor as razões de direito que servem de fundamento à ação e formular o pedido, nos termos do artigo 552.º/1-*d)* e *e)*.

- O que deve juntar no fim da petição inicial?

No fim da petição inicial, o Autor deve apresentar o rol de testemunhas, requerer outros meios de prova, juntar procuração forense e comprovativo do pagamento da taxa de justiça.

Tipos de pedidos: pedidos alternativos, subsidiários, genéricos, de prestações vincendas e cumulação de pedidos – artigos 553.º a 557.º

- O que é um pedido subsidiário?

Diz-se subsidiário o pedido que é apresentado ao Tribunal para ser tomado em consideração somente no caso de não proceder um pedido anterior, nos termos do artigo 554.º/1.

- Quando se formula um pedido genérico?

É permitido formular pedidos genéricos quando o objeto mediato da ação seja uma universalidade, de facto ou de direito, quando não seja ainda possível determinar, de modo definitivo, as consequências do facto ilícito, ou o lesado pretenda usar da faculdade que lhe confere o artigo 569.º do Código Civil ou quando a fixação do quantitativo esteja dependente de prestação de contas ou de outro ato que deva ser praticado pelo Réu, nos termos do artigo 556.º-*a)* a *c)*.

- Num processo de divórcio ou de separação sem consentimento do outro cônjuge é admissível a dedução de pedido tendente à fixação do direito a alimentos?

Nos processos de divórcio ou separação sem consentimento do outro cônjuge é admissível a dedução de pedido tendente à fixação do direito a alimentos, nos termos do artigo 555.º/2 (cfr. artigo 931.º/7).

• Em que casos é que a secretaria pode recusar o recebimento da petição inicial?

A secretaria recusa o recebimento da petição inicial indicando por escrito o fundamento da rejeição, quando ocorrer algum dos seguintes factos:
- não tenha endereço ou esteja endereçada a outro Tribunal, juízo do mesmo Tribunal ou autoridade (artigo 558.º-*a*));
- omita a identificação das partes e dos elementos a que alude o artigo 552.º/1-*a*) que dela devam obrigatoriamente constar (artigo 558.º-*b*));
- não indique o domicílio profissional do mandatário judicial (artigo 558.º-*c*));
- não indique a forma de processo (artigo. 558.º-*d*));
- omita a indicação do valor da causa (artigo 558.º-*e*));
- não tenha sido comprovado o prévio pagamento da taxa de justiça devida ou a concessão de apoio judiciário, exceto no caso previsto no artigo 552.º/9 (artigo 558.º-*f*));
- não esteja assinada (artigo 558.º-*g*));
- não esteja redigida em língua portuguesa (artigo 558.º-*h*));
- o papel utilizado não obedeça aos requisitos regulamentares (artigo 558.º-*i*)).

• Do ato de recusa da secretaria o que pode o Advogado fazer?

Do ato de recusa de recebimento por parte da secretaria cabe reclamação para o Juiz, nos termos do artigo 559.º/1.

Do despacho que confirme o não recebimento cabe sempre recurso até à Relação, nos termos do artigo 559.º/2 (cfr. artigo 629.º/3 c) e 641.º/7).

• Dê um exemplo em que o Advogado deva requerer a citação urgente nos termos do artigo 561.º.

Um Advogado deve requerer a citação urgente quando o direito que esteja a invocar judicialmente se encontre a prescrever.

Citação do Réu – artigos 563.º a 565.º.

• Quais os efeitos da citação?

Além de outros efeitos previstos na lei, tais como interromper os prazos de prescrição e caducidade que estejam a decorrer, a prescrição tem como efeitos fazer cessar a boa fé do possuidor, tornar estáveis os elementos essenciais da causa (cfr. artigo 260.º) e inibe o Réu de propor contra o Autor ação destinada à apreciação da mesma questão jurídica, nos termos do artigo 564.º/ a) a c).

- O que é a revelia?

Estamos perante uma situação de revelia quando o Réu, além de não deduzir qualquer oposição, não constitui mandatário ou não intervém de qualquer forma no processo, nos termos do artigo 566.º.

- Qual a diferença entre revelia absoluta e revelia relativa?

Estamos perante um caso de revelia absoluta quando o Réu, além de não deduzir qualquer oposição, não constitui mandatário nem intervém de qualquer forma no processo. A revelia é relativa se, o Réu tendo sido regularmente citado na sua própria pessoa, ou tendo, dentro do prazo da contestação, procedido à junção de procuração conferida a mandatário judicial, não contestar (cfr. artigo 566.º).

- Quais os efeitos da revelia?

Se o Réu não contestar, tendo sido ou devendo considerar-se citado regularmente na sua própria pessoa ou tendo junto procuração a mandatário judicial no prazo da contestação, consideram-se confessados os factos articulados pelo Autor, nos termos do artigo 567.º/1.

O processo é facultado para exame pelo prazo de dez dias, primeiro ao Advogado do Autor e depois ao Advogado do Réu, para alegarem por escrito, e em seguida é proferida sentença, julgando a causa conforme for de direito, nos termos do artigo 567.º/2 (cfr. n.º 3).

- A revelia pode ser inoperante (não produzir efeitos)?

A revelia é inoperante quando, havendo vários Réus, algum deles contestar, relativamente aos factos que o contestante impugnar (artigo 568.º-*a)*), quando o Réu ou algum dos Réus for incapaz, situando-se a causa no âmbito da incapacidade, ou houver sido citado editalmente e permaneça na situação de revelia absoluta (artigo 568.º-*b)*), quando a vontade das partes for ineficaz para produzir o efeito jurídico que pela ação se pretende obter (artigo 568.º-*c)*) e quando se trate de factos para cuja prova se exija documento escrito (artigo 568.º-*d)*).

- Qual o prazo para o Réu contestar no processo comum?

O Réu pode contestar no prazo de trinta dias a contar da citação, começando o prazo a correr desde o termo da dilação, quando a esta houver lugar, nos termos do artigo 569.º/1.

Nos casos de revogação de despacho de indeferimento liminar da petição inicial, o prazo supra referido inicia-se com a notificação em 1ª instância da decisão de revogação, nos termos do artigo 569.º/1, 2ª parte.

- Quando o prazo terminar em dias diferentes para os Réus, até que data pode ser oferecida a contestação?

Quando termine em dias diferentes o prazo para a defesa por parte dos vários Réus, a contestação de todos ou de cada um deles pode ser oferecida até ao termo do prazo que começou a correr em último lugar, nos termos do artigo 569.º/2.

- Imagine que o Autor desiste da instância relativamente a um dos Réus não citados, Quid Iuris?

Se o Autor desistir da instância ou do pedido relativamente a algum dos Réus não citados, serão os Réus que ainda não contestaram notificados da desistência, contando-se a partir da data da notificação o prazo para a sua contestação, nos termos do artigo 569.º/3.

- O prazo para a contestação pode ser alargado em alguma circunstância?

O prazo para a contestação pode ser alargado, a pedido do MP, quando este careça de informações que não possa obter dentro dele ou quando tenha de aguardar resposta a consulta feita a instância superior; o pedido deve ser fundamentado e a prorrogação não pode, em caso algum, ir além de trinta dias, nos termos do artigo 569.º/4.

Ainda, o Tribunal pode a requerimento do Réu e sem prévia audição da parte contrária, alargar o prazo de contestação até ao limite máximo de trinta dias quando considere que ocorre motivo ponderoso que impeça ou dificulte anormalmente ao Réu ou ao seu mandatário judicial a organização da defesa, nos termos do artigo 569.º/5.

A apresentação do requerimento de prorrogação não suspende o prazo em curso, nos termos do artigo 569.º/6.

- Normalmente o Autor intenta a ação por meio de apresentação da petição inicial e o Réu contesta. Existe alguma exceção a esta regra?

São exceções à regra geral a oposição à execução (artigos 728.º e ss.), a reconvenção (artigo 583.º) ou as ações de impugnação judicial da regularidade e licitude do despedimento (cfr. artigos 98.º-B e seguintes do Código de Processo de Trabalho).

- Que tipos de defesa conhece?

O Réu tanto pode defender-se por impugnação como por exceção, nos termos do artigo 571.º/1.

Defende-se por *impugnação* quando contradiz os factos articulados na petição inicial ou quando afirma que esses factos não podem produzir o efeito jurídico pretendido pelo Autor. Por sua vez, defende-se por *exceção* quando alega factos que obstam à apreciação do mérito da ação ou que, servindo de causa impeditiva, modificativa ou extintiva do direito invocado pelo Autor, determinam a improcedência total ou parcial do pedido, nos termos do artigo 571.º/2.

- Que elementos deve conter a contestação?

O Réu, na contestação, deve individualizar a ação (artigo 572.º-*a*)), expor as razões de facto e de direito por que se opõe à pretensão do Autor (artigo 572.º-*b*)), expor os factos essenciais em que se baseiam as exceções deduzidas, especificando-as separadamente, sob pena de os respetivos factos não se considerarem admitidos por acordo por falta de impugnação (artigo 572.º-*c*)). Ainda, deve apresentar o rol de testemunhas e requerer outros meios de prova (artigo 572.º-*d*)).

- Imagine que numa determinada ação o Réu contesta e deduz reconvenção. No seguimento da reconvenção, o Autor replicou. Tendo em conta o teor da réplica, o Réu pode alterar o requerimento probatório apresentado com a contestação?

No caso em apreço, tendo havido reconvenção e tendo o Autor replicado, o Réu é admitido a alterar o requerimento probatório inicialmente apresentado com a contestação, no prazo de 10 dias a contar da notificação da réplica, nos termos do artigo 572.º-*d*).

- O que é o princípio da concentração da defesa?

O princípio da concentração da defesa é o princípio segundo o qual toda a defesa deve ser deduzida na contestação, excetuados os incidentes que a lei mande deduzir em separado, nos termos do artigo 573.º/1.

Depois da contestação só podem ser deduzidas as exceções, incidentes e meios de defesa que sejam supervenientes, ou que a lei expressamente admita passado esse momento, ou de que se deva conhecer oficiosamente, nos termos do artigo 573.º/2.

- Ao contestar, o Réu deve tomar posição perante todos os factos articulados na petição inicial?

O Réu não tem de tomar posição definida sobre todos os factos articulados na petição inicial mas deve tomar posição definida perante os factos que constituem a causa de pedir invocada pelo Autor, nos termos do artigo 574.º/1.

- Há alguma cominação quanto aos factos articulados na petição inicial e não impugnados?

Os factos articulados na petição inicial e não impugnados têm efeito cominatório pleno, isto é, consideram-se admitidos por acordo os factos que não forem impugnados, salvo se estiverem em oposição com a defesa considerada no seu conjunto, se não for admissível confissão sobre eles ou se só puderem ser provados por documento escrito. A admissão de factos instrumentais pode ser afastada por prova posterior, nos termos do artigo 574.º/2 (cfr. artigo 563.º; para a réplica cfr. artigo 587.º).

- Imagine que o Réu declara que não sabe se determinado facto é real. Quid Iuris?

Se o Réu declarar que não sabe se determinado facto é real, a declaração equivale a confissão quando se trate de facto pessoal ou de que o Réu deva ter conhecimento e equivale a impugnação no caso contrário, nos termos do artigo 574.º/3 (cfr. n.º 4).

• Imagine que o Autor alega na petição inicial que emprestou dinheiro ao Réu. Na contestação o Réu afirma que não sabe se o Autor lhe emprestou dinheiro. Quid Iuris?

No caso concreto, a afirmação do Réu na contestação equivale a confissão uma vez que se trata de um facto pessoal. O Réu tem obrigação de saber se o Autor lhe emprestou dinheiro (cfr. artigo 574.º/3 e 4).

• Havendo lugar a várias contestações quando deve ser feita a notificação?

Havendo lugar a várias contestações, a notificação só se faz depois de apresentada a última ou de haver decorrido o prazo do seu oferecimento, nos termos do artigo 575.º/2.

• Qual a diferença entre as exceções dilatórias e as exceções perentórias (dê exemplos).

As exceções dilatórias obstam a que o Tribunal conheça do mérito da causa e dão lugar à absolvição da instância ou à remessa do processo para outro Tribunal (artigo 576.º/2). Por exemplo, a incompetência absoluta ou relativa do Tribunal, a falta de personalidade ou de capacidade judiciária de alguma das partes, a litispendência e o caso julgado (cfr. artigo 577.º).

Por sua vez, as exceções perentórias importam a absolvição total ou parcial do pedido e consistem na invocação de factos que impedem (por exemplo, a anulabilidade, o erro e o dolo), modificam (por exemplo a condição suspensiva, o direito de retenção e a alteração das circunstâncias) ou extinguem (por exemplo, a condição resolutiva, a caducidade ou o perdão) o efeito jurídico dos factos articulados pelo Autor, nos termos dos artigos 576.º/1 a 3.

• Quando é que o Tribunal deve conhecer das exceções dilatórias?

O Tribunal deve conhecer oficiosamente das exceções dilatórias, salvo da incompetência absoluta que decorra da violação de pacto privativo de jurisdição ou da preterição do Tribunal arbitral voluntário e da incompetência relativa nos casos não abrangidos pelo disposto no artigo 104.º, nos termos do artigo 578.º.

- Quando é que o Tribunal deve conhecer das exceções perentórias?

O Tribunal conhece oficiosamente das exceções perentórias cuja invocação a lei não torne dependente da vontade do interessado, nos termos do artigo 579.º.

- Quais as causas de extinção das obrigações além do cumprimento?

Podem ser causas de extinção das obrigações além do cumprimento, a dação em cumprimento, a consignação em depósito, a compensação, a novação, a remissão, a confusão, nos termos dos artigos 837.º e ss. do Código Civil.

- Imagine que intentou uma ação judicial para pagamento de uma dívida. O Réu não contesta no prazo legal. Contudo, o Advogado recebe um cheque no seu escritório no valor peticionado. O que faria nesta situação?

No caso concreto, o Advogado deveria fazer um requerimento a pedir a extinção da instância por inutilidade superveniente da lide, nos termos do artigo 277.º-*e)*. Desta forma, a responsabilidade pelas custas fica a cargo do Réu (contrariamente ao que sucederia se o Autor desistisse do pedido), nos termos do artigo 536.º/3 e 4.

- Imagine que um casal deixou de pagar quatro rendas relativas ao imóvel em que habitam, em Lisboa. O senhorio, automaticamente, lança mão da ação de despejo. O arrendatário contacta-o apresentando uma citação do Tribunal de Almada. A mulher dele não foi citada. O que alegava na contestação?

O Advogado deveria deduzir a exceção de ilegitimidade passiva, uma vez que apenas o inquilino marido foi citado. Ainda, deveria deduzir a exceção de incompetência territorial do Tribunal, nos termos dos artigos 576.º/1 e 2 e 577.º-*a)* e *e)*.

- Suponha que o seu cliente foi citado numa ação de indemnização, no valor de € 45.000,00 (quarenta e cinco mil euros), com base no desabamento do seu terreno para um terreno contíguo, destruindo o muro do vizinho. Sendo os factos de 2003 e tendo o seu cliente já pago € 15.000,00 (quinze mil euros) e tendo um documento comprovativo desse pagamento. Que questões lhe surgem?

No caso ora em apreço, o Advogado deveria deduzir as exceções perentórias de compensação e de prescrição e à cautela deve impugnar os factos que não foram objeto de exceção.

- Como concluía a contestação?

O Advogado deveria concluir a contestação pedindo a absolvição total do pedido no que concerne à prescrição e a absolvição parcial quanto à compensação.

Prescrição e Caducidade – artigos 300.º e ss. e 328.º e ss. do Código Civil.

- Qual a diferença entre prescrição e caducidade?

A prescrição extingue o direito, enquanto a caducidade impede o seu exercício mas não o extingue. Quanto à interrupção, a caducidade interrompe-se independentemente da pessoa contra a qual se exerce o direito ter ou não conhecimento deste. Na prescrição, a pessoa tem de ter conhecimento do seu direito para que esta se interrompa.

- A renúncia à prescrição é admitida a todo o tempo?

Não, esta só é admitida depois de haver decorrido o prazo prescricional, nos termos do artigo 302.º/1 do Código Civil.

Ainda, a renúncia pode ser tácita e não necessita de ser aceite pelo beneficiário, nos termos do artigo 302.º/2 do Código Civil.

- A prescrição tem de ser invocada?

O Tribunal não pode suprir oficiosamente a prescrição. A prescrição para ser eficaz deve ser invocada judicial ou extrajudicialmente por aquele a quem aproveita, pelo seu representante ou tratando-se de incapaz, pelo MP, nos termos do artigo 303.º do Código Civil.

- Quais os efeitos da prescrição?

Completada a prescrição, tem o beneficiário a faculdade de recusar o cumprimento da prestação ou de se opor, por qualquer modo, ao exercício do direito prescrito, nos termos do artigo 304.º/1 do Código Civil (cfr. n.os 2 e 3).

- Em que momento começa a correr o prazo da prescrição?

O prazo da prescrição começa a correr quando o direito puder ser exercido. Se, porém, o beneficiário da prescrição só estiver obrigado a cumprir decorrido certo tempo sobre a interpelação, só findo esse tempo se inicia o prazo da prescrição, nos termos do artigo 306.º/1 do Código Civil.

A prescrição de direitos sujeitos a condição suspensiva ou termo inicial só começa depois de a condição se verificar ou o termo se vencer, nos termos do artigo 306.º/2 do Código Civil.

Se for estipulado que o devedor cumprirá quando puder, ou o prazo for deixado ao arbítrio do devedor, a prescrição só começa a correr depois da morte dele, nos termos do artigo 306.º/3 do Código Civil.

Se a dívida for ilíquida, a prescrição começa a correr desde que ao credor seja lícito promover a liquidação; promovida a liquidação, a prescrição do resultado líquido começa a correr desde que seja feito o seu apuramento por acordo ou sentença passada em julgado, nos termos do artigo 306.º/4 do Código Civil.

- Qual o prazo ordinário da prescrição?

O prazo ordinário de prescrição é de vinte anos, nos termos do artigo 309.º do Código Civil.

- No dia 1 de outubro de 1978 o seu cliente tinha um carro estacionado à porta de casa, tendo este sido vandalizado. Esta situação só lhe é apresentada no dia 4 de janeiro de 2012, uma vez que só nesta data o seu cliente descobriu quem foi o autor do ato de vandalismo. O que faria?

No caso concreto, já havia decorrido o prazo ordinário de prescrição (20 anos), pelo que o direito já não pode ser judicialmente exigido (artigo 309.º do Código Civil).

- Qual o prazo de prescrição dos juros legais ou convencionais, dividendos das sociedades, pensões alimentícias vencidas, rendas e alugueres pelo locatário, anuidades de rendas perpétuas ou vitalícias e prestações periodicamente renováveis?

Os prazos de prescrição dos juros legais ou convencionais, dividendos das sociedades, pensões alimentícias vencidas, rendas e alugueres pelo locatário, anuidades de rendas perpétuas ou vitalícias e prestações periodicamente renováveis é de cinco anos, nos termos do artigo 310.º-*a)* a *g)* do Código Civil.

• Qual o prazo de prescrição para os créditos de estabelecimento de alojamento, comidas e bebidas, pelo alojamento, comidas e bebidas que forneçam?

O prazo de prescrição para os créditos de estabelecimento de alojamento, comidas e bebidas, pelo alojamento, comidas e bebidas que forneçam é de seis meses, nos termos do artigo 316.º (salvo alínea *a)* do artigo 317.º) do Código Civil.

• Qual o prazo de prescrição de uma ação de honorários? Qual o prazo de prescrição pelos serviços prestados no exercício de profissões liberais e pelo reembolso das despesas correspondentes?

O prazo de prescrição de uma ação de honorários/pelos serviços prestados no exercício de profissões liberais e pelo reembolso das despesas correspondentes é de dois anos, nos termos do artigo 317.º-*c)* do Código Civil.

• A prescrição pode suspender-se?

A prescrição pode suspender-se nos casos previstos nos artigos 318.º a 322.º do Código Civil.

• Imagine que se encontra no último dia de prazo para intentar uma determinada ação, sob pena de prescrição do direito. Intentada a ação no próprio dia, a sua mera proposição nos serviços do Tribunal é suficiente para interromper a prescrição? Que precauções deve tomar o Advogado?

À luz do disposto no artigo 323.º/1 do Código Civil a prescrição interrompe-se pela citação ou notificação judicial de qualquer ato que exprima, direta ou indiretamente, a intenção de exercer o direito, seja qual for o processo a que o ato pertence e ainda que o Tribunal seja incompetente.

Caso a citação ou notificação não se fizer dentro de cinco dias depois de ter sido requerida, por causa não imputável ao requerente, tem-se a prescrição por interrompida logo que decorram os cinco dias, nos termos do artigo 323.º/2 do Código Civil (para outros casos de interrupção da prescrição, cfr. artigos 324.º e 325.º do Código Civil).

Nestes casos, existem tanto jurisprudência como doutrina divergentes. Por um lado, há quem considere que a mera proposição da ação é suficiente para interromper a prescrição. Por outro lado, há quem considere que apenas com a realização da citação é que a prescrição se interrompe. Para evitar que decorra o prazo de prescrição, o Advogado que se encontrar nesta situação deverá requerer a citação urgente do Réu, nos termos do artigo 561.º do Código de Processo Civil.

- Como se interrompe o prazo de caducidade?

A caducidade apenas se interrompe nos casos em que a lei o determine, nos termos do artigo 328.º do Código Civil.

- Em que momento começa a correr o prazo da caducidade?

O prazo de caducidade, se a lei não fixar outra data, começa a correr no momento em que o direito puder legalmente ser exercido, nos termos do artigo 329.º/1 do Código Civil.

- A caducidade tem de ser invocada?

A caducidade é apreciada oficiosamente pelo Tribunal e pode ser alegada em qualquer fase do processo, se for estabelecida em matéria excluída da disponibilidade das partes, nos termos do artigo 333.º/1 do Código Civil.

Se for estabelecida em matéria não excluída da disponibilidade das partes, o Tribunal não pode suprir, de ofício, a prescrição. Esta necessita, para ser eficaz, de ser invocada, judicial ou extrajudicialmente, por aquele a quem aproveita, pelo seu representante ou, tratando-se de incapaz, pelo MP (artigo 303.º do Código Civil), nos termos do artigo 333.º/2 do Código Civil.

- Qual o conceito de litispendência e caso julgado?

As exceções da litispendência e do caso julgado pressupõem a repetição de uma causa. Se a causa se repete estando a anterior ainda em curso, há lugar a litispendência. Por sua vez, se a repetição se verifica depois de a primeira causa ter sido decidida por sentença que já não admite recurso ordinário, há lugar a exceção do caso julgado, nos termos do artigo 580.º.

• Quais os requisitos da litispendência e do caso julgado?

Repete-se a causa quando se propõe uma ação idêntica a outra quanto aos sujeitos, ao pedido e à causa de pedir, nos termos do artigo 581.º/1.

Há identidade de sujeitos quando as partes são as mesmas sob o ponto de vista da sua qualidade jurídica, nos termos do artigo 581.º/2.

Há identidade de pedido quando numa e noutra causa se pretende obter o mesmo efeito jurídico, nos termos do artigo 581.º/3.

Há identidade de causa de pedir quando a pretensão deduzida nas duas ações procede do mesmo facto jurídico. Nas ações reais a causa de pedir é o facto jurídico de que deriva o direito real. Por sua vez, nas ações constitutivas e de anulação é o facto concreto ou a nulidade específica que se invoca para obter o efeito pretendido, nos termos do artigo 581.º/4.

• Em que ação deve ser deduzida a litispendência?

A litispendência deve ser deduzida na ação proposta em segundo lugar. Considera-se proposta em segundo lugar a ação para a qual o Réu foi citado posteriormente, nos termos do artigo 582.º/1 e 2.

Se em ambas as ações a citação tiver sido feita no mesmo dia, a ordem das ações é determinada pela ordem de entrada das respetivas petições iniciais, nos termos do artigo 582.º/3.

• Em que situações é admissível a reconvenção?

A reconvenção é admissível quando o pedido do Réu emerge do facto jurídico que serve de fundamento à ação ou defesa, quando o Réu se propõe tornar efetivo o direito a benfeitorias ou despesas relativas à coisa cuja entrega lhe é pedida, quando o Réu pretende o reconhecimento de um crédito, seja para obter a compensação, seja para obter o pagamento do valor em que o crédito invocado excede o do Autor ou quando o pedido do Réu tende a conseguir, em seu benefício, o mesmo efeito jurídico que o Autor se propõe obter, nos termos do artigo 266.º/2-*a), b), c) e d))* – (cfr. n.º 4).

• A desistência do pedido por parte do Autor prejudica a reconvenção?

A desistência do pedido por parte do Autor não prejudica a reconvenção, a não ser que o pedido reconvencional seja dependente do formulado pelo Autor, nos termos do artigo 286.º/2.

- Se o reconvinte não declarar o valor da reconvenção o que sucede?

A contestação não deixa de ser recebida, mas o reconvinte é convidado a indicar o valor, sob pena de a reconvenção não ser atendida, nos termos do artigo 583/2.º.

- Em caso de reconvenção, qual o limite do número de testemunhas?

No caso de reconvenção, cada uma das partes pode oferecer até dez testemunhas, para prova dela e da respetiva defesa, nos termos do artigo 511.º/2.

- Imagine que o Advogado renunciou ao mandato (num processo em que é obrigatória a constituição de Advogado) após ter deduzido reconvenção. Já passaram mais vinte dias sem que o Réu/Autor tenha constituído mandatário. Quid Iuris?

Se o Réu tiver deduzido reconvenção, esta fica sem efeito, quando for dele a falta de constituição de mandatário. Por sua vez, sendo a falta do Autor, seguirá só o pedido reconvencional, decorridos que sejam dez dias sobre a suspensão da ação, nos termos do artigo 47.º/6.

- Imagine que um cliente seu é citado no âmbito de uma ação, no valor de € 25.000,00 (vinte e cinco mil euros). O Advogado contesta a petição inicial e deduz pedido reconvencional no mesmo valor. Qual o valor da ação?

O valor da ação seria de 50.000,00 Euros (cinquenta mil euros) nos termos do artigo 299.º/2 (cfr. artigo 530.º).

- Imagine que em consequência de um pedido reconvencional, a ação que primariamente corria termos no Juízo Local Cível passa a ter valor para correr os seus termos no Juízo Central Cível. Quid Iuris?

Quando, por virtude da reconvenção, o Tribunal deixe de ser competente em razão do valor, deve o Juiz oficiosamente remeter o processo para o Tribunal competente, nos termos do artigo 93.º/2.

- O Autor pode responder à contestação do Réu?

Só é admissível réplica para o Autor deduzir toda a defesa quanto à matéria de reconvenção, não podendo a esta opor nova reconvenção, nos termos do artigo 584.º/1.

Nas ações de simples apreciação negativa, a réplica serve para o Autor impugnar os factos constitutivos que o Réu tenha alegado e para alegar os factos impeditivos ou extintivos do direito invocado pelo Réu, nos termos do artigo 584.º/2.

- Qual é o prazo para apresentação da réplica?

A réplica é apresentada no prazo de 30 dias, a contar daquele em que for ou se considerar notificada a apresentação da contestação, nos termos do artigo 585.º.

É possível a prorrogação do prazo da réplica. Contudo, a prorrogação não pode ir além do prazo previsto para a apresentação do respetivo articulado (30 dias), nos termos do artigo 586.º (cfr. artigo 569.º/4 a 6).

Articulados Supervenientes

- O que entende por factos supervenientes?

Dizem-se supervenientes tanto os factos ocorridos posteriormente ao termo dos prazos marcados para a apresentação do último articulado admissível como os factos anteriores de que a parte só tenha conhecimento depois de findarem os mencionados prazos para a apresentação de articulados, devendo neste caso produzir-se prova da superveniência, nos termos do artigo 588.º/2.

- Quando deve ser oferecido e qual a sua tramitação?

O novo articulado em que se aleguem factos supervenientes é oferecido na audiência prévia, quando os factos hajam ocorrido ou sido conhecidos até ao respetivo encerramento (artigo 588.º/3-*a)*), nos dez dias posteriores à notificação da data designada para a realização da audiência final, quando não se tenha realizado audiência prévia (artigo 588.º/3-*b)*), na audiência final, se os factos ocorreram ou a parte deles teve conhecimento em data posterior às referidas nas alíneas a) e *b)* do artigo 588.º/3 (artigo 588.º/3-*c)*).

Seguidamente, o Juiz profere despacho liminar sobre a admissão do articulado superveniente, rejeitando-o quando, por culpa da parte, for apresentado fora de tempo, ou quando for manifesto que os factos não interessam à boa decisão da causa. Fora desses casos, ordena a notificação da parte contrária para responder em dez dias, nos termos do artigo 588.º/4.

A apresentação do novo articulado depois de designado dia para a audiência final não suspende as diligências para ela nem determina o seu adiamento, ainda que o despacho respetivo tenha de ser proferido ou a notificação da parte contrária haja de ser feita ou a resposta desta tenha de ser formulada no decurso da audiência, nos termos do artigo 589.º/1.

Se não houver tempo para notificar as testemunhas oferecidas, ficam as partes obrigadas a apresentá-las, nos termos do artigo 589.º/1 2.ª parte.

São orais e ficam consignados na ata a dedução de factos supervenientes, o despacho de admissão ou rejeição, a resposta da parte contrária e o despacho que enuncie o tema da prova, quando qualquer dos atos tenha lugar depois de aberta a audiência final, nos termos do artigo 589.º/2.

A audiência só se interrompe se a parte contrária não prescindir do prazo de dez dias para a resposta e apresentação das provas e houver inconveniente na imediata produção das provas relativas à outra matéria em discussão, nos termos do artigo 589.º/2 2.ª parte.

- Quando são oferecidas as provas?

As provas são oferecidas com o articulado e com a resposta, nos termos do artigo 588.º/5.

ii) Da gestão inicial do processo e da audiência prévia

- O que entende por despacho pré-saneador?

É um despacho que tem por finalidade providenciar o suprimento de exceções dilatórias (cfr. artigo 6.º/2), providenciar pelo aperfeiçoamento dos articulados e determinar a junção de documentos com vista a permitir a apreciação de exceções dilatórias ou o conhecimento, no todo ou em parte, do mérito da causa no despacho saneador, nos termos do artigo 590.º/2-*a)*, *b)* e *c)* – cfr. n.º 3 a 7.

- Em que consiste a audiência prévia?

É uma audiência convocada pelo Juiz, antes da audiência final com as finalidades previstas no artigo 591º:
- realizar tentativa de conciliação (artigo 591.º/1-*a*)) – cfr. artigo 594.º;
- facultar às partes a discussão de facto e de direito, nos casos em que ao Juiz cumpra apreciar exceções dilatórias ou quando tencione conhecer imediatamente, no todo ou em parte, do mérito da causa (artigo 591.º/1-*b*));
- discutir as posições das partes, com vista à delimitação dos termos do litígio, e suprir as insuficiências ou imprecisões na exposição da matéria de facto que ainda subsistam ou se tornem patentes na sequência do debate (artigo 591.º/1-*c*));
- proferir despacho saneador (artigo 591.º/1-*d*)) – cfr. artigo 595.º/1;
- determinar, após debate, a adequação formal, a simplificação ou a agilização processual nos termos dos artigos 6.º/1 e 547.º (artigo 591.º/1-*e*));
- Proferir, após debate, o despacho previsto no n.º 1 do artigo 596º e decidir as reclamações deduzidas pelas partes (artigo 591.º/1-*f*));
- Programar, após audição dos mandatários, os atos a realizar na audiência final, estabelecer o número de sessões e a sua provável duração e designar as respetivas datas (artigo 591.º/1-*g*)).

- A ausência de uma das partes ou dos seus mandatários constitui motivo de adiamento da audiência prévia?

Não constitui motivo de adiamento a falta das partes ou dos seus mandatários, nos termos do artigo 591.º/3.

- A audiência prévia é gravada?

A audiência prévia é, sempre que possível, gravada, nos termos do artigo 591.º/4 (cfr. artigo 155.º).

- A audiência prévia é obrigatória?

"A realização da audiência prévia é tendencialmente obrigatória, porquanto, por um lado, só em casos contados a lei permite que ela se não realize (artigo 592.º), e por outro, só nas hipóteses contempladas no artigo 593.º fica ao critério do Juiz dispensar a sua realização", in Abilio Neto, *Novo Código de Processo Civil Anotado*, 1ª edição, Ediforum, junho 2013, pág. 216, Nota 4 ao artigo 591.º do Código de Processo Civil.

- Em que casos não se realiza a audiência prévia?

A audiência prévia não se realiza nas ações não contestadas que tenham prosseguido em obediência ao disposto no artigo 568.º-*b)* a *d*) (artigo 592.º/1-a)) e quando, havendo o processo de findar no despacho saneador pela procedência de exceção dilatória, esta já tenha sido debatida nos articulados (artigo 592.º/1-*b*)) – (cfr. n.º 2).

- A audiência prévia pode ser dispensada?

Nas ações que hajam de prosseguir, o Juiz pode dispensar a realização da audiência prévia quando esta se destine:

- a proferir despacho saneador (artigo 591.º/1-*d)*);
- a determinar após debate a adequação formal a simplificação ou a agilização processual (artigo 591.º/1-*e)*); ou
- a proferir após debate o despacho que identifica o objeto do litígio e enuncia os temas da prova e decidir as reclamações deduzidas pelas partes a este despacho (artigo 591.º/1-*f)*), nos termos do artigo 593.º/1.

Caso o Juiz dispense a realização da audiência prévia deve proferir, nos 20 dias subsequentes aos termos dos articulados, despacho saneador (artigos 593.º/2-*a)* e 595.º/1), despacho a determinar a adequação formal, a simplificação ou a agilização processual (artigos 6.º/1, 547.º e 593.º/2-*b*)), despacho a identificar o objeto do litígio e a enunciar os temas da prova (artigos 593.º/2-*c)* e 596.º/1) e despacho destinado a programar os atos a realizar na audiência final, a estabelecer o número de sessões e a sua provável duração e a designar as respetivas datas (artigo 593.º/2-*d)*).

- As partes podem reclamar contra o despacho que identifica o objeto do litígio e que enuncia os temas da prova?

As partes podem reclamar contra o despacho que identifica o objeto do litígio e identifica os temas da prova, nos termos dos artigos 593.º/3 e 596.º/2 (cfr n.º 3).

- Quem está presente na audiência prévia?

Na audiência prévia estão presentes o Juiz, os mandatários das partes (as partes também podem estar) e o oficial de justiça.

• Na audiência prévia há sentença ou despacho?

Por via de regra há despacho, nos termos do artigo 591.º/1-*b) 1ª parte, c), d), f) e g)*, mas pode haver sentença, nos termos do artigo 591.º/1-*b) 2ª parte* (cfr. ainda artigo 595.º quanto ao despacho saneador e o artigo 596.º quanto ao despacho que identifica o objeto do litígio e os temas da prova).

• Pode haver depoimento de parte na audiência prévia?

Pode haver depoimento de parte na audiência prévia, nos termos do artigo 456.º/3.

• O que é o despacho saneador?

O despacho saneador é o ato pelo qual o Juiz conhece das exceções dilatórias e nulidades processuais que hajam sido suscitadas pelas partes, ou que, face aos elementos constantes dos autos, deva apreciar oficiosamente (artigo 595.º/1-a)). O despacho proferido no âmbito da alínea a) do n.º 1 do artigo 595.º constitui, logo que transite, caso julgado formal quanto às questões concretamente apreciadas, nos termos do artigo 595.º/3 1ª parte.

O despacho saneador pode ainda destinar-se a conhecer imediatamente do mérito da causa, sempre que o estado do processo permita, sem necessidade de mais provas, a apreciação total ou parcial, do ou dos pedidos deduzidos ou de alguma exceção perentória. Neste caso, o despacho tem, para todos os efeitos, logo que transite em julgado, o valor de sentença (artigo 595.º/1-b) e 3, 2ª parte).

• Em que momento processual é identificado pelo Tribunal o objeto do litígio e são enunciados os temas da prova?

Proferido o despacho saneador, quando a ação houver de prosseguir, o Juiz profere despacho destinado a identificar o objeto do litígio e a enunciar os temas da prova, nos termos do artigo 596.º/1.

• Em caso de discordância com o teor do despacho que identifica o objeto do litígio e enuncia os temas da prova, as partes podem reagir?

Em caso de discordância com o teor do despacho que identifica o objeto do litígio e enuncia os temas da prova, as partes podem reclamar do mesmo, nos termos do artigo 596.º/2.

O despacho proferido sobre as reclamações apenas pode ser impugnado no recurso interposto da decisão final, nos termos do artigo 596.º/3 (cfr. n.º 4).

• Suponha que recebeu uma sentença de um processo de 2019 que foi decidido no saneador-sentença. Quer recorrer. Como o faz?

Deverá ser interposto recurso de apelação no prazo de trinta dias (cfr. artigo 644.º/1-a)).

• Qual a tramitação posterior à fase dos articulados nas ações de valor não superior a metade da alçada da Relação (15.000,00 Euros)?

Nas ações de valor não superior a 15.000,00 Euros, findos os articulados e sem prejuízo de ser proferido despacho pré-saneador, o Juiz, consoante a sua necessidade e a adequação ao fim do processo pratica um ou mais dos seguintes atos:

- assegura o exercício do contraditório quanto a exceções não debatidas nos articulados (artigo 597.º-*a)*);
- convoca audiência prévia (artigo 597.º-*b)*); ;
- profere despacho saneador (artigos 595.º/1 e 597.º-*c)*); ;
- determina, após audição das partes, a adequação formal, a simplificação ou a agilização processual (artigos 6.º/1, 547.º e 597.º-*d)*);
- profere o despacho que identifica o objeto do litígio e enuncia os temas da prova (artigos 596.º/1 e 597.º-*e)*);
- profere despacho destinado a programar os atos a realizar na audiência final, a estabelecer o número de sessões e a sua provável duração e a designar as respetivas datas (artigo 597.º-*f)*);
- designa logo dia para a audiência final (artigo 597.º-*g)*) – cfr. artigo 151.º; .

• Mesmo que o Advogado se esqueça de ir à audiência prévia, há uma precaução que deve ter para assegurar a apresentação da prova. Qual?

O Advogado deve indicar sempre uma testemunha na peça que apresenta (petição inicial, contestação) – cfr. artigo 598.º/2.

• Imagine que o seu cliente tem muitas testemunhas, mas esquece-se de lhe dar a identificação das mesmas e ausenta-se do país. Quid Iuris?

O Advogado pode indicar uma testemunha qualquer e alterar posteriormente, nos termos do artigo 598.º/1 e 2.

• Porquê vinte dias antes do julgamento?

Para que a parte contrária possa apreciar o rol de testemunhas.

2.2.13. Da audiência final

• Em que situação a audiência final pode ser feito em Tribunal coletivo?

A audiência final não pode decorrer perante Tribunal Coletivo mas apenas e tão só perante Juiz singular, nos termos do artigo 599.º.

• Em que casos é admissível o adiamento da audiência?

Verificada a presença das pessoas que tenham sido convocadas, realiza-se a audiência, salvo se houver impedimento do Tribunal, faltar algum dos Advogados sem que o Juiz tenha providenciado pela marcação mediante acordo prévio ou ocorrer motivo que constitua justo impedimento, nos termos do artigo 603.º/1 (cfr. n.º 2 e 3).

• O facto de ter sido oferecido um documento que não tinha sido oferecido anteriormente e que a parte contrária não possa examinar no próprio ato, pode ocasionar o adiamento da audiência?

A apresentação de documento que não tinha sido oferecido anteriormente não obsta à realização das diligências de prova, a não ser que não possa ser examinado no próprio ato pela parte contrária, mesmo com a suspensão dos trabalhos pelo tempo necessário, o Tribunal considerar tal documento relevante e declarar que existe grave inconveniente no prosseguimento da audiência, nos termos do artigo 424.º

• Como se processa a audiência final?

Em primeiro lugar, o Juiz procurará conciliar as partes, se a causa estiver no âmbito do seu poder de disposição, nos termos do artigo 604.º/2.

Em seguida, realizar-se-ão os seguintes atos, se a eles houver lugar:
– prestação dos depoimentos de parte (artigo 604.º/3-*a*));
– exibição de reproduções cinematográficas ou de registos fonográficos, podendo o Juiz determinar que ela se faça apenas com assistência das partes, dos seus Advogados e das pessoas cuja presença se mostre conveniente (artigo 604.º/3-*b*));
– esclarecimentos verbais dos peritos cuja comparência tenha sido determinada oficiosamente ou a requerimento das partes (artigo 604.º/3-*c*));
– inquirição das testemunhas (artigo 604.º/3-*d*));
– alegações orais, nas quais os Advogados exponham as conclusões, de facto e de direito, que hajam extraído da prova produzida, podendo cada Advogado replicar uma vez (artigo 604.º/3-*e*)) (cfr. n.os 4 a 6).

• Pode ser alterada a ordem de produção de prova?

O Juiz pode, nos casos em que tal se justifique, alterar a ordem de produção de prova referida no artigo 604.º/3, nos termos do artigo 604.º/8 ab initio.

• O que é o princípio da plenitude/princípio do juiz natural?

O princípio da plenitude/juiz natural é o princípio segundo o qual só podem intervir na decisão da matéria de facto os Juízes que tenham assistido a todos os atos de instrução e discussão praticados na audiência final (cfr. artigo 605.º/1).

• O que acontece se um Juiz falecer ou se se impossibilitar permanentemente durante a discussão e julgamento?

Se durante a discussão e julgamento falecer ou se impossibilitar permanentemente algum dos Juízes, repetir-se-ão os atos já praticados (princípio do juiz natural), nos termos do artigo 605.º/1.

• Imagine que o Juiz fica impossibilitado temporariamente de continuar a discussão e julgamento. Quid Iuris?

Sendo temporária a impossibilidade, interromper-se-á a audiência pelo tempo indispensável, a não ser que as circunstâncias aconselhem, a repetição dos atos já praticados, o que será decidido sem recurso, mas em despacho fundamentado, pelo Juiz substituto, nos termos do artigo 605.º/1 *in fine*.

O Juiz substituto continua a intervir, não obstante o regresso do Juiz efetivo, nos termos do artigo 605.º/2.

O Juiz que for transferido, promovido ou aposentado concluirá o julgamento, exceto se a aposentação tiver por fundamento a incapacidade física, moral ou profissional para o exercício do cargo ou se for preferível a repetição dos atos já praticados em julgamento, nos termos do artigo 605.º/3 (cfr. n.º 4).

- A audiência final é pública?

A audiência final é pública, salvo quando o Juiz decidir o contrário, em despacho fundamentado, para salvaguarda da dignidade das pessoas e da moral pública, ou para garantir o seu normal funcionamento, nos termos do artigo 606.º/1.

- A audiência final é contínua?

A audiência é contínua, só podendo ser interrompida por motivos de força maior, por absoluta necessidade, para salvaguarda da dignidade das pessoas e da moral pública, ou para garantir o seu normal funcionamento (artigo 606.º/1), nos termos do artigo 606.º/2. Se não for possível concluir a audiência num dia, esta é suspensa e o Juiz, mediante acordo das partes, marca a continuação para a data mais próxima, nos termos do artigo 606.º/3 (cfr. n.º 3 a 5).

2.2.14. Da sentença

- Qual o conceito de sentença?

Nos termos do artigo 152.º/2, diz-se sentença o ato pelo qual o Juiz decide a causa principal ou algum incidente que apresente a estrutura de uma causa.

- Qual a diferença entre sentença e acórdão?

Diz-se sentença o ato pelo qual o Juiz decide a causa principal ou algum incidente que apresente a estrutura de uma causa, nos termos do artigo 152.º/2. Quando a decisão provém de um Tribunal colegial, designa-se por acórdão, nos termos do artigo 152.º/3.

- Concluída a audiência final, o Juiz proferirá a sentença dentro de quanto tempo?

Concluída a audiência final, o processo é concluso ao Juiz, que proferirá sentença dentro de trinta dias, nos termos do artigo 607.º/1, 1ª parte.

Caso o Juiz não se considere suficientemente esclarecido, este pode ordenar a reabertura da audiência, ouvindo as pessoas que entender e ordenando as demais diligências necessárias, nos termos do artigo 607.º/1, 2ª parte.

- O que deve conter a sentença?

A sentença começa por identificar as partes e o objeto do litígio, enunciando, de seguida, as questões que ao Tribunal cumpre solucionar, nos termos do artigo 607.º/2.

Seguem-se os fundamentos, devendo o Juiz discriminar os factos que considera provados e indicar, interpretar e aplicar as normas jurídicas correspondentes, concluindo pela decisão final, nos termos do artigo 607.º/3.

Na fundamentação da sentença, o Juiz declara os factos que julga provados e quais os que não julga provados, analisando criticamente as provas, indicando as ilações tiradas dos factos instrumentais e especificando os demais fundamentos que foram decisivos para a sua convicção. O Juiz tomará ainda em consideração os factos que estão admitidos por acordo, provados por documentos ou por confissão reduzida a escrito, compatibilizando toda a matéria de facto adquirida e extraindo dos factos apurados as presunções impostas pela lei ou por regras de experiência, nos termos do artigo 607.º/4 (cfr. n.º 5).

No final da sentença, deve o Juiz condenar os responsáveis pelas custas processuais, indicando a proporção da respetiva responsabilidade e determinar a aplicação das secções B ou C da tabela I anexa ao Regulamento de Custas Processuais, quando seja caso disso, nos termos do artigo 607.º/6. (Cfr. artigo 153.º para requisitos externos da sentença).

• Quais os limites da condenação?

A sentença não pode condenar em quantidade superior ou em objeto diverso do que se pode pedir, nos termos do artigo 609.º/1.

Se não houver elementos para fixar o objeto ou a quantidade, o Tribunal condenará no que vier a ser liquidado, sem prejuízo de condenação imediata na parte que já seja líquida, nos termos do artigo 609.º/2.

Se tiver sido requerida a manutenção em lugar da restituição da posse, ou esta em vez daquela, o Juiz conhecerá do pedido correspondente à situação realmente verificada, nos termos do artigo 609.º/3.

• Numa ação o Juiz em vez de condenar o Réu em € 500,00 (quinhentos euros) como resulta do pedido, condenou-o em € 600,00 (seiscentos euros). O Juiz pode fazê-lo?

No caso concreto, o Juiz na sentença não podia condenar em quantidade superior do que havia sido pedido pelo Autor, nos termos do artigo 609.º/1.

• Em que tipo de situações poderá aplicar o artigo 609.º/2? Ou seja, que tipos de casos "obrigam" o Advogado a formular um pedido genérico?

O exemplo clássico do pedido genérico nos termos do artigo 609.º/2 é o do acidente de viação no qual os danos ainda não são quantificáveis. Outro exemplo típico é aquele em que foram realizadas obras que danificaram uma determinada fração e ainda não é conhecida a extensão dos danos/valor.

• O Juiz está sujeito às alegações das partes no tocante à indagação, interpretação e aplicação das regras de direito?

O Juiz não está sujeito às alegações das partes no tocante à indagação, interpretação e aplicação das regras de direito, nos termos do artigo 5.º/3.

• Em que casos a sentença é considerada nula?

É nula a sentença quando:
- não contenha a assinatura do Juiz (artigo 615.º/1-*a*));
- não especifique os fundamentos de facto e de direito que justificam a decisão (artigo 615.º/1-*b*)) – cfr. ainda o artigo 154.º (princípio da legalidade da decisão);

- os fundamentos estejam em oposição com a decisão ou ocorra algumaambiguidade ou obscuridade que torne a decisão ininteligível (artigo 615.º/1-*c*));
- O Juiz deixe de pronunciar-se sobre questões que devesse apreciar ou conheça de questões de que não podia tomar conhecimento (artigo 615.º/1-*d*));
- o Juiz condene em quantidade superior ou em objeto diverso do pedido (artigo 615.º/1-*e*));

Imagine que o Autor intenta uma ação em que o pedido final é a condenação do Réu no pagamento da quantia de € 10.000,00. O Juiz ao proferir a sentença, condenou o Réu no pagamento da quantia de € 15.000,00. *Quid Iuris?*

No processo cível, a condenação em quantia superior à peticionada gera a nulidade da sentença, nos termos do artigo 615.º/1-*e*). A título de curiosidade, refira-se que caso estivéssemos no âmbito de um processo laboral, tal sentença seria válida (condenação *extra vel ultra petitum* – artigo 74.º do Código de Processo de Trabalho).

• Podem as partes pedir um esclarecimento ao Tribunal quanto ao conteúdo da sentença?

Se a sentença omitir o nome das partes, for omissa quanto a custas ou a algum dos elementos previstos no n.º 6 do artigo 607.º, ou contiver erros de escrita ou de cálculo ou quaisquer inexatidões devidas a outra omissão ou lapso manifesto, pode ser corrigida por simples despacho, a requerimento de qualquer das partes ou por iniciativa do Juiz, nos termos do artigo 614.º/1.

• Podem as partes requerer a reforma da sentença?

Pode qualquer das partes requerer no Tribunal que proferiu a sentença a sua reforma quanto a custas e multa, nos termos do artigo 616.º/1 e 3.

Não cabendo recurso da decisão, é ainda lícito a qualquer das partes requerer a reforma da sentença quando, por manifesto lapso do Juiz tenha ocorrido erro na determinação da norma aplicável ou na qualificação jurídica dos factos (artigo 616.º/2-*a*)) e nos casos em que constem do processo documentos ou outro meio de prova plena que, só por si, impliquem necessariamente decisão diversa da proferida (artigo 616.º/2-*b*)).

• A partir de que momento a sentença produz efeitos?

Transitada em julgado a sentença ou o despacho saneador que decida do mérito da causa, a decisão sobre a relação material controvertida fica a ter força obrigatória dentro do processo e fora dele nos limites fixados pelos artigos 580.º e 581.º, sem prejuízo da possibilidade recurso de revisão (artigos 696.º a 702.º), nos termos do artigo 619.º/1.

Contudo, se o Réu tiver sido condenado a prestar alimentos ou a satisfazer outras prestações dependentes de circunstâncias especiais quanto à sua medida ou à sua duração, pode a sentença ser alterada desde que se modifiquem as circunstâncias que determinaram a condenação, nos termos do artigo 619.º/2.

• Qual a diferença entre caso julgado material e caso julgado formal?

O caso julgado material tem efeitos dentro do processo e fora dele, ou seja, a matéria de fundo da ação não se limita ao processo em que foi proferida, manifestando-se fora dele (por exemplo, impedindo que outra ação idêntica seja proposta). Por sua vez, o caso julgado formal tem efeitos apenas dentro do processo em que foi proferido. É o caso de uma sentença ou despacho judicial que apenas se refiram à relação processual, como seja, por exemplo, a absolvição da instância (cfr. artigos 619.º a 622.º).

• As decisões dos Tribunais em matéria penal podem ter efeitos nos processos cíveis?

A decisão penal de condenação definitiva proferida no processo penal constitui, em relação a terceiros, presunção ilidível no que se refere à existência dos factos que integram os pressupostos da punição e os elementos do tipo legal, bem como dos que respeitam às formas do crime, em quaisquer ações civis em que se discutam relações jurídicas dependentes da prática da infração, nos termos do artigo 623.º.

Contudo, se a decisão penal, transitada em julgado, for absolutória com fundamento em não ter praticado os factos que lhe eram imputados, constitui, em quaisquer ações de natureza civil, simples presunção legal da inexistência desses factos, ilidível mediante prova em contrário, nos termos do artigo 624.º/1.

Tal presunção prevalece sobre quaisquer presunções de culpa estabelecidas na lei civil, nos termos do artigo 624.º/2.

2.2.15. Dos recursos

- As decisões podem ser impugnadas de que forma?

As decisões podem ser impugnadas por meio de recurso, nos termos do artigo 627.º/1.

- Que tipos de recursos conhece em processo civil?

Os recursos são ordinários ou extraordinários, sendo ordinários os recursos de *apelação* e de *revista* e extraordinários o recurso para *uniformização de jurisprudência* e a *revisão*, nos termos do artigo 627.º/2.

- Quando é que uma decisão se considera transitada em julgado?

A decisão considera-se transitada em julgado logo que não seja suscetível de recurso ordinário ou de reclamação, nos termos do artigo 628.º.

No caso de ser suscetível de recurso ordinário, a decisão considera-se transitada em julgado tendo decorrido o prazo de trinta dias, nos termos do artigo 638.º/1 (cfr. artigos 644.º/2 e 677.º quanto às situações nas quais o prazo é reduzido para 15 dias).

No caso de ser suscetível de reclamação, a decisão considera-se transitada em julgado tendo decorrido o prazo de dez dias, nos termos do artigo 149.º

- Quais as decisões que admitem recurso?

O recurso ordinário só é admissível quando a causa tenha valor superior à alçada do Tribunal de que se recorre e a decisão impugnada seja desfavorável ao Recorrente em valor superior a metade da alçada desse Tribunal, atendendo-se, em caso de fundada dúvida acerca do valor da sucumbência, somente ao valor da causa, nos termos do artigo 629.º/1.

Independentemente do valor da causa e da sucumbência, é sempre admissível recurso das decisões que violem as regras de competência internacional ou em razão da matéria ou da hierarquia, ou que ofendam o caso julgado (artigo 629.º/2-*a*)), das decisões respeitantes ao valor da causa ou dos incidentes, com o fundamento de que o seu valor excede a alçada do Tribunal de que se recorre (artigo 629.º/2-*b*)), das decisões proferidas, no domínio da mesma legislação e sobre a mesma questão fundamental de direito, contra jurisprudência uniformizada do Supremo Tribunal de Justiça (artigo 629.º/2-*c*)) e do Acórdão da Relação que esteja em contradição com outro, dessa ou de diferente Relação, no domínio da mesma legislação e sobre a mesma questão fundamental de direito, e do qual não caiba recurso ordinário por motivo estranho à alçada do Tribunal, salvo se tiver sido proferido acórdão de uniformização de jurisprudência com ele conforme (artigo 629.º/2-*d)*).

Independentemente do valor da causa e da sucumbência, é sempre admissível recurso para a Relação nas ações em que se aprecie a validade, a subsistência ou a cessação de contratos de arrendamento, com exceção dos arrendamentos para habitação não permanente ou para fins especiais transitórios (artigo 629.º/3-*a)*), das decisões respeitantes ao valor da causa nos procedimentos cautelares, com o fundamento de que o seu valor excede a alçada do Tribunal de que se recorre (artigo 629.º/3-*b)*) e das decisões de indeferimento liminar da petição de ação ou do requerimento inicial de procedimento cautelar (artigo 629.º/3-*c)*).

• Imagine que numa determinada ação, em que representa o Autor, o Juiz considera o pedido como parcialmente procedente. O Autor pede € 100.000,00 (cem mil euros) e o Juiz condena o Réu em € 20.000,00 (vinte mil euros). Quem pode recorrer?

No caso concreto, o Autor pode recorrer, uma vez que a causa tem valor superior à alçada do Tribunal de 1.ª instância (artigo 44.º/1 da LOSJ – 5.000,00 Euros) e a decisão impugnada foi-lhe desfavorável em valor superior a metade dessa alçada (80.000,00 Euros), nos termos do artigo 629.º/1.

Por sua vez, aplicando o mesmo critério, o Réu também pode recorrer da decisão pois esta foi-lhe desfavorável em valor superior a metade da alçada do Tribunal de 1.ª instância.

• Imagine que o Réu foi condenado em € 5.000,00 (cinco mil euros). Pode recorrer?

Perante tal decisão, o Réu não poderia recorrer pois a causa não tem valor superior à alçada do Tribunal de 1.ª instância (artigo 44.º/1 da LOSJ – 5.000,00 Euros). Para a decisão ser recorrível, bastaria que o valor da condenação fosse 5.000,01 Euros (cinco mil euros e um cêntimo), nos termos do artigo 629.º/1.

• Imagine uma ação de despejo em que o valor é de € 120,00 (cento e vinte euros). Neste caso pode haver recurso?

No caso concreto, a decisão proferida na ação de despejo pode ser suscetível de recurso se o imóvel em causa se destinar a habitação permanente, nos termos do artigo 629.º/3-*a*).

• A validade de um contrato de arrendamento para habitação permanente no valor de € 500,00 (quinhentos euros) é suscetível de recurso?

Sim, o caso concreto é suscetível de recurso uma vez que aprecia a validade de um contrato de arrendamento para habitação permanente, nos termos do artigo 629.º/3-*a*).

• O despacho que designa data para a realização da audiência de discussão e julgamento admite recurso? O despacho de mero expediente é recorrível?

O despacho que designa data para a realização da audiência de discussão e julgamento não admite recurso por ser um despacho de mero expediente, nos termos do artigo 630.º/1.

• É admissível recurso de decisões de agilização processual ou de adequação formal?

Não é admissível recurso de decisões de simplificação ou agilização processual (cfr. artigo 6.º/1), de decisões proferidas sobre as nulidades previstas no artigo 195.º/1 e de decisões de adequação formal (cfr. artigo 547.º), a não ser que tais decisões contendam com os princípios da igualdade ou contraditório, com a aquisição processual de factos ou com a admissibilidade de meios probatórios, nos termos do artigo 630.º/2.

• Quem tem legitimidade para recorrer?

Os recursos só podem ser interpostos por quem, sendo parte principal na causa, tenha ficado vencido, nos termos do artigo 631.º/1.

Ainda, as pessoas direta e efetivamente prejudicadas pela decisão podem recorrer dela, ainda que não sejam partes na causa ou sejam apenas partes acessórias, nos termos do artigo 631.º/2.

Também, o recurso previsto no artigo 696.º-*g)* pode ser interposto por qualquer terceiro que tenha sido prejudicado com a sentença, considerando-se como terceiro o incapaz que interveio no processo como parte, mas por intermédio de representante legal, nos termos do artigo 631.º/3.

- As partes podem renunciar ao recurso?

É lícito às partes renunciar aos recursos. Contudo, tratando-se de renúncia antecipada, esta só produz efeitos se provier de ambas as partes, nos termos do artigo 632.º/1 (cfr. n.º 4).

- As partes podem perder o direito de recorrer?

As partes podem perder o direito de recorrer se tiverem aceite a decisão depois de esta ter sido proferida, nos termos do artigo 632.º/2.

A aceitação da decisão pode ser expressa ou tácita. A aceitação tácita é a que deriva da prática de qualquer facto inequivocamente incompatível com a vontade de recorrer, nos termos do artigo 632.º/3 (cfr. n.º 4).

- O Recorrente pode desistir do recurso em qualquer fase da sua tramitação?

O Recorrente pode, por meio de simples requerimento, desistir do recurso que tenha interposto até à prolação da decisão final, nos termos do artigo 632.º/5.

- Qual a diferença entre recurso independente e recurso subordinado?

O recurso independente (ou principal), é aquele que é interposto autonomamente, mantendo essa autonomia até à decisão. Por sua vez, "o recurso subordinado é aquele que é interposto por uma das partes na sequência e dependência do recurso interposto pela parte contrária", *in* Ana Prata, *Dicionário Jurídico,* 4.ª Edição, Almedina, 2005, pág. 1025 (cfr. artigo 633.º).

- Como deve ser interposto um recurso?

Os recursos interpõem-se por meio de requerimento dirigido ao Tribunal que proferiu a decisão recorrida, no qual se indica a espécie, o efeito e o modo de subida do recurso interposto, nos termos do artigo 637.º/1.

O requerimento de interposição do recurso contém obrigatoriamente a alegação do recorrente, em cujas conclusões deve ser indicado o fundamento específico da recorribilidade. Quando este se traduza na invocação de um conflito jurisprudencial que se pretende ver resolvido, o Recorrente junta obrigatoriamente, sob pena de imediata rejeição, cópia, ainda que não certificada, do Acórdão fundamento, nos termos do artigo 637.º/2.

- Qual o prazo geral para a interposição do recurso?

O prazo para a interposição do recurso é de trinta dias e conta-se a partir da notificação da decisão, reduzindo-se para 15 dias nos processos urgentes e nos casos previstos no n.º 2 do artigo 644º e no artigo 677.º, nos termos do artigo 638.º/1. (cfr n.º 2 a 6). Contudo, se o recurso tiver por objeto a reapreciação da prova gravada, acrescem dez dias ao prazo de interposição de recurso, nos termos do artigo 638.º/7.

- Qual o prazo para a interposição do recurso de apelação?

O prazo geral para a interposição do recurso de apelação é de trinta dias, nos termos do artigo 638.º/1 ab initio. Contudo, nos casos previstos nos artigos 644.º/2 e 677.º e nos processos urgentes, o prazo para interposição de recurso e apresentação de alegações é reduzido para quinze dias, nos termos do artigo 638.º/1 in fine.

- Que prazo tem a outra parte (recorrido) para as contra-alegações?

O Recorrido tem prazo idêntico ao da interposição, a contar da notificação da apresentação das alegações do Recorrente, nos termos do artigo 638.º/5.

- Se o recurso tiver por objeto a reapreciação da prova gravada, o prazo de interposição do recurso mantém-se?

Se o recurso tiver por objeto a reapreciação da prova gravada, ao prazo de interposição e de resposta acrescem dez dias ao prazo de trinta dias, nos termos do artigo 638.º/7.

• De que forma o Recorrente deve apresentar a sua alegação?

O Recorrente deve apresentar a sua alegação, concluindo, de forma sintética, pela indicação dos fundamentos por que pede a alteração ou anulação da decisão, nos termos do artigo 639.º/1.

Versando o recurso sobre matéria de direito, as conclusões devem indicar as normas jurídicas violadas (artigo 639.º/2-*a*)), o sentido com que, no entender do recorrente, as normas que constituem fundamento jurídico da decisão deviam ter sido interpretadas e aplicadas (artigo 639.º/2-*b*)) e invocando-se erro na determinação da norma aplicável, a norma jurídica que, no entendimento do Recorrente, devia ter sido aplicada (artigo 639.º/2-*c*)).

• Qual o ónus a cargo do Recorrente que impugne a decisão relativa à matéria de facto?

Quando se impugne a decisão proferida sobre a matéria de facto, deve o Recorrente obrigatoriamente especificar, sob pena de rejeição os concretos pontos de facto que considera incorretamente julgados (artigo 640.º/1-*a*)), e os concretos meios probatórios, constantes do processo ou de registo ou gravação nele realizada, que impunham decisão sobre os pontos da matéria de facto impugnados diversa da Recorrida (artigo 640.º/1-*b*)) e a decisão que, no seu entender, deve ser proferida sobre as questões de facto impugnadas (artigo 640.º/1-*c*)).

No caso previsto no artigo 640.º/1-*b*), quando os meios probatórios invocados como fundamento do erro na apreciação das provas tenham sido gravados, incumbe ao Recorrente, sob pena de imediata rejeição do recurso, indicar com exatidão as passagens da gravação em que se funda e proceder, querendo, à transcrição dos excertos que considere importantes, nos termos do artigo 640.º/2-*a*).

Ainda no caso do artigo 640.º/1-*b*), e sem prejuízo dos poderes de investigação oficiosa do Tribunal, incumbe ao Recorrido designar os meios de prova que infirmem as conclusões do Recorrente e, se os depoimentos tiverem sido gravados, indicar com exatidão as passagens da gravação em que se funda e proceder, querendo, à transcrição dos excertos que considere importantes, nos termos do artigo 640.º/2-*b*).

• Do despacho que não admita o recurso pode o Recorrente tomar alguma atitude?

Do despacho que não admita o recurso pode o Recorrente reclamar para o Tribunal que seria competente para dele conhecer no prazo de dez dias contados da notificação da decisão, nos termos do artigo 643.º/1.

O Recorrido pode responder à reclamação apresentada pelo Recorrente no prazo de dez dias, nos termos do artigo 643.º/2.

• A decisão proferida na apreciação da matéria da incompetência relativa é passível de recurso?

Da decisão que aprecie a competência cabe reclamação, com efeito suspensivo, para o Presidente da Relação respetiva, o qual decide definitivamente a questão, nos termos do artigo 105.º/4.

• Qual o prazo para arguição da incompetência relativa do tribunal de recurso?

O prazo para arguição da incompetência relativa do tribunal de recurso é de 10 dias, contados desde a primeira notificação que for feita ao recorrido ou da primeira intervenção que ele tiver no processo, nos termos do artigo 108.º/1.

• Pode recorrer-se de imediato para o Tribunal Constitucional de uma decisão proferida pelo Tribunal da Relação?

Sim, pode recorrer-se para o Tribunal Constitucional de uma decisão proferida pelo Tribunal da Relação se por razões processuais ou por desistência, não houver recurso para o Supremo Tribunal de Justiça (cfr. artigo 70.º/2, 4 e 6 da Lei n.º 28/82, de 15 de novembro, Lei Orgânica do Tribunal Constitucional).

• As alegações de recurso em civil são um articulado propriamente dito?

As alegações de recurso não são um articulado (no processo civil só há articulados na petição inicial, na contestação, na réplica, na tréplica e nos articulados supervenientes). A natureza das alegações de recurso é a de peça processual.

• Quando é que há recurso de apelação?

Cabe recurso de apelação da decisão proferida em 1.ª instância que ponha termo à causa ou ao procedimento cautelar ou incidente processado autonomamente ao processo e do despacho saneador que, sem pôr termo ao processo, decida do mérito da causa ou absolva da instância ou algum dos Réus quanto a algum ou alguns dos pedidos, nos termos do artigo 644.º/1 a) e b).

Cabe ainda recurso de apelação das seguintes decisões do Tribunal de 1.ª instância:

- da decisão que aprecie o impedimento do Juiz (artigo 644.º/1-*a)*);
- da decisão que aprecie a competência do Tribunal (artigo 644.º/2-*b)*);
- da decisão que que decrete a suspensão da instância (artigo 644.º/2-*c)*);
- do despacho de admissão ou rejeição de algum articulado ou meio de prova (artigo 644.º/2-*d)*);
- da decisão que condene em multa ou comine outra sanção processual (artigo 644.º/2-*e)*);
- da decisão que ordene o cancelamento de qualquer registo (artigo 644.º/2-*f)*);
- de decisão proferida depois da decisão final (artigo 644.º/2-*g)*);
- das decisões cuja impugnação com o recurso da decisão final seria absolutamente inútil (artigo 644.º/2-*h)*);
- nos demais casos expressamente previstos na lei (artigo 644.º/2-*i)*).

• Quais os recursos de apelação que sobem nos próprios autos?

Sobem nos próprios autos as apelações interpostas os recursos de apelações as decisões que ponham termo ao processo (artigo 645.º/1-*a)*), as decisões que suspendam a instância (artigo 645.º/1-*b)*), as decisões que indefiram o incidente processado por apenso (artigo 645.º/1-*c)*) e as decisões que indefiram liminarmente ou não ordenem a providência cautelar (artigo 645.º/1-*d)*). Todas as outras apelações sobem em separado, nos termos do artigo 645.º/2 (cfr. n.º 3).

• Quais os efeitos da apelação?

A apelação tem efeito meramente devolutivo, exceto nos casos previstos na lei, nos termos do artigo 647.º/1 e 2.

Tem efeito suspensivo da decisão a apelação:

- da decisão que ponha termo ao processo em ações sobre o estado das pessoas (artigo 647.º/3-*a)*);

- da decisão que ponha termo ao processo nas ações referidas no artigo 629.º/3 a) e b) e nas que respeitem à posse ou à propriedade de casa de habitação (artigo 647.º/3-*b*));
- do despacho de indeferimento do incidente processado por apenso (artigo 647.º/3-*c*));
- do despacho que indefira liminarmente ou não ordene a providência cautelar (artigo 647.º/3-*d*));
- das decisões previstas no artigo 644.º/2-*e*) e *f*) (artigo 647.º/3-*e*));
- nos demais casos previstos por lei (artigo 647.º/3-*f*)).

Fora dos casos previstos no artigo 647.º/3, o Recorrente pode requerer, ao interpor o recurso, que a apelação tenha efeito suspensivo quando a execução da decisão lhe cause prejuízo considerável e se ofereça para prestar caução, ficando a atribuição desse efeito condicionada à efetiva prestação da caução no prazo fixado pelo Tribunal, nos termos do artigo 647.º/4 (cfr. artigo 650.º/2).

- É possível juntar documentos e pareceres num recurso?

É possível juntar documentos e pareceres num recurso, nos termos dos artigos 651.º e 680.º (revista).

- É possível o relator voltar a chamar testemunhas ou pedir a produção de outros meios de prova?

O Tribunal da Relação no decorrer da sua apreciação da causa em 2ª instância deve, ainda que oficiosamente:
- ordenar a renovação da produção da prova quando houver dúvidas sérias sobre a credibilidade do depoente ou sobre o sentido do seu depoimento;
- ordenar, em caso de dúvida fundada sobre a prova realizada, a produção de novos meios de prova;
- anular a decisão proferida na 1.ª instância, quando, não constando do processo todos os elementos que, nos termos do número anterior, permitam a alteração da decisão proferida sobre a matéria de facto, repute deficiente, obscura ou contraditória a decisão sobre pontos determinados da matéria de facto, ou quando considere indispensável a ampliação desta;
- determinar que, não estando devidamente fundamentada a decisão proferida sobre algum facto essencial para o julgamento da causa, o tribunal de 1.ª instância a fundamente, tendo em conta os depoimentos gravados ou registados.

Nas situações supra enunciadas, deverá proceder-se da seguinte forma:

- se for ordenada a renovação ou a produção de nova prova, observa-se, com as necessárias adaptações, o preceituado quanto à instrução, discussão e julgamento na 1.ª instância;
- se a decisão for anulada e for inviável obter a sua fundamentação pelo mesmo juiz, procede-se à repetição da prova na parte que esteja viciada, sem prejuízo da apreciação de outros pontos da matéria de facto, com o fim de evitar contradições;
- se for determinada a ampliação da matéria de facto, a repetição do julgamento não abrange a parte da decisão que não esteja viciada, sem prejuízo da apreciação de outros pontos da matéria de facto, com o fim de evitar contradições;
- se não for possível obter a fundamentação pelo mesmo juiz ou repetir a produção de prova, o juiz da causa limitar-se-á a justificar a razão da impossibilidade, nos termos do artigo 662.º/2 e 3.

- Quando é que é possível a interposição do recurso de revista?

Cabe recurso de revista para o Supremo Tribunal de Justiça do Acórdão da Relação, proferido sobre decisão da 1ª instância que conheça do mérito da causa ou que ponha termo ao processo, que absolvendo da instância o Réu ou algum dos Réus quanto a pedido ou reconvenção deduzidos, nos termos do artigo 671.º/1.

Os Acórdãos da Relação, que apreciem decisões interlocutórias que recaiam unicamente sobre a relação processual, só podem ser objeto de revista nos casos em que o recurso é sempre admissível e quando estejam em contradição com outro, já transitado em julgado, proferido pelo Supremo Tribunal de Justiça, no domínio da mesma legislação e sobre a mesma questão fundamental de direito, salvo se tiver sido proferido Acórdão de Uniformização de Jurisprudência com ele conforme, nos termos do artigo 671.º/2 a) e b).

Sem prejuízo dos casos em que o recurso é sempre admissível, não é admitida revista do Acórdão da Relação que confirme, sem voto de vencido e sem fundamentação essencialmente diferente, a decisão proferida na 1.ª instância, salvo nos casos previstos no artigo seguinte (dupla conforme), nos termos do artigo 671.º/3.

Se não houver ou não for admissível recurso de revista das decisões previstas no n.º 1, os acórdãos proferidos na pendência do processo na Relação podem ser impugnados, caso tenham interesse para o recorrente independentemente daquela decisão, num recurso único, a interpor após o trânsito daquela decisão, no prazo de 15 dias após o referido trânsito, nos termos do artigo 671.º/4.

- Existe alguma exceção à regra da dupla conforme prevista no artigo 671.º/3?

Excecionalmente, cabe recurso de revista do acórdão da Relação referido no artigo 671.º/3 quando esteja em causa uma questão cuja apreciação, pela sua relevância jurídica, seja claramente necessária para uma melhor aplicação do direito (artigo 672.º/1 *a)*), quando estejam em causa interesses de particular relevância social (artigo 672.º/1 *b)*) e de acórdãos da Relação que estejam em contradição com outro, já transitado em julgado, proferido por qualquer Relação ou pelo Supremo Tribunal de Justiça, no domínio da mesma legislação e sobre a mesma questão fundamental de direito, salvo se tiver sido proferido acórdão de uniformização de jurisprudência com ele conforme (artigo 672.º/1 *c)*) – cfr. n.os 2 a 5.

- Quais os efeitos do recurso de revista?

O recurso de revista só tem efeito suspensivo em questões sobre o estado de pessoas, nos termos do artigo 676.º/1 (cfr. n.os 2 a 3).

- Em que situações é admitido o recurso per saltum para o Supremo Tribunal de Justiça?

As partes podem requerer, nas conclusões da alegação, que o recurso interposto das decisões que ponham termo ao processo e do despacho saneador, que não pondo termo ao processo, decida do mérito da causa, suba diretamente ao Supremo Tribunal de Justiça, desde que, cumulativamente o valor da causa seja superior à alçada da Relação (artigo 678.º/1-*a)*), o valor da sucumbência seja superior a metade da alçada da Relação (artigo 678.º/1-*b)*), as partes, nas suas alegações, suscitem apenas questões de direito (artigo 678.º/1-*c)*) e as partes não impugnem, no recurso da decisão prevista no artigo 644.º/1, quaisquer decisões interlocutórias (artigo 678.º/1-*d)*).

- O Recorrente pode pronunciar-se do requerimento do Recorrido apresentado nas contra-alegações de recurso pedindo o recurso per saltum para o Supremo Tribunal de Justiça?

Sempre que o requerimento para o recurso per saltum seja apresentado pelo Recorrido, o Recorrente pode pronunciar-se no prazo de dez dias, nos termos do artigo 678.º/2.

- O recurso de revista tem efeito suspensivo?

O recurso de revista só tem efeito suspensivo em questões sobre o estado de pessoas, nos termos do artigo 676.º/1.

- É admissível o recurso de agravo?

É admissível o recurso de agravo relativamente aos processos de que não se possa apelar que tenham tido o seu início em data anterior a 1 de janeiro de 2008, nos termos dos artigos 4.º, 11.º e 12.º do Decreto-Lei n.º 303/2007, de 24 de Agosto.

- Imagine que tem dois processos nos quais tem de interpor recurso. Um deles iniciou-se em 2007 e o outro em 2010. Ambos os recursos têm o mesmo regime?

No caso concreto, no que diz respeito ao processo que se iniciou em 2007, dever-se-á analisar a espécie de recurso (apelação ou agravo). O recurso deverá ser interposto no prazo de dez dias (artigo 685.º com a redação do Decreto-Lei n.º 8/2007) e aguardar despacho de admissão do recurso. Após a admissão do recurso é que devem ser apresentadas as alegações.

Relativamente ao processo que se iniciou em 2010, só há recurso de apelação, a interpor no prazo de trinta dias, salvo exceções (por exemplo, o artigo 644.º/2 ex vi 638.º/1). Aquando da interposição do recurso devem ser apresentadas, desde logo, as alegações.

Recurso para uniformização de jurisprudência – artigos 688.º a 695.º.

- Em que situações é admissível interpor recurso para uniformização de jurisprudência?

As partes podem interpor recurso para o pleno das secções cíveis do Supremo Tribunal de Justiça quando o Supremo proferir acórdão que esteja em contradição com outro anteriormente proferido pelo mesmo Tribunal, no domínio da mesma legislação e sobre a mesma questão fundamental de direito, nos termos do artigo 688.º/1.

Como fundamento do recurso só pode invocar-se acórdão anterior com trânsito em julgado, presumindo-se o trânsito, nos termos do artigo 688.º/2.

O recurso não é admitido se a orientação perfilhada no acórdão recorrido estiver de acordo com jurisprudência uniformizada do Supremo Tribunal de Justiça, nos termos do artigo 688.º/3.

Recurso de Revisão – artigos 696.º a 702.º.

- Em que situações é admissível o recurso de revisão?

A decisão transitada em julgado só pode ser objeto de revisão quando:

- outra sentença transitada em julgado tenha dado como provado que a decisão resulta de crime praticado pelo Juiz no exercício das suas funções (artigo 696.º-*a*));
- se verifique a falsidade de documento ou ato judicial, de depoimento ou das declarações de peritos ou árbitros, que possam, em qualquer dos casos, ter determinado a decisão a rever, não tendo a matéria sido objeto de discussão no processo em que foi proferida (artigo 696.º-*b*));
- se apresente documento de que a parte não tivesse conhecimento, ou de que não tivesse podido fazer uso, no processo em que foi proferida a decisão a rever e que, por si só, seja suficiente para modificar a decisão em sentido mais favorável à parte vencida (artigo 696.º-*c*));
- se verifique nulidade ou anulabilidade de confissão, desistência ou transação em que a decisão se fundou (artigo 696.º-*d*));
- tendo corrido a ação e a execução à revelia, por falta absoluta de intervenção do Réu, se mostre que faltou a citação ou que é nula a citação feita, ou que o Réu não teve conhecimento da citação por facto que não lhe é imputável, ou ainda que o Réu não pôde apresentar a contestação por motivo de força maior (artigo 696.º-*e*));
- seja inconciliável com decisão definitiva de uma instância internacional de recurso vinculativa para o Estado Português (artigo 696.º-*f*));

– o litígio assente sobre ato simulado das partes e o Tribunal não tenha feito uso do poder que lhe confere o artigo 612.º, por se não ter apercebido da fraude (artigo 696.º-*g)*);
– seja suscetível de originar a responsabilidade civil do Estado por danos emergentes do exercício da função jurisdicional, verificando-se o disposto no artigo 696-A.º (artigo 696.º-h))

2.2.16. Da ação executiva e respetivo processo

• O que é uma ação executiva?

Diz-se ação executiva aquela em que o credor requer as providências adequadas à realização coativa de uma obrigação que lhe é devida, nos termos do artigo 10.º/4.

• O que é necessário para que haja uma ação executiva?

Para que haja uma ação executiva é necessário um título executivo, nos termos do artigo 10.º/5 (cfr. artigo 703.º).

• Dê exemplos de títulos executivos.

São exemplos de títulos executivos a sentença condenatória, a letra, o cheque ou a livrança (cfr. artigo 703.º para espécies de títulos executivos).

• Em que pode consistir o fim da execução?

O fim da execução, para o efeito do processo aplicável, pode consistir no pagamento de quantia certa, na entrega de coisa certa ou na prestação de um facto, seja este positivo ou negativo, nos termos do artigo 10.º/6.

• Quais as formas do processo comum nas execuções para pagamento de quantia certa?

O processo comum nas execuções para pagamento de quantia certa segue a forma ordinária ou sumária, nos termos do artigo 550.º/1.

- Em que situações se emprega a forma de processo sumário na ação executiva?

Emprega-se a forma de processo sumário nas execuções baseadas em decisão arbitral ou judicial nos casos em que esta não deva ser executada no próprio processo (artigo 550.º/2-*a*)), em requerimento de injunção ao qual tenha sido aposta fórmula executória (artigo 550.º/2-*b*)), em título extrajudicial de obrigação pecuniária vencida, garantida por hipoteca ou penhor (artigo 550.º/2-*c*)) ou em título extrajudicial de obrigação pecuniária vencida cujo valor não exceda o dobro da alçada do tribunal de 1.ª instância(artigo 550.º/2-*d*)).

Porém, não é aplicável a forma sumária nos casos em que a obrigação seja alternativa e pertence ao devedor a escolha da prestação ou nos casos em que a obrigação esteja dependente de condição suspensiva ou de uma prestação de parte do credor ou de um terceiro, nos termos dos artigos 550.º/3-*a*), 714.º e 715.º.

Ainda quando a obrigação exequenda careça de ser liquidada na fase executiva e a liquidação não dependa de simples cálculo aritmético (artigo 550.º/3-*b*)), quando, havendo título executivo diverso de sentença apenas contra um dos cônjuges, o exequente alegue a comunicabilidade da dívida no requerimento executivo (artigo 550.º/3-*c*)) ou nas execuções movidas apenas contra o devedor subsidiário que não haja renunciado ao benefício da excussão prévia(artigo 550.º/3-*d*)).

- É aplicável a forma de processo sumário nas ações executivas para entrega de coisa certa e para prestação de facto?

O processo comum para entrega de coisa certa e para prestação de facto segue forma única, nos termos do artigo 550.º/4.

- Quais os requisitos da exequibilidade da sentença?

Uma sentença apenas constitui título executivo depois do trânsito em julgado, salvo se o recurso que dela seja interposto tenha efeito meramente devolutivo, nos termos do artigo 704.º/1 (cfr. n.º 2).

Enquanto estiver pendente recurso da sentença, o Exequente ou qualquer dos credores não pode ser pago sem prestar caução, nos termos do artigo 704.º/3 (cfr. n.º 4).

• É exequível um despacho que condene um sujeito no cumprimento de uma obrigação? E uma decisão proferida por Tribunal Arbitral?

Os despachos e quaisquer outras decisões ou atos da autoridade judicial que condenem no cumprimento de uma obrigação são equiparados às sentenças, sob o ponto de vista da força executiva, nos termos do artigo 705.º/1.

No que toca às decisões proferidas pelo Tribunal Arbitral, estas são exequíveis nos mesmos termos em que o são as decisões dos Tribunais comuns, nos termos do artigo 705.º/2.

• É exequível nos Tribunais portugueses uma sentença proferida em país estrangeiro?

As sentenças proferidas por Tribunais ou Árbitros em país estrangeiro só podem servir de base à execução depois de revistas e confirmadas pelo Tribunal português competente, sem prejuízo dos estabelecido em Tratados, Convenções, Regulamentos Comunitários e Leis Especiais, nos termos do artigo 706.º/1 (cfr. n.º 2 e artigo 978.º e ss.).

• São exequíveis os documentos autênticos ou autenticados?

Os documentos exarados ou autenticados, por notário ou por outras entidades ou profissionais com competência para tal, em que se convencionem prestações futuras ou se preveja a constituição de obrigações futuras podem servir de base à execução, desde que se prove, por documento passado em conformidade com as cláusulas deles constantes ou, sendo aqueles omissos, revestido de força executiva própria, que alguma prestação foi realizada para conclusão do negócio ou que alguma obrigação foi constituída na sequência da previsão das partes, nos termos do artigo 707.º).

• O que é a assinatura a rogo?

A assinatura a rogo é aquela feita por alguém, a solicitação do autor do documento, por este não saber ou não o poder assinar.

• Os escritos com assinatura a rogo são exequíveis?

Qualquer documento assinado a rogo só goza de força executiva se a assinatura estiver reconhecida por notário ou por outras entidades ou profissionais com competência para tal, nos termos do artigo 708.º.

- É cumulável uma execução cujo título executivo é uma livrança com uma execução cujo título executivo é uma sentença?

O credor, ou vários credores litisconsortes, podem cumular execuções ainda que fundadas em títulos diferentes, contra o mesmo devedor ou vários devedores litisconsortes, nos termos do artigo 709.º/1.

- É cumulável uma execução para pagamento de quantia certa com uma execução para prestação de facto?

Não é permitido ao credor cumular execuções quando estas têm fins diferentes, a menos que o título executivo seja uma sentença na qual estes dois pedidos tenham sido julgados procedentes, nos termos dos artigos 709.º/1-*b) e 710.º*. Além desta, existem outras situações que não permitem ao credor cumular execuções ainda que fundadas em títulos diferentes – cfr. artigos 709.º/1-a), c) *e* d).

- Qual é a regra geral em matéria de competência nas execuções?

É competente para a execução o Tribunal do domicílio do Executado, podendo o Exequente optar pelo Tribunal do lugar em que a obrigação deva ser cumprida quando o Executado seja pessoa coletiva ou quando, situando-se o domicílio do Exequente na área metropolitana de Lisboa ou do Porto, o executado tenha domicílio na mesma área metropolitana (salvos os casos especiais previstos noutras disposições), nos termos do artigo 89.º/1.

Porém, se a execução for para entrega de coisa certa ou por dívida com garantia real, são, respetivamente, competentes o Tribunal do lugar onde a coisa se encontre ou o da situação dos bens onerados, nos termos do artigo 89.º/2.

Quando a execução haja de ser instaurada no Tribunal do domicílio do Executado e este não tenha domicílio em Portugal, mas aqui tenha bens, é competente para a execução o Tribunal da situação desses bens, nos termos do artigo 89.º/3.

É igualmente competente o Tribunal da situação dos bens a executar quando a execução haja de ser instaurada em Tribunal português, por via da alínea b) do artigo 63.º e quando não ocorra nenhuma das situações previstas nos artigos 64.º e ss. e 89.º/1 a 3, nos termos do artigo 89.º/4.

Nos casos de cumulação de execuções para cuja apreciação sejam territorialmente competentes diversos Tribunais, é competente o Tribunal do domicílio do Executado, nos termos do artigo 89.º/5.

Da execução para pagamento de quantia certa – artigo 724.º e ss.

• Qual o prazo para deduzir uma oposição à execução?

O Executado tem vinte dias para se opor à execução seja esta efetuada antes ou depois da penhora, nos termos do artigo 728.º/1.

Com a oposição à execução cumula-se a oposição à penhora que o Executado, que antes dela não tenha sido citado, pretenda deduzir, nos termos do artigo 728.º/2 (cfr. artigo 784.º).

• Imagine que o Executado apresenta oposição mediante embargos. Isso dá lugar a quê?

Se for recebida a oposição mediante embargos, o Exequente é notificado para contestar, dentro do prazo de vinte dias, seguindo-se, sem mais articulados, os termos do processo comum declarativo, nos termos do artigo 732.º/2.

• A oposição mediante embargos suspende o prosseguimento da execução?

O recebimento dos embargos só suspende o prosseguimento da execução se:

– o embargante prestar caução (artigo 733.º/1-*a*));
– caso se trate de uma execução fundada em documento particular, o embargante tiver impugnado a genuinidade da respetiva assinatura, apresentando documento que constitua princípio de prova, e o Juiz entender, ouvido o embargado, que se justifica a suspensão sem prestação de caução (artigo 733.º/1-*b*));
– tiver sido impugnada, no âmbito da oposição deduzida, a exigibilidade ou a liquidação da obrigação exequenda e o Juiz considerar, ouvido o embargado, que se justifica a suspensão sem prestação de caução (artigo 733.º/1-*c*));
– a oposição tiver por fundamento o facto de a ação ou a execução ter corrido à revelia, por falta absoluta de intervenção do Réu, se mostre que faltou a citação ou que é nula a citação feita, ou que o Réu não teve conhecimento da citação por facto que não lhe é imputável, ou ainda que o Réu não pôde apresentar a contestação por motivo de força maior (artigo 733.º/1-d) e cfr. artigo 696.º-e)). (cfr. n.º 2).Contudo, a execução suspensa prossegue se os embargos estiverem parados durante mais de trinta dias, quando se verifique negligência do embargante em promover os seus termos, nos termos do artigo 733.º/3 (cfr. n.º 4 a 6).

- O que é a penhora?

A penhora é o ato judicial de apreensão dos bens do executado no qual os bens ficam à disposição do Agente de Execução para que o Exequente possa ser pago por eles ou com o valor resultante da venda dos mesmos.

- Que bens são absolutamente impenhoráveis?

São absolutamente impenhoráveis, além dos bens isentos de penhora por disposição especial:
- as coisas ou direitos inalienáveis (artigo 736.º/*a*));
- os bens do domínio público do Estado e das restantes pessoas coletivas públicas (artigo 736.º/*b*));
- os objetos cuja apreensão seja ofensiva dos bons costumes ou careça de justificação económica, pelo seu diminuto valor venal (artigo 736.º/*c*));
- os objetos especialmente destinados ao exercício de culto público (artigo 736.º/*d*)); ;
- os túmulos (artigo 736.º/*e*));
- os instrumentos e os objetos indispensáveis aos deficientes e ao tratamento de doentes (artigo 736.º/*f*));
- os animais de companhia (artigo 736.º/g)).

- Que bens são relativamente impenhoráveis?

Estão isentos de penhora, salvo tratando-se de execução para pagamento de dívida com garantia real, os bens do Estado e das restantes pessoas coletivas públicas, de entidades concessionárias de obras ou serviços públicos ou de pessoas coletivas de utilidade pública, que se encontrem especialmente afetados à realização de fins de utilidade pública, nos termos do artigo 737.º/1.

Estão também isentos de penhora os instrumentos de trabalhos e os objetos indispensáveis ao exercício da atividade ou formação profissional do executado, salvo se o executado os indicar para penhora (artigo 737.º/2-*a*)), a execução se destinar ao pagamento do preço da sua aquisição ou do custo da sua reparação (artigo 737.º/2-*b*)) e forem penhorados como elementos corpóreos de um estabelecimento comercial (artigo 737.º/2-*c*)).

Estão ainda isentos de penhora os bens imprescindíveis a qualquer economia doméstica que se encontrem na casa de habitação efetiva do executado, salvo quando se trate de execução destinada ao pagamento do preço da respetiva aquisição ou do custo da sua reparação, nos termos do artigo 737.º/3.

• Que bens são parcialmente impenhoráveis?

São impenhoráveis dois terços da parte líquida dos vencimentos, salários, prestações periódicas pagas a título de aposentação ou de qualquer outra regalia social, seguro, indemnização por acidente, renda vitalícia, ou prestações de qualquer natureza que assegurem a subsistência do executado.

Estas impenhorabilidades têm como limite máximo o montante equivalente a três salários mínimos nacionais à data de cada apreensão e como limite mínimo, quando o executado não tenha outro rendimento, o montante equivalente a um salário mínimo nacional, não sendo aplicáveis, no entanto, quando o crédito exequendo for de alimentos, caso em que é impenhorável a quantia equivalente à totalidade da pensão social do regime não contributivo, nos termos do artigo 738.º/1, 3 e 4 (cfr. n.º 2). No que diz respeito à penhora de dinheiro ou de saldo bancário, é impenhorável o valor global correspondente ao salário mínimo nacional ou, tratando-se de obrigação de alimentos, é impenhorável a quantia equivalente à totalidade da pensão social do regime não contributivo, nos termos do artigo 738.º/5.

Ponderados o montante e a natureza do crédito exequendo, bem como as necessidades do executado e do seu agregado familiar, pode o Juiz, excecionalmente e a requerimento do executado, reduzir, por período que considere razoável, a parte penhorável dos rendimentos e mesmo, por período não superior a um ano, isentá-los de penhora, nos termos do artigo 738.º/6 (cfr. n.º 7).

• Qual a consequência do incumprimento do previsto no artigo 738.º pela entidade pagadora?

O incumprimento do previsto no artigo 738.º determina a sua execução nos autos, como infiel depositária dos valores que deveriam ter sido penhorados e/ou entregues e que não o foram, nos termos do artigo 738.º/9.

• Imagine que o seu cliente aparece-lhe com uma citação de uma execução, tendo sido simultaneamente notificado do auto de penhora. O que pode fazer em termos genéricos?

O Advogado pode opor-se à execução por embargos e/ou opor-se à penhora, nos termos dos artigos 728.º/1 e 784.º

- Quais os fundamentos para deduzir uma oposição à penhora?

Sendo penhorados bens pertencentes ao Executado, pode este opor-se à penhora com o fundamento na inadmissibilidade da penhora dos bens concretamente apreendidos ou da extensão com que ela foi realizada (artigo 784.º/1 *a*)), na imediata penhora de bens que só subsidiariamente respondam pela dívida exequenda (artigo 784.º/1 *b*)) ou na incidência da penhora sobre bens que, não respondendo, nos termos do direito substantivo, pela dívida exequenda, não deviam ter sido atingidos pela diligência (artigo 784.º/1 *c*)) – cfr. n.º 2.

- Qual o prazo para dedução de oposição à penhora?

A oposição é apresentada no prazo de dez dias a contar da notificação do ato da penhora, nos termos do artigo 785.º/1 (cfr. n.º 2 a 6).

- A oposição à penhora suspende a execução?

A execução só é suspensa se o Executado prestar caução; a suspensão circunscreve-se aos bens a que a oposição respeita, podendo a execução prosseguir sobre outros bens que sejam penhorados, nos termos do artigo 785.º/3.

- O que acontece ao ser penhorado um veículo automóvel?

A penhora de veículo automóvel pode ser seguida de imobilização do veículo, designadamente através da imposição de selos ou de imobilizadores, nos termos do artigo 768.º/2 1ª parte (cfr. artigo 755.º e 768.º/1).

Após a penhora e a imobilização deve proceder-se à apreensão do documento de identificação do veículo (se necessário por autoridade administrativa ou policial) (artigo 768.º/3-*a*)) e à remoção do veículo, salvo se o agente de execução entender que a remoção é desnecessária para a salvaguarda do bem ou é manifestamente onerosa em relação ao crédito exequente (artigo 768.º/3-*b*)).

- Qual o regime aplicável aos recursos de decisões proferidas no processo executivo?

Aos recursos de decisões proferidas no processo executivo, aplica-se as disposições reguladoras da apelação e de revista no processo declarativo, nos termos dos artigos 852.º a 854.º.

Processo sumário (ação executiva) – cfr. artigo 855.º e ss.

• Qual o prazo para dedução de oposição à execução e à penhora no processo sumário?

Após ter sido feita a penhora, o executado é citado para a execução e, em simultâneo, é notificado do ato de penhora, podendo deduzir no prazo de vinte dias, embargos de executado e oposição à penhora, nos termos do artigo 856.º/1 (cfr. n.º 2 a 5).

• Quais os fundamentos admissíveis para oposição à execução baseada em requerimento de injunção?

Nos termos do artigo 857.º/1, nos casos em que a execução se funda em requerimento de injunção ao qual tenha sido aposta fórmula executória podem ser alegados, com as devidas adaptações, os seguintes fundamentos de embargos:
- Inexistência ou inexequibilidade do título (artigo 729.º-*a)*);
- Falsidade do processo ou do traslado ou infidelidade deste, quando uma ou outra influa nos termos da execução (artigo 729.º-*b)*);
- Falta de qualquer pressuposto processual de que dependa a regularidade da instância executiva, sem prejuízo do seu suprimento (artigo 729.º-c));
- Falta ou nulidade da citação para a ação declarativa quando o réu não tenha intervindo no processo (artigo 729.º-*d)*);
- Incerteza, inexigibilidade ou iliquidez da obrigação exequenda, não supridas na fase introdutória da execução (artigo 729.º-*e)*);
- Caso julgado anterior à sentença que se executa (artigo 729.º-*f)*);
- Qualquer facto extintivo ou modificativo da obrigação, desde que seja posterior ao encerramento da discussão no processo de declaração e se prove por documento; a prescrição do direito ou da obrigação pode ser provada por qualquer meio (artigo 729.º-*g)*);
- Contra crédito sobre o exequente, com vista a obter a compensação de créditos (artigo 729.º-*h)*); ;
- Tratando-se de sentença homologatória de confissão ou transação, qualquer causa de nulidade ou anulabilidade desses atos (artigo 729.º-*i)*).

Mais, poderá invocar os meios de defesa que não devam considerar-se precludidos nos termos do artigo 14.º-A do regime anexo ao Decreto-Lei 268/98, de 1 de setembro.

Mais concretamente, prevê o n.º 2 do *supra*rreferido artigo que a preclusão dos meios de defesa por falta de apresentação de oposição quando regularmente notificado e advertido do referido efeito cominatório da não apresentação de defesa, previsto no n.º 1 do referido artigo 14.º-A, não abrange as seguintes situações:

- a alegação do uso indevido do procedimento de injunção ou da ocorrência de outras exceções dilatórias de conhecimento oficioso;
- a alegação dos fundamentos de embargos de executado enumeradas no artigo 729.º e que sejam compatíveis com o procedimento de injunção;
- a invocação da existência de cláusulas contratuais gerais ilegais ou abusivas;
- qualquer exceção perentória que teria sido possível invocar na oposição e de qual o tribunal possa conhecer oficiosamente. (cfr. artigo 14.º-A/2– a) a d) do Decreto-Lei 269/98, de 1 de setembro – Regime Anexo).

Nos termos do artigo 857.º/2, nos casos em que se verifique justo impedimento à dedução de oposição ao requerimento, tempestivamente declarado perante a secretaria de injunção podem ainda ser alegados, alem dos fundamentos supra expostos, quaisquer outros que possam ser invocados como defesa no processo declarativo (cfr. artigos 140.º e 731.º).

Independentemente do justo impedimento, é ainda admitido que o executado deduza oposição à execução com fundamento em questão de conhecimento oficioso que determine a improcedência, total ou parcial, do requerimento de injunção (artigo 857.º/3-*a*)) ou na ocorrência no procedimento de injunção, de forma evidente, de exceções dilatórias de conhecimento oficioso (artigo 857.º/3-*b*)).

Da Execução de entrega de coisa certa – cfr. artigo 859.º e ss.

Da Execução para prestação de facto – cfr. artigo 868.º e ss.

2.2.17. Dos processos especiais

O processo especial (artigos 878.º a 1139.º) aplica-se aos casos expressamente designados na lei.

- Quais as disposições que regulam os processos especiais?

Os processos especiais regulam-se pelas disposições que lhes são próprias e pelas disposições gerais e comuns. Em tudo quanto não estiver prevenido numas e noutras, observar-se-á o que se acha estabelecido para o processo ordinário, nos termos do artigo 549.º/1.

Tutela da personalidade – artigo 878.º e ss.

Da justificação de ausência – artigo 881.º e ss.

Das interdições e inabilitações – artigo 891.º e ss.

- O que é a interdição?

É a situação jurídica na qual uma pessoa se encontra, total ou parcialmente, privada do exercício pessoal e livre dos seus direitos, em virtude de uma decisão judicial (por exemplo: anomalia psíquica, cegueira, etc.).

- O que é a inabilitação?

É a situação jurídica na qual uma pessoa se encontra privada de realizar determinados atos jurídicos, por decisão judicial, necessitando da autorização de um curador (por exemplo: prodigalidade, alcoolismo e toxicodependência).

Da prestação de caução – artigo 906.º e ss.

Da consignação do depósito – artigo 916.º e ss.

Da divisão de coisa comum – artigo 925.º e ss.

- Em que situação pode ser requerida a divisão de coisa comum?

Todo aquele que pretenda pôr termo à indivisão de coisa comum requererá, no confronto dos demais consortes, que, fixadas as respetivas quotas, se proceda à divisão em substância da coisa comum ou à adjudicação ou venda desta, com repartição do respetivo valor, quando a considere indivisível, indicando logo as provas, nos termos do artigo 925.º.

- Qual o prazo para contestar uma ação especial de divisão de coisa comum?

Os requeridos são citados para contestar, no prazo de trinta dias, oferecendo logo as provas que dispuserem, nos termos do artigo 926.º/1.

Do divórcio e separação sem consentimento do outro cônjuge – artigo 931.º e artigos 1773.º e ss. do Código Civil

- Qual a diferença entre divórcio e separação de pessoas e bens?

No caso do divórcio, o casamento é dissolvido e tem juridicamente os mesmos efeitos da dissolução por morte. Deixam de existir relações pessoais e só depois de decretado é que podem ser partilhados os bens. No caso da separação de pessoas e bens, o casamento não é dissolvido, mantêm-se as relações pessoais e extinguem-se os deveres de coabitação e de assistência. Relativamente aos bens, produz os mesmos efeitos da dissolução do casamento, nos termos do artigo 1795.º-A do Código Civil.

- No decurso dum processo de divórcio e separação sem consentimento do outro cônjuge existem três possibilidades. Quais são?

No decurso dum processo de divórcio e separação sem consentimento do outro cônjuge existe a possibilidade de reconciliação e, consequentemente, a manutenção do casamento ou a possibilidade de convolação do divórcio em mútuo consentimento. Caso não ocorram nenhum das mencionadas situações, o divórcio sem consentimento do outro cônjuge corre os seus termos.

- Qual é a primeira audiência na ação de divórcio e separação sem consentimento do outro cônjuge?

Num processo de divórcio e separação sem consentimento do outro cônjuge a primeira audiência será sempre a tentativa de conciliação, nos termos do artigo 931.º/1 e artigo 1779.º do Código Civil.

- Qual o objetivo da tentativa de conciliação no divórcio sem consentimento do outro cônjuge?

O objetivo da tentativa de conciliação é, como o nome indica, tentar conciliar as partes. Caso assim não seja possível, pelo menos convolar em divórcio por mútuo consentimento, ou seja, obter acordo entre os cônjuges (provisoriamente) relativamente a alimentos, à regulação das responsabilidades parentais e à utilização da casa de morada de família.

• Em que casos é que o Advogado pode representar o cônjuge que falte na audiência de tentativa de conciliação?

As partes podem fazer-se representar por mandatário com poderes especiais caso estejam ausentes do continente ou da ilha onde correr o processo, nos termos do artigo 931.º/1 *in fine*.

• O divórcio sem consentimento do outro cônjuge pode ser convolado em divórcio por mútuo consentimento?

O divórcio sem consentimento do outro cônjuge pode ser convolado em divórcio por mútuo consentimento desde que haja acordo dos cônjuges quanto aos alimentos, quanto à regulação das responsabilidades parentais, quanto à utilização da casa de morada de família durante o período de pendência do processo e sobre a relação de bens (contudo não tem que existir um acordo de partilha), nos termos do artigo 931.º/3 e 4 e 994.º e ss.

• Imagine que é intentado um processo de divórcio sem consentimento do outro cônjuge. O Réu é citado para contestar?

Apresentada a petição, o Juiz designará dia para uma tentativa de conciliação, sendo o Réu citado para comparecer pessoalmente (e não para contestar), nos termos do artigo 931.º/1 (cfr. artigo 1779.º do Código Civil).

• Imagine que na audiência de tentativa de conciliação, as partes não chegam a acordo. Quid Iuris?

Não sendo possível a conciliação das partes, o Juiz ordenará a notificação do Réu para contestar no prazo de trinta dias. No ato da notificação, a fazer imediatamente, entregar-se-á ao Réu o duplicado da petição inicial, nos termos do artigo 931.º/5.

O Réu só tem conhecimento da petição inicial neste momento e não antes, para não inviabilizar a possibilidade de acordo.

- Quando é que começa a contar o prazo para o Réu contestar a ação de divórcio sem consentimento do outro cônjuge?

O prazo para o Réu contestar no divórcio sem o consentimento do outro cônjuge conta-se a partir do momento da notificação, nos termos do artigo 931.º/5.

- Imagine que o Réu não contesta a ação de divórcio sem consentimento do outro cônjuge. Quid Iuris?

No caso concreto, não há efeito cominatório pois trata-se se direitos indisponíveis, nos termos dos artigos 354.º-*b)* do Código Civil e 568.º-*c)*.

- Num processo de divórcio ou de separação sem consentimento do outro cônjuge é admissível a dedução tendente à fixação do direito a alimentos?

Sim, num processo de divórcio ou de separação sem consentimento do outro cônjuge é admissível a dedução tendente à fixação do direito a alimentos, nos termos dos artigos 555.º/2 e 931.º/7.

- Pode requerer alimentos provisórios antecedendo a propositura de uma ação de divórcio?

O titular de direito a alimentos pode requerer a fixação da quantia mensal que deva receber, a título de alimentos provisórios, enquanto não houver pagamento da primeira prestação, nos termos do artigo 384.º/1.

Ainda, nos processos de divórcio ou separação sem consentimento do outro cônjuge é admissível a dedução de pedido tendente à fixação do direito a alimentos, nos termos do artigo 555.º/2.

- É certo chamar Requerente e Requerido às partes na ação de divórcio?

Numa ação de divórcio ou separação sem consentimento do outro cônjuge deve-se chamar as partes de Autor e Réu (cfr. artigo 931.º).

- Como se inicia a instância na ação de divórcio sem consentimento do outro cônjuge?

A instância na ação de divórcio sem consentimento do outro cônjuge inicia-se com a apresentação da petição inicial (cfr. artigo 931.º/1).

- O Réu é notificado para comparecer na tentativa de conciliação?

Não, o Réu é citado, nos termos do artigo 931.º/1. O Autor é que é notificado.

- Qual o número de testemunhas no processo sem consentimento do outro cônjuge?

Os Autores não podem oferecer mais de dez testemunhas, para prova dos fundamentos da ação. Igual limitação se aplica aos Réus que apresentem a contestação, nos termos do artigo 511.º/1 ex vi 549.º/1.

- Decorrido o prazo para a apresentação da contestação, qual a tramitação processual seguida nos processos de divórcio sem consentimento do outro cônjuge?

Após ter decorrido o prazo para a apresentação da contestação, o processo especial de divórcio sem consentimento do outro cônjuge segue a tramitação prevista para o processo comum, nos termos do artigo 932.º

- Qual o valor de uma ação de divórcio sem consentimento do outro cônjuge?

O valor de uma ação de divórcio sem consentimento do outro cônjuge é de 30.000,01 Euros (trinta mil euros e um cêntimo), nos termos dos artigos 303.º e 44.º da LOSJ.

- O valor de 30.000,01 Euros (trinta mil euros e um cêntimo) é fixado para que efeito?

A ratio do artigo 303.º é a de permitir que este tipo de processos seja recorrível até ao Supremo Tribunal de Justiça, pois estão em causa direitos indisponíveis que merecem uma tutela reforçada.

- Quais os fundamentos para que haja rutura do casamento?

São fundamento do divórcio sem consentimento de um dos cônjuges, por motivo de rutura do casamento, a separação de facto por um ano consecutivo (artigo 1781.º/*a)* do Código Civil), a alteração das faculdades mentais do outro cônjuge, quando dure há mais de um ano e, pela sua gravidade, comprometa a possibilidade de vida em comum (artigo 1785.º/*b)* do Código Civil), pela ausência, sem que do ausente haja notícias, por tempo não inferior a um ano (artigo 1785.º/*c)* do Código Civil) e por quaisquer outros factos que, independentemente da culpa dos cônjuges, mostrem a rutura definitiva do casamento (artigo 1781.º/*d)* do Código Civil).

- Quando é que se entende haver separação de facto?

Entende-se que há separação de facto, para os efeitos do artigo 1781.º/*a)* do Código Civil, quando não existe comunhão de vida entre os cônjuges e há da parte de ambos, ou de um deles, o propósito de não a restabelecer, nos termos do artigo 1782.º/1 do Código Civil.

Da execução especial por alimentos – artigo 933.º e ss.

Da revisão de sentenças estrangeiras – artigos 706.º e 978.º e ss.

- Em que situações há necessidade de revisão de sentenças estrangeiras?

Sem prejuízo do que se ache estabelecido em tratados, convenções, regulamentos da União Europeia e leis especiais, nenhuma decisão sobre direitos privados, proferida por Tribunal estrangeiro, tem eficácia em Portugal, seja qual for a nacionalidade das partes, sem estar revista e confirmada, nos termos do artigo 978.º/1.

Não é necessária a revisão quando a decisão seja invocada em processo pendente nos Tribunais portugueses, como simples meio de prova sujeito à apreciação de quem haja de julgar a causa, nos termos do artigo 978.º/2.

- Onde é proposta uma ação de revisão de sentença estrangeira?

Para a revisão e confirmação é competente a Relação do distrito judicial em que esteja domiciliada a pessoa contra quem se pretende fazer valer a sentença, observando-se com as necessárias adaptações o disposto nos artigos 80.º a 82.º, nos termos do artigo 979.º.

- Qual o prazo para deduzir oposição de uma ação de revisão de sentença estrangeira?

Apresentado com a petição o documento de que conste a decisão a rever, é a parte contrária citada para, dentro de quinze dias, deduzir a sua oposição.

O Requerente pode responder nos dez dias seguintes à notificação da apresentação da oposição, nos termos do artigo 981.º.

Dos processos de jurisdição voluntária – artigo 986.º e ss.

- Dê exemplos de processos de jurisdição voluntária.

São exemplos de processos de jurisdição voluntária a atribuição de morada de família, o divórcio por mútuo consentimento e as providências relativas aos filhos e aos cônjuges.

- Existe caso julgado nas situações previstas no artigo 988.º?

Não, pois se o Réu tiver sido condenado a prestar alimentos ou a satisfazer outras prestações dependentes de circunstâncias especiais quanto à sua medida ou à sua duração, pode a sentença ser alterada desde que se modifiquem as circunstâncias que determinaram a condenação, nos termos do artigo 619.º/2.

Providências relativas aos filhos e aos cônjuges – artigo 989.º e ss.

Separação ou divórcio por mútuo consentimento – artigo 994.º e ss.

- Imagine que um casal com três filhos menores resolve divorciar-se. O que fazer? Devem ter acordo em relação a quê?

Para que o casal se divorcie por mútuo consentimento (ou separação judicial de pessoas e bens), os mesmos deverão ter acordo no que diz respeito à relação especificada dos bens comuns (mas não acordo de partilha), com indicação dos respetivos valores (artigo 994.º/1-*b*)), quanto à regulação das responsabilidades parentais (artigo 994.º/1-*c*)), com o acordo sobre a prestação de alimentos ao cônjuge que careça deles (artigo 994.º/1-*d*)), com o acordo sobre o destino da casa de morada da família durante o período de pendência do processo (artigo 994.º/1-*f*)) e com acordo sobre o destino dos animais de companhia, caso seja aplicável (artigo 1775.º/1-*f*) do Código Civil).

• Quais os documentos que acompanham o requerimento de divórcio por mútuo consentimento?

O requerimento para o divórcio por mútuo consentimento (ou para separação judicial de pessoas e bens) será assinado por ambos os cônjuges ou pelos seus procuradores e instruído com a certidão de narrativa completa do registo de casamento (artigo 994.º/1-*a*)), com a relação especificada dos bens comuns, com indicação dos respetivos valores (artigo 994.º/1-*b*)), com o acordo que hajam celebrado sobre a regulação das responsabilidades parentais relativamente a filhos menores, se os houver (artigo 994.º/1-*c*)), com o acordo sobre a prestação de alimentos ao cônjuge que careça deles (artigo 994.º/1-*d*)), com a certidão da convenção antenupcial e do seu registo, se os houver (artigo 994.º/1-*e*)), com o acordo sobre o destino da casa de morada da família (artigo 994.º/1-*f*)) e com o acordo sobre o destino dos animais de companhia, caso seja aplicável (artigo 1775.º/1-*f*) do Código Civil) – cfr. sempre artigo 1775.º do Código Civil).

• Onde se propõe o divórcio por mútuo consentimento?

O divórcio por mútuo pode ser instaurado na Conservatória do Registo Civil ou no Tribunal. Será na Conservatória do Registo Civil se o casal tiver de acordo relativamente aos bens comuns, quanto ao exercício das responsabilidades parentais quando existam filhos menores, quanto à prestação de alimentos ao cônjuge que deles careça, sobre o destino da casa de morada de família e sobre o destino dos animais de companhia, caso existam. Se o casal não tiver chegado a acordo sobre alguns dos assuntos referidos, o divórcio por mútuo consentimento deve ser requerido no Tribunal (cfr. artigo 1775.º do Código Civil).

• Imagine que o seu cliente quer divorciar-se por mútuo consentimento no prazo de quinze dias. É possível?

Numa ação de divórcio por mútuo consentimento em que seja apresentado acordo sobre o exercício das responsabilidades parentais relativos a filhos menores, o processo é enviado ao MP, junto do Tribunal judicial de 1.ª instância competente em razão da matéria no âmbito da circunscrição a que pertença a Conservatória, para que este se pronuncie sobre o acordo no prazo de trinta dias, pelo que dificilmente, nesse caso, o seu cliente poderá divorciar-se em quinze dias, nos termos do artigo 1776.º-A/1 do Código Civil.

• No divórcio por mútuo consentimento o requerimento deve ser assinado pelos cônjuges. E se for só pelo Advogado, é possível?

O requerimento para a separação judicial de pessoas e bens ou para o divórcio por mútuo consentimento pode ser assinado pelos Advogados, se estiverem munidos de uma procuração forense com poderes especiais, nos termos do artigo 994.º/1.

• Imagine que o seu cliente lhe diz que já não vive com a sua mulher há mais de um ano, mas ainda se falam. O que lhe aconselhava?

No caso concreto, aconselharia o meu cliente a requerer o divórcio por mútuo consentimento.

Conselho de Família – artigo 1017.º e ss. do Código de Processo Civil e artigo 1951.º e ss. do Código Civil.

Fixação Judicial de Prazo – artigo 1026.º e 1027.º

Notificação para preferência – artigo 1028.º e ss.

Do Processo de Inventário – cfr. artigo 1082.º e ss.

2.2.18. Legislação complementar

Ação especial para cumprimento de obrigações pecuniárias – injunção Decreto-Lei n.º 269/98 – Regime Anexo

• O que é uma injunção?

A injunção é a providência que permite ao credor de uma prestação pecuniária obter de forma mais célere e simplificada um título executivo, condição indispensável ao cumprimento coercivo da mesma (têm de ser derivadas de contratos ou de transações comerciais), nos termos do artigo 7.º

- Este procedimento é simples. Pela sua experiência é célere?

O procedimento é mais célere quando a parte contrária é notificada ou quando não apresenta oposição à injunção (mesmo que o procedimento seja apresentado à distribuição é um processo mais célere).

- É possível deduzir reconvenção num processo que teve por base uma injunção?

É possível deduzir reconvenção num processo que teve por base uma injunção mas, de acordo com a orientação dos Tribunais Superiores, apenas é possível deduzir reconvenção em processos de valor superior a 30.000,00 Euros (alçada da Relação) uma vez que estes processos seguem os termos do processo comum.

- Há algum limite no valor de uma injunção?

Nas injunções que se baseiem nas obrigações emergentes de transações comerciais abrangidas pelo Decreto-Lei n.º 32/2003, de 17 de fevereiro, não há limite de valor. Nas que se baseiam nas obrigações descritas no artigo 1.º do diploma preambular há o limite de 15.000,00 Euros (quinze mil euros), caso as partes não pretendam seguir o processo comum na tramitação da cobrança.

- Imagine que o seu cliente lhe comunica que celebrou um contrato mas não lhe pagaram. O valor da dívida não é muito elevado (quinhentos euros). Que soluções propunha?

A solução que o Advogado deve propor é a Injunção, tendo em conta o diminuto valor e o facto das probabilidades de ser deduzida oposição serem baixas. Desta forma, o cliente obterá, de forma mais célere, um título executivo.

- E caso não seja possível o recurso à injunção?

Nesse caso, deverá ser intentada uma ação declarativa comum de condenação na qual seja pedida a condenação do Réu a pagar ao Autor os 500,00 Euros (quinhentos euros) em dívida.

- Qual o regime da prova nas duas situações referidas?

Se for uma ação que teve por base um procedimento de injunção a prova deverá ser junta na audiência de discussão e julgamento e as testemunhas a apresentar na mesma. Se for ação declarativa, neste caso corre os termos do processo comum.

- Quais os dois tipos de injunções?

Os dois tipos de injunções existentes são as que destinadas a exigir o cumprimento das obrigações a que se refere o artigo 1.º do diploma preambular (obrigações contratuais com um limite superior de 15.000,00 Euros) ou as destinadas a exigir o cumprimento das obrigações emergentes de transações comerciais abrangidas pelo Decreto-Lei n.º 32/2003, de 17 de Fevereiro, nos termos do artigo 7.º

- Trata-se de um processo administrativo ou judicial?

A injunção pode ser um processo dos dois tipos. Caso haja distribuição torna-se num processo judicial. Não sendo distribuída estamos perante um processo administrativo.

- Quantos articulados tem o procedimento de injunção?

O procedimento de injunção não contém quaisquer articulados, nos termos dos artigos 1.º/3 e 15.º.

- Onde deve ser apresentado o procedimento de injunção?

O procedimento de injunção deve ser apresentado no Balcão Nacional de Injunções que assegura a tramitação do procedimento de injunção, nos termos do artigo 1.º/2 da Portaria 220-A/2008, de 4 de março.

- O que deve o Requerente indicar no procedimento de injunção?

No procedimento de injunção, o Requerente deve:
– Identificar a secretaria do Tribunal a que se dirige (artigo 10.º/2-*a*));
– Identificar as partes (artigo 10.º/2-*b*));

- Indicar o lugar onde deve ser feita a notificação, devendo mencionar se se trata de domicílio convencionado, nos termos do artigo 2.º/1 do diploma preambular (artigo 10.º/2-*c*));
- Expor sucintamente os factos que fundamentam a pretensão (artigo 10.º/2-*d*));
- Formular o pedido, com discriminação do valor do capital, juros vencidos e outras quantias devidas (artigo 10.º/2-*e*));
- Indicar a taxa de justiça paga (artigo 10.º/2-*f*));
- Indicar, quando for o caso, que se trata de transação comercial abrangida pelo Decreto-Lei n.º 32/2003, de 17 de fevereiro, na sua redação atual ou pelo Decreto-Lei 62/2013, de 10 de maio (artigo 10.º/2-*g*));
- Indicar o seu domicílio (artigo 10.º/2-*h*));
- Indicar o endereço de correio eletrónico, se o Requerente pretender receber comunicações ou ser notificado por este meio (artigo 10.º/2-*i*));
- Indicar se pretende que o processo seja apresentado à distribuição, no caso de se frustrar a notificação (artigo 10.º/2-*j*));
- Indicar o Tribunal competente para apreciação dos autos se forem apresentados à distribuição (artigo 10.º/2-*l*));
- Indicar se pretende a notificação por Solicitador de Execução ou mandatário judicial e, em caso afirmativo, indicar o seu nome e o respetivo domicílio profissional (artigo 10.º/2-*m*));
- Indicar se pretende a notificação por Solicitador de Execução ou mandatário judicial e, em caso afirmativo, indicar o seu nome e o respetivo domicílio profissional (artigo 10.º/2-*m*)); Indicar, tratando-se de contacto celebrado com consumidor, se o mesmo comporta cláusulas contratuais gerais, sob pena de ser considerado litigante de má fé (artigo 10.º/2-n));
- Assinar o requerimento (artigo 10.º/2-*o*)).

• Durante o procedimento de injunção é permitida a alteração do pedido?

Durante o procedimento de injunção não é permitida a alteração dos elementos constantes do requerimento, designadamente o pedido formulado, nos termos do artigo 10.º/3.

• É necessária a junção de procuração por parte do mandatário?

O requerimento pode ser subscrito por mandatário judicial, bastando para o efeito a menção da existência do mandato e do domicílio profissional do mandatário, nos termos do artigo 10.º/5.

- Em que condições o procedimento de injunção pode ser recusado?

O procedimento de injunção só pode ser recusado se:
– Não estiver endereçado à secretaria judicial competente ou não respeitar o disposto no artigo 10.º/2-*l)* (artigo 11.º/1-*a)*);
– Omitir a identificação das partes, o domicílio do Requerente ou o lugar da notificação do devedor (artigo 11.º/1-*b)*);
– Não estiver assinado, exceto nos casos previstos no artigo 10.º/7 (artigo 11.º/1-*c)*);
– Não estiver redigido em língua portuguesa (artigo 11.º/1-*d)*);
– Não constar do modelo a que se refere o artigo 10.º/1 (artigo 11.º/1-*e)*);
– Não se mostrar paga a taxa de justiça devida (artigo 11.º/1-*f)*);
– O valor ultrapassar o referido no artigo 1.º do diploma preambular, sem que dele conste a indicação prevista no artigo 10.º/2-*g)* (artigo 11.º/1-*g)*)
– O pedido não se ajustar ao montante ou finalidade do procedimento (artigo 11.º/1-*h)*).

- O Requerente pode desistir do pedido num procedimento de injunção?

Até à dedução de oposição ou, na sua falta, até ao termo do prazo de oposição, o Requerente pode desistir do procedimento, nos termos do artigo 15.º-A/1 (cfr. n.º 2).

- Em que casos o procedimento de injunção é apresentado à distribuição?

Deduzida oposição ou frustrada a notificação do Requerido, no caso em que o Requerente tenha indicado que pretende que o processo seja apresentado à distribuição, o secretário apresenta os autos à distribuição que imediatamente se seguir, nos termos do artigo 16.º/1 (cfr. artigo 10.º/2-*l)*).

Salvo o disposto no artigo 11.º/2 e no artigo 14.º/4, os autos são também imediatamente apresentados à distribuição sempre que se suscite questão sujeita a decisão judicial, nos termos do artigo 16.º/2.

- Qual a consequência da falta de junção do comprovativo do pagamento da taxa de justiça?

Na falta de junção do documento comprovativo do pagamento da taxa de justiça, é desentranhada a respetiva peça processual, nos termos do artigo 20.º

2.3. PRÁTICA PROCESSUAL PENAL[3]

2.3.1. Disposições gerais

• O processo penal é um processo de partes? Quais seriam as transformações se fosse um processo de partes? E haverá processos penais de partes?

Não podemos falar em partes processuais no processo penal português mas sim em sujeitos processuais. Existem vários indícios nesse sentido. Por exemplo, o MP não se encontra ao mesmo nível dos demais sujeitos processuais, tanto jurídica como facticamente. Além disso, o MP tem ao seu dispor todo um aparelho de investigação.

Na fase de inquérito, o arguido não tem um direito igual ao do MP, pois este investiga minuciosamente podendo o arguido apenas suportar essa mesma investigação e não podendo opor-se a ela. Poderá apenas, depois de ouvido, apresentar provas ao MP de que não praticou os factos que lhe são imputados de forma a obter um arquivamento do procedimento criminal que contra si foi movido.

Acresce que tanto o MP como o arguido não dispõem do processo.

O processo penal português é um processo acusatório integrado por um princípio de investigação. É esta característica, de ser dada ao Tribunal a hipótese de, independentemente do concurso das partes em julgamento, investigar os factos que constem da acusação e valorar a prova recolhida e apresentada em julgamento que confere ao processo penal a estrutura de um processo com sujeitos processuais.

• Nos casos omissos qual o regime supletivo para o Código de Processo Penal Português?

Nos casos omissos, quando as disposições do Código de Processo Penal não puderem aplicar-se por analogia, observam-se as normas do processo civil que se harmonizem com o processo penal e, na falta delas, aplicam-se os princípios gerais do processo penal, nos termos do artigo 4.º

[3] Os artigos deste capítulo não acompanhados do respectivo Diploma Legal são do Código de Processo Penal (CPP).

2.3.2. Da competência – cfr. artigos 11.º a 33.º

Competência do Supremo Tribunal de Justiça – artigo 11.º

Competência das Relações – artigo 12.º

Competência do Tribunal do Júri – artigo 13.º

Competência do Tribunal Coletivo – artigo 14.º

Competência do Tribunal Singular – artigo 16.º

Competência do Juiz de Instrução – artigo 17.º (cfr. artigos 268.º, 269.º, 288.º; 32.º/4 da CRP).

Competência territorial – artigos 19.º a 23.º

Competência por conexão – artigos 24.º a 31.º

• Imagine que o arguido praticou dois crimes da competência de tribunais diferentes pela sua hierarquia ou espécie. Qual o Tribunal competente?

É competente, para todos os crimes, o Tribunal de hierarquia ou espécie mais elevada, nos termos do artigo 27.º.

• Em que casos o Tribunal ordena a separação dos processos conexos?

Nos termos do artigo 30.º/1 a) a e), o Tribunal, oficiosamente ou a requerimento do Ministério Público, do Arguido, do Assistente ou do Lesado, ordena a separação dos processos conexos quando:

– A conexão afetar gravemente e de forma desproporcionada a posição de qualquer arguido ou houver na separação um interesse ponderoso e atendível de qualquer um deles, nomeadamente no não prolongamento da prisão preventiva; ,
– A conexão puder representar um risco para a realização da justiça em tempo útil, para a pretensão punitiva do Estado ou para o interesse do ofendido, do assistente ou do lesado; ,

- A manutenção da conexão possa pôr em risco o cumprimento dos prazos de duração máxima da instrução ou retardar excessivamente a audiência de julgamento;
- A conexão puder retardar excessivamente o julgamento de qualquer dos arguidos;
- houver declaração de contumácia, ou o julgamento decorrer na ausência de um ou alguns dos arguidos e o Tribunal tiver como mais conveniente a separação de processos.

Ainda, a requerimento de algum ou alguns dos arguidos o Tribunal pode separar os processos conexos quando outro ou outros dos arguidos tiverem requerido a intervenção do júri, nos termos dos artigos 13.º/2 e 3 e 30.º/2.

- Quando é que se conhece da incompetência do Tribunal?

A incompetência do Tribunal é por este conhecida e declarada oficiosamente e pode ser deduzida pelo MP, pelo arguido e pelo Assistente até ao trânsito em julgado da decisão final, nos termos do artigo 32.º/1.

Tratando-se de incompetência territorial, ela somente pode ser deduzida e declarada até ao início do debate instrutório, tratando-se de Juiz de instrução ou até ao início da audiência de julgamento, tratando-se de Tribunal de julgamento, nos termos dos artigos 32.º/2-*a)* e *b)*.

- Quais os efeitos da declaração de incompetência?

Declarada a incompetência do Tribunal, o processo é remetido para o Tribunal competente, o qual anula os atos que se não teriam praticado se perante ele tivesse corrido o processo e ordena a repetição dos atos necessários para conhecer da causa, nos termos do artigo 33.º/1.

O Tribunal declarado incompetente pratica os atos processuais urgentes, nos termos do artigo 33.º/2.

Se para conhecer de um crime não forem competentes os Tribunais portugueses, o processo é arquivado, nos termos do artigo 33.º/4.

2.3.3. Dos sujeitos processuais

_i)_ Do MP e dos Órgãos de Polícia Criminal (OPC)

• Quem tem legitimidade para promover o processo penal?

Nos termos do artigo 48.º, tem legitimidade para promover o processo penal o MP com as restrições do artigo 49.º a 52.º (cfr. artigos 262.º/2 e 283.º e 219.º/1 da Constituição da República Portuguesa).

• Imagine que o MP não promove o processo penal. Quid Iuris?

A falta de promoção do processo pelo MP constitui uma nulidade insanável, nos termos do artigo 119.º-*b)*.

• Quais os tipos de crime previstos no Direito Penal Português? Dê alguns exemplos de cada um deles.

TIPOS DE CRIME	DEFINIÇÃO	EXEMPLOS (artigos do Código Penal)
Público	Crime em que o MP tem legitimidade para exercer a ação penal, sem que esse exercício esteja dependente de uma condição de procedibilidade, do prévio exercício de queixa.	– Homicídio (art. 131.º) – Violência Doméstica (art. 152.º) – Rapto (art. 161.º) – Violação (art. 164.º)
Semi--público	Crime em que o exercício da ação pelo MP, a promoção da ação penal, depende de uma condição de procedibilidade que é o prévio exercício do direito de queixa.	– Ameaça (art. 153.º) – Furto (art. 203.º) – Burla (art. 217.º) – Subtracção de menor (art. 249.º)
Particular	Crime em que para prosseguimento da ação penal é necessário que o titular do direito de queixa exerça esse direito, apresentando queixa, se constitua assistente e deduza acusação,	– Difamação (art. 180.º) – Injúrias (art. 181.º)
Dependente de Participação	Crime que tem origem na manifestação de vontade, por parte de uma autoridade, de que seja instaurado procedimento criminal	– Infidelidade diplomática (art. 319.º/2) – Violação de segredo (artigos 195.º e 198.º)

- O que é um crime público?

"São públicos os crimes em que o MP tem legitimidade para exercer a ação penal, sem que esse exercício esteja dependente de uma condição de procedibilidade, do prévio exercício de queixa, como acontece nos *crimes semi-públicos* e particulares", *in* Henriques Eiras e Guilhermina Fortes, *Dicionário de Direito Penal e Processo Penal,* 2.ª Edição, Quid Juris, 2006, pág. 120.

- Como se inicia e se desenvolve um procedimento penal por crime público?

O procedimento penal inicia-se com a notícia do crime (artigo 241.º), a partir do qual o MP abre um inquérito tendo em vista determinar se há indícios suficientes da prática de um crime público, determinar os seus agentes e a responsabilidade destes e descobrir e recolher as provas, em ordem à decisão sobre a acusação (artigo 262.º). De seguida, o MP pode proceder por despacho ao arquivamento do inquérito (artigo 277) ou deduzir acusação (artigo 283.º).

- Dê exemplos de crimes públicos.

São exemplos de crimes públicos, o crime de homicídio (artigo 131.º do Código Penal) e o crime de rapto (artigo 161.º do Código Penal).

- O que é um crime semipúblico?

Os crimes semi-públicos "são aqueles em que o exercício da ação pelo MP, a promoção da ação penal, depende de uma condição de procedibilidade que é o prévio exercício do direito de queixa. Não se confundem com os *crimes particulares* em que, para além do exercício do direito de queixa, é necessário que o titular do direito se constitua assistente, sem o que a ação penal não pode prosseguir", *in* Henriques Eiras e Guilhermina Fortes, *Dicionário de Direito Penal e Processo Penal,* 2.ª Edição, Quid Juris, 2006, pág. 120 – (cfr. artigo 246.º/4, 2.ª parte).

- Dê exemplos de crimes semi-públicos.

São exemplos de crimes semi-públicos, o crime de furto (artigo 203.º do Código Penal com a ressalva do artigo 207.º do Código Penal) e o crime de burla (artigo 217.º do Código Penal).

• O que é um crime particular?

São particulares os crimes "em que para prosseguimento da ação penal é necessário que o titular do direito de queixa exerça esse direito, apresentando queixa, se constitua assistente e deduza acusação", *in* Henriques Eiras e Guilhermina Fortes, *Dicionário de Direito Penal e Processo Penal,* 2.ª Edição, Quid Juris, 2006, pág. 119 – (cfr. artigo 285.º/4).

• Dê exemplos de crimes particulares.

São exemplos de crimes particulares, o crime de difamação (artigo 180.º do Código Penal) e o crime de injúrias (artigo 181.º do Código Penal) – cfr. artigo 188.º do Código Penal.

• O que é um crime dependente de participação?

Um crime dependente de participação tem origem na manifestação de vontade, por parte de uma autoridade, de que seja instaurado procedimento criminal, distinguindo-se da queixa simplesmente pela qualidade da entidade que impulsiona o procedimento (cfr. artigo 53.º/2-*a*)).

• Dê exemplos de crimes dependentes de participação.

São exemplos de crimes dependentes de participação, o crime de Infidelidade diplomática (artigos 319.º/2 do Código Penal) e o crime de violação de segredo (artigos 195.º e 198.º do Código Penal).

• O MP pode acusar sozinho por um crime público?

O MP pode acusar sozinho por um crime público, nos termos dos artigos 48.º, 49.º a contrario e 283.º.

• O MP pode acusar sozinho por um crime semipúblico?

No caso de se tratar de um crime semipúblico, o procedimento criminal depende de queixa para que o MP promova o processo (cfr. artigo 113.º do Código Penal). Após a apresentação da queixa, o MP pode acusar sozinho, nos termos dos artigos 49.º e 283.º.

- O MP pode acusar sozinho por um crime particular?

No caso de se tratar de um crime particular, o MP não pode acusar sozinho. É necessário que o(s) ofendido(s) se queixe(m), se constitua(m) Assistente(s) e deduza(m) acusação particular, nos termos dos artigos 50.º/1, 68.º/2, 69.º/2-*b*), 246.º/4 2.ª parte e 285.º (cfr. artigos 113.º e 117.º do Código Penal).

- Costuma dizer-se que o MP é o senhor do inquérito no processo penal. Isto aplica-se aos crimes particulares?

Mesmo quando se trate de crimes particulares, o MP continua a ser o responsável pela investigação (cfr. artigos 50.º/2, 262.º e 267.º).

- Quem pode apresentar uma queixa-crime?

A queixa pode ser apresentada pelo titular do direito respetivo (artigos 113.º e 114.º do Código Penal), por mandatário judicial ou por mandatário munido de poderes especiais, nos termos dos artigos 49.º/3 e 50.º/3.

- A apresentação de queixa relativamente a um dos participantes no crime torna o procedimento criminal aplicável aos comparticipantes?

A apresentação de queixa relativamente a um dos participantes no crime torna o procedimento criminal extensivo aos restantes, nos termos do artigo 114.º do Código Penal (princípio da indivisibilidade).

- O direito de queixa extingue-se?

Sim, o direito de queixa extingue-se no prazo de seis meses a contar da data em que o titular tiver tido conhecimento do facto e dos seus autores, ou a partir da morte do ofendido ou da data em que ele se tiver tornado incapaz, nos termos do artigo 115.º/1 do Código Penal.

- Qual a diferença entre a extinção do direito de queixa (artigo 115.º do Código Penal) e a prescrição em direito penal (artigo 118.º do Código Penal)?

A extinção do direito de queixa é o prazo a partir do qual tal direito deixa de existir (atua uma espécie de caducidade). Este prazo não pode ser interrompido nem suspenso. Por sua vez, a prescrição consiste na extinção do procedimento criminal, da pena ou da medida de segurança pelo decurso do tempo. Este prazo pode ser interrompido e suspenso (artigo 120.º e 121.º do Código Penal).

- O direito de queixa pode ser exercido se o titular a ele tiver renunciado?

O direito de queixa não pode ser exercido se o titular a ele expressamente tiver renunciado ou tiver praticado factos donde a renúncia necessariamente se deduza, nos termos do artigo 116.º/1 do Código Penal (cfr. artigo 72.º/2).

- O queixoso pode desistir da queixa?

O queixoso pode desistir da queixa, desde que não haja oposição do arguido, até à publicação da sentença da primeira instância. A desistência impede que a queixa seja renovada, nos termos do artigo 116.º/2 do Código Penal (cfr. artigo 51.º). Se porventura, o arguido se opuser à desistência de queixa, o procedimento criminal segue os seus termos como se fosse público.

- A desistência de queixa relativamente a um dos comparticipantes do crime aproveita aos restantes?

A desistência da queixa relativamente a um dos comparticipantes no crime aproveita aos restantes, salvo oposição destes, nos casos em que também estes não puderem ser perseguidos sem queixa, nos termos do artigo 116.º/3 do Código Penal.

Prescrição do procedimento criminal – artigos 118.º a 121.º do Código Penal

- Como opera a prescrição no processo penal português?

O procedimento criminal extingue-se, por efeito de prescrição, logo que sobre a prática do crime tiverem decorrido os seguintes prazos:
- quinze anos, quando se tratar de crimes puníveis com pena de prisão cujo limite máximo for superior a dez anos ou dos crimes previstos nos artigos 335.º, 372.º, 373.º, 374.º, 374.º-A, 375.º/1 e 3, 377.º/1, 379.º/1, 382.º, 383.º e 384.º do Código Penal, nos artigos 11.º, 16.º a 20.º, no n.º 1 do artigo 23.º e nos artigos 26.º e 27.º da Lei n.º 34/87, de 16 de julho, nos artigos 7.º,

8.º e 9.º da Lei n.º 20/2008, de 21 de abril, nos artigos 8.º, 9.º, 10.º, 10.º-A, 11.º e 12.º da Lei n.º 50/2007, de 31 de agosto, no artigo 36.º do Decreto-Lei n.º 28/84, de 20 de janeiro, nos artigos 36.º e 37.º do Código de Justiça Militar, no artigo 299.º do Código Penal, contanto que a finalidade ou atividade do grupo, organização ou associação seja dirigida à prática de um ou mais dos crimes acima indicados com exceção dos crimes previstos nos artigos 8.º, 9.º, 10.º, 10.º-A, 11.º e 12.º da Lei n.º 50/2007, de 31 de agosto (artigo 118.º/1-a) do Código Penal);

- dez anos, quando se tratar de crimes puníveis com pena de prisão cujo limite máximo for igual ou superior a cinco anos, mas que não exceda dez anos (artigo 118.º/1-*b)* do Código Penal);
- cinco anos, quando se tratar de crimes puníveis com pena de prisão cujo limite máximo for igual ou superior a um ano, mas inferior a cinco anos (artigo 118.º/1-*c)* do Código Penal);
- dois anos, nos casos restantes (artigo 118.º/1-*d)* do Código Penal).

No caso do procedimento criminal respeitar a pessoa coletiva ou entidade equiparada, os prazos previstos no artigo 118.º/1 são determinados tendo em conta a pena de prisão, antes de se proceder à conversão prevista no artigo 90-B.º/1 e 2, nos termos do artigo 118.º/3 do Código Penal.

Quando a lei estabelecer para qualquer crime, em alternativa, pena de prisão ou de multa, só a primeira é considerada para efeitos de prescrição, nos termos do artigo 118.º/4 do Código Penal.

- Quando prescreve o procedimento criminal nos crimes contra a liberdade e autodeterminação sexual de menores?

Nos crimes contra a liberdade e autodeterminação sexual de menores, o procedimento criminal não se extingue, por efeito de prescrição, antes de o ofendido perfazer 23 anos, nos termos do artigo 118.º/5 do Código Penal.

- A prescrição do procedimento criminal interrompe-se?

A prescrição do procedimento criminal interrompe-se com a constituição de arguido (artigo 121.º/1-*a)* do Código Penal), com a notificação da acusação ou, não tendo esta sido deduzida, com a notificação da decisão instrutória que pronunciar o arguido ou com a notificação do requerimento para aplicação da sanção em processo sumaríssimo (artigo 121.º/1-*b)* do Código Penal), com a declaração de contumácia (artigo 121.º/1-*c)* do Código Penal) e com a notificação do despacho que designa dia para audiência na ausência do arguido (artigo 121.º/1-*d)* do Código Penal).

Depois de cada interrupção começa a correr novo prazo de prescrição, nos termos do artigo 121.º/2 do Código Penal.

Sem prejuízo do disposto no artigo 118.º/5, a prescrição do procedimento criminal tem sempre lugar quando, desde o seu início e ressalvado o tempo de suspensão, tiver decorrido o prazo normal de prescrição acrescido de metade. Quando, por força de disposição especial, o prazo de prescrição for inferior a dois anos o limite máximo da prescrição corresponde ao dobro desse prazo, nos termos do artigo 121.º/3 do Código Penal.

- A prescrição do procedimento criminal corre durante a suspensão provisória do processo?

Não, a prescrição não corre no decurso do prazo de suspensão provisória do processo, nos termos do artigo 282.º/2. Esta só volta a correr a partir do dia em que cessar a causa da suspensão, nos termos do artigo 120.º/3 do Código Penal.

- As penas prescrevem?

As penas prescrevem nos prazos seguintes:

– vinte anos, se forem superiores a dez anos de prisão (artigo 122.º/1-*a)* do Código Penal);
– quinze anos, se forem iguais ou superiores a cinco anos de prisão (artigo 122.º/1-*b)* do Código Penal);
– dez anos, se forem iguais ou superiores a dois anos de prisão (artigo 122.º/1-*c)* do Código Penal);
– quatro anos, nos casos restantes (artigo 122.º/1-*d)* do Código Penal).

O prazo de prescrição começa a correr no dia em que transitar em julgado a decisão que tiver aplicado a pena, nos termos do artigo 122.º/2 do Código Penal.

- As medidas de segurança prescrevem?

As medidas de segurança prescrevem no prazo de quinze ou de dez anos, consoante se trate de medidas de segurança privativas ou não privativas da liberdade, nos termos do artigo 124.º/1 do Código Penal.

A medida de segurança de cassação da licença de condução prescreve no prazo de cinco anos, nos termos do artigo 124.º/2 do Código Penal.

- É possível a suspensão da prescrição das penas e das medidas de segurança?

A prescrição da pena e da medida de segurança suspende-se, para além dos casos especialmente previstos na lei, durante o tempo em que por força da lei, a execução não puder começar ou continuar a ter lugar (artigo 125.º/2-*a)* do Código Penal), vigorar a declaração de contumácia (artigo 125.º/2-*b)* do Código Penal), o condenado estiver a cumprir outra pena ou medida de segurança privativas da liberdade (artigo 125.º/2-*c)* do Código Penal) ou perdurar a dilação do pagamento da multa (artigo 125.º/2-*d)* do Código Penal).

A prescrição volta a correr a partir do dia em que cessar a causa da suspensão, nos termos do artigo 125.º/2 do Código Penal.

- É possível a interrupção da prescrição das penas e das medidas de segurança?

A prescrição da pena e da medida de segurança interrompe-se com a sua execução (artigo 126.º/1-*a)* do Código Penal) ou com a declaração de contumácia (artigo 126.º/1-*b)* do Código Penal).

Depois de cada interrupção começa a correr novo prazo de prescrição, nos termos do artigo 126.º/2 do Código Penal.

A prescrição da pena e da medida de segurança tem sempre lugar quando, desde o seu início e ressalvado o tempo de suspensão, tiver decorrido o prazo normal da prescrição acrescido de metade, artigo 126.º/3 do Código Penal.

- Existem outras causas de extinção da responsabilidade criminal?

Sim, a responsabilidade criminal extingue-se ainda pela morte, amnistia, perdão genérico e indulto, nos termos do artigo 127.º/1 do Código Penal.

- Caso a pessoa coletiva seja extinta como são aplicadas as penas correspondentes?

No caso de uma pessoa coletiva ou equiparada que for extinta, o respetivo património responde pelas multas e indemnizações em que for condenada, nos termos do artigo 127.º/2 do Código Penal.

- Qual a posição/atribuições do MP no processo penal?

Compete ao MP, no processo penal, colaborar com o Tribunal na descoberta da verdade e na realização do direito, obedecendo em todas as intervenções processuais a critérios de estrita objetividade, nos termos do artigo 53.º/1.

Compete ainda ao MP receber as denúncias (cfr. 242.º e 246.º), as queixas e as participações e apreciar o seguimento a dar-lhes (cfr. artigo 49.º/2), dirigir o inquérito (artigo 262.º), deduzir acusação (cfr. artigo 283.º) e sustentá-la efetivamente na instrução e no julgamento, interpor recursos, ainda que no exclusivo interesse da defesa (cfr. artigo 401.º/1-*a)*) e promover a execução das penas e das medidas de segurança e, bem assim, a execução por indemnização e mais quantias devidas ao Estado ou a pessoas que lhe incumba representar judicialmente. (cfr. artigo 469.º), nos termos do artigo 53.º/2-*a)* a *e)*.

- Quais as competências dos órgãos de polícia criminal?

Compete aos órgãos de polícia criminal coadjuvar as autoridades judiciárias com vista à realização das finalidades do processo, nos termos do artigo 55.º/1.

Compete em especial aos órgãos de polícia criminal, mesmo por iniciativa própria, colher notícia dos crimes e impedir quanto possível as suas consequências, descobrir os seus agentes e levar a cabo os atos necessários e urgentes destinados a assegurar os meios de prova, nos termos do artigo 55.º/2 (cfr. ainda os artigos 263.º, 270.º e 288.º).

***ii)* Do arguido e do seu defensor**

- O que é um arguido?

Assume a qualidade de arguido, todo aquele contra quem for deduzida acusação ou requerida instrução num processo penal, nos termos do artigo 57.º/1.

- A qualidade de arguido conserva-se durante todo o decurso do processo?

Sim, a qualidade de arguido conserva-se durante todo o decurso do processo, nos termos do artigo 57.º/2.

- A pessoa coletiva pode ser constituída arguida?

Sim, a pessoa coletiva ou entidade equiparada pode ser constituída arguida, nos termos do artigo 57.º/4.

- No caso de a pessoa coletiva ou entidade equiparada ser constituída arguida, quem a representa?

A pessoa coletiva é representada pela pessoa singular que nos termos legais ou estatutários a deva representar.

Caso se trate de uma entidade sem personalidade jurídica, esta é representada pela pessoa que aja como diretor, gerente ou administrador e, na falta desta, por pessoa escolhida pela maioria dos seus associados.

Em caso de cisão ou fusão da pessoa coletiva ou entidade equiparada, a representação cabe, respetivamente, aos representantes das pessoas cindidas (novas pessoas coletivas ou entidades equiparadas que resultam da cisão) ou ao representante da pessoa fundida (nova pessoa coletiva ou entidade que resulta da fusão).

Em caso de extinção e quando tenha sido declarada a insolvência e até ao encerramento da liquidação, mantém-se o representante em funções à data da extinção ou da declaração de insolvência, nos termos do artigo 57.º/ 5 a 8.

- Quando é que é obrigatória a constituição de arguido?

É obrigatória a constituição de arguido, além dos casos em que for deduzida acusação ou requerida instrução num processo penal (artigo 57.º/1), quando correndo inquérito contra pessoa determinada em relação à qual haja suspeita fundada da prática de crime (cfr. artigo 272.º/1), esta prestar declarações perante qualquer autoridade judiciária ou órgão de polícia criminal, quando tenha de ser aplicada a qualquer pessoa uma medida de coação ou de garantia patrimonial (cfr. artigo 196.º e ss.), quando um suspeito for detido, nos termos e para os efeitos previstos nos artigos 254.º a 261.º ou quando for levantado auto de notícia que dê uma pessoa como agente de um crime e aquele lhe for comunicado, salvo se a notícia for manifestamente infundada (artigo 58.º/1- *a)* a *d)*).

- Como se opera a constituição de arguido?

A constituição de arguido opera-se através da comunicação, oral ou por escrito, feita ao visado por uma autoridade judiciária ou um órgão de polícia criminal, de que a partir desse momento aquele deve considerar-se arguido num processo penal e da indicação e se necessário, explicação dos direitos e deveres processuais (artigo 61.º) que por essa razão passam a caber-lhe, nos termos do artigo 58.º/2.

- Como se opera a constituição de arguido de pessoa coletiva ou entidade equiparada?

A constituição de arguido de pessoa coletiva ou entidade equiparada opera-se através de comunicação ao seu representante, logo que se verifiquem as circunstâncias mencionadas nas alíneas a), b) ou d) do n.º 1 do artigo 58.º, nos termos do artigo 58.º/3.

- É possível uma testemunha passar a arguido?

Sim, se durante qualquer inquirição feita a pessoa que não é arguido, surgir fundada suspeita de crime por ela cometida, a entidade que procede ao ato suspende-o imediatamente e procede à comunicação da sua constituição como arguido e à indicação dos seus direitos e deveres (artigo 61.º), nos termos do artigo 59.º/1.

Outra hipótese em que é possível uma testemunha ser constituída como arguido, será a de uma pessoa sobre quem recair suspeita de ter cometido um crime ter direito a ser constituída, a seu pedido, como arguido sempre que estiverem a ser efetuadas diligências destinadas a comprovar a imputação que pessoalmente a afetem, nos termos do artigo 59.º/2.

- Quais os direitos do arguido em processo penal?

Desde o momento em que seja adquirida a qualidade de arguido é-lhe assegurado o exercício de direitos processuais (artigo 60.º).

O arguido goza, em especial, em qualquer fase do processo e salvas as exceções da lei, dos direitos de:

– estar presente aos atos processuais que diretamente lhe disserem respeito (artigo 61.º/1-*a*));

- ser ouvido pelo Tribunal ou pelo Juiz de instrução sempre que eles devam tomar qualquer decisão que pessoalmente o afete (artigo 61.º/1-*b)*) – cfr. artigo 292.º/2);
- ser informado dos factos que lhe são imputados antes de prestar declarações perante qualquer entidade (artigo 61.º/1-*c)*);
- não responder a perguntas feitas, por qualquer entidade, sobre os factos que lhe forem imputados e sobre o conteúdo das declarações que acerca deles prestar (artigo 61.º/1-*d)*);
- constituir Advogado ou solicitar a nomeação de um Defensor (artigo 61.º/1-*e)*);
- ser assistido por Defensor em todos os atos processuais em que participar e, quando detido, comunicar, mesmo em privado, com ele (artigo 61.º/1-*f)*) – cfr. 61.º/2, 32.º/3 da Constituição da República Portuguesa e 78.º do Estatuto da Ordem dos Advogados);
- intervir no inquérito e na instrução, oferecendo provas e requerendo as diligências que se lhe afigurarem necessárias (artigo 61.º/1-*g)*);
- ser informado, pela autoridade judiciária ou pelo órgão de polícia criminal perante os quais seja obrigado a comparecer, dos direitos que lhe assistem (artigo 61.º/1-*h)*);
- ser acompanhado, caso seja menor, durante as diligências processuais a que compareça, pelos titulares das responsabilidades parentais, pelo representante legal ou por pessoa que tiver a sua guarda de facto ou, na impossibilidade de contactar estas pessoas, ou quando circunstâncias especiais ou necessidades do processo o imponham, por outra pessoa idónea por si indicada e aceite pela autoridade judiciária competente (artigo 61.º/1-*i)* – cfr. ainda artigo 61.º/3, 4 e 5).
- recorrer, nos termos da lei, das decisões que lhe forem desfavoráveis (artigo 61.º/1-*j)* e cfr. artigo 61.º/7 para a aplicabilidade dos direitos acima explicitados às pessoas coletivas e entidades equiparadas).

- Quais os deveres do arguido em processo penal?

Desde o momento em que uma pessoa adquirir a qualidade de arguido é-lhe assegurado o exercício de deveres processuais (artigo 60.º).

Os arguidos têm o dever de comparecer perante o Juiz, o MP ou os órgãos de polícia criminal sempre que a lei o exigir e para tal tiver sido devidamente convocado, de responder com verdade às perguntas feitas por entidade competente sobre a sua identidade e, quando a lei o impuser, sobre os seus antecedentes criminais (cfr. artigo 140.º/3), prestar termo de identidade e residência logo que assuma a qualidade de arguido (cfr. artigo 196.º/3-*d)* e 333.º) e de sujeitar-se a diligências de prova e a medidas de coação e garantia patrimonial especificadas na lei e ordenadas e efetuadas por entidade competente.

Do Defensor – artigos 62.º a 67.º

• Em que altura do processo pode o arguido constituir Advogado?

O arguido pode constituir Advogado em qualquer altura do processo, nos termos do artigo 62.º/1.

• Se o arguido constituir mais de um Advogado a quem são feitas as notificações?

Tendo o arguido constituído mais de um Advogado, as notificações são feitas àquele que for indicado em primeiro lugar no ato de constituição, nos termos do artigo 62.º/2.

• O arguido pode retirar eficácia ao ato realizado em seu nome pelo Defensor?

Sim, o arguido pode retirar eficácia ao ato realizado em seu nome pelo Defensor, desde que o faça por declaração expressa anterior a decisão relativa àquele ato, nos termos do artigo 63.º/2.

• Quais os casos em que é obrigatória a assistência do Defensor?

Nos termos do artigo 64.º, é obrigatória a assistência do Defensor nos interrogatórios de arguido detido ou preso (artigos 64.º/1-*a)* e 143.º/3), nos interrogatórios feitos por autoridade judiciária (artigo 64.º/1-*b)*), no debate instrutório e na audiência (artigo 64.º/1-*c)*), em qualquer ato processual, à exceção da constituição de arguido, sempre que o arguido for cego, surdo, mudo, analfabeto, desconhecedor da língua portuguesa, menor de 21 anos, ou se suscitar a questão da sua inimputabilidade ou da sua imputabilidade diminuída (artigo 64.º/1-*d)*), nos recursos ordinários ou extraordinários (artigo 64.º/1-*e)*), nos casos de declarações para memória futura (artigos 64.º/1-*f)*, 271.º e 294.º), na audiência de julgamento realizada na ausência do arguido (artigo 64.º/1-*g)*) e nos demais casos que a lei determinar (artigo 64.º/1-*h)*).

Fora dos casos acima referidos pode ser nomeado Defensor ao arguido, a pedido do Tribunal ou do arguido, sempre que as circunstâncias do caso revelarem a necessidade ou a conveniência de o arguido ser assistido, nos termos do artigo 64.º, n.º 2

Sem prejuízo do disposto nos números anteriores, se o arguido não tiver advogado constituído nem defensor nomeado, é obrigatória a nomeação de defensor quando contra ele for deduzida a acusação, devendo a identificação do defensor constar do despacho de encerramento do inquérito, nos termos do artigo 64.º, n.º 3 (cfr. artigo 64.º, n.º 4 e 5).

- Imagine que o Defensor falta a um ato em que a lei exige a sua comparência. Quid juris?

A ausência do Defensor num ato em que a lei exigia a sua comparência constitui uma nulidade insanável, nos termos do artigo 119.º-*c*).

- Podem vários arguidos ser assistidos por um mesmo Defensor?

Sim, vários arguidos podem ser assistidos por um mesmo Defensor se isso não contrariar a função da defesa, nos termos do artigo 65.º.

- Se o Defensor não comparecer a um ato cuja assistência for necessária, pode o Tribunal proceder à sua substituição?

Se o Defensor, relativamente a um ato em que a assistência for necessária não comparecer, é imediatamente nomeado outro Defensor, mas pode também, quando a nomeação imediata se revelar impossível ou inconveniente, ser decidido interromper a realização do ato, nos termos do artigo 67.º/1.

- A substituição do Defensor pode implicar a interrupção do debate instrutório ou da audiência?

Se o Defensor for substituído durante o debate instrutório ou a audiência, pode o Tribunal, oficiosamente ou a requerimento do novo Defensor, conceder uma interrupção para que aquele possa conferenciar com o arguido e examinar os autos, nos termos do artigo 67.º/2. (cfr. artigo 67.º/1 *in fine*).

• A substituição do Defensor pode implicar o adiamento do ato ou da audiência?

Se o Defensor for substituído durante o ato ou a audiência, pode o Tribunal decidir-se, se isso for absolutamente necessário, por adiar o ato ou a audiência em período nunca superior a cinco dias, nos termos do artigo 67.º/3 (por exemplo, o processo ser constituído por muitos volumes).

MINUTA DE REQUERIMENTO ORAL
DE PEDIDO DE INTERRUPÇÃO/ADIAMENTO
DE ACTO OU AUDIÊNCIA PARA ACTA

_______________ (nome Completo, tendo sido nomeado Defensor Oficioso do arguido para o ato que irá imediatamente ocorrer, vem solicitar a este Tribunal a interrupção da audiência, nos termos do artigo 67.º/2 para assim poder consultar o processo.

Deparando-me com a complexidade do processo, nomeadamente, com o seu grande n.º de folhas (oito volumes), venho mui doutamente requerer a V. Ex.ª, à luz do disposto no artigo 67.º/3, o adiamento da audiência no prazo de cinco dias, para assim poder assegurar a boa defesa do arguido _______________ (nome Completo).

Pede Deferimento

• Os Assistentes em processo penal, têm que estar obrigatoriamente representados por Advogado?

Os Assistentes em processo penal são sempre representados por Advogado. Havendo vários Assistentes, são todos representados por um só Advogado. Se divergirem quanto à escolha, decide o Juiz, nos termos do artigo 70.º/1.

Contudo, os Assistentes podem ser representados por mais do que um Advogado no caso de haver entres eles interesses incompatíveis, bem como no de serem diferentes os crimes imputados ao arguido, nos termos do artigo 70.º/2.

***iii)* Do assistente**

• Quem pode constituir-se Assistente num processo penal?

Podem constituir-se Assistentes num processo penal, além das pessoas e entidades a quem leis especiais confiram esse direito:

- os ofendidos (considerando-se como tais os titulares dos interesses que a lei especialmente quis proteger com a incriminação, desde que maiores de 16 anos) – artigo 68.º/1-*a)*;
- as pessoas de cuja queixa ou acusação particular depender o procedimento (artigos 48.º e 49.º) – artigo 68.º/1-*b)*;
- no caso de o ofendido morrer sem ter renunciado à queixa, o cônjuge sobrevivo não separado judicialmente de pessoas e bens ou a pessoa, de outro ou do mesmo sexo, que com o ofendido vivesse em condições análogas às dos cônjuges, os descendentes e adotados, ascendentes e adotantes, ou, na falta deles, irmãos e seus descendentes, salvo se alguma destas pessoas houver comparticipado no crime – artigo 68.º/1-*c)*;
- no caso de o ofendido ser menor de 16 anos ou por outro motivo incapaz, o representante legal e, na sua falta, as pessoas indicadas na alínea anterior, segundo a ordem aí referida, ou, na ausência dos demais, a entidade ou instituição com responsabilidades de proteção, tutelares ou educativas, quando o mesmo tenha sido judicialmente confiado à sua responsabilidade ou guarda, salvo se alguma delas houver auxiliado ou comparticipado no crime – artigo 68.º/1-*d)*;
- qualquer pessoa nos crimes contra a paz e a humanidade, bem como nos crimes de tráfico de influência, favorecimento pessoal praticado por funcionário, denegação de justiça, prevaricação, recebimento ou oferta indevidos de vantagem, corrupção, peculato, participação económica em negócio, abuso de poder e de fraude na obtenção ou desvio de subsídio ou subvenção – artigo 68.º/1-*e)*. (Cfr. ainda os artigos 246.º/4, 519.º).

- Qual a diferença entre o Assistente, ofendido, lesado e queixoso?

"O ofendido é o titular do interesse que a lei especialmente quis proteger com a incriminação e distingue-se do Assistente porque não é sujeito processual (salvo se se constituir como tal, sendo que, enquanto não o fizer, é um simples participante processual). Já o lesado, sendo aquele que sofreu danos ocasionados pelo crime pode coincidir (e normalmente coincide) com o ofendido e, por isso, pode também constituir-se assistente (não por lesado, mas por ofendido). Em razão da sua qualidade de lesado pode apenas intervir no processo como parte civil, formulando pedido de indemnização civil. Quanto ao queixoso podemos dizer que, no âmbito dos crimes semi-públicos e particulares, esta figura é determinante para o desencadeamento do procedimento criminal. Com efeito, nos crimes desta natureza, o processo criminal só se inicia com a apresentação de queixa pelos respetivos titulares desse direito", *in* Paula Marques Carvalho, *Manual Prático de Processo Penal,* 4.ª Edição, Almedina, 2008, págs. 79 e 80.

• Num processo de difamação em que o ofendido morre, a pessoa que vivia com ele em união de facto, pode continuar o processo?

No caso concreto, a pessoa que vivia em união de facto com o ofendido/falecido pode continuar o processo, nos termos do artigo 68.º/1-*c)*.

• Qual o prazo para alguém se constituir Assistente?

Tratando-se de procedimento dependente de acusação particular, o requerimento para constituição de Assistente deve ter lugar no prazo de dez dias a contar da advertência da obrigatoriedade de se constituir Assistente, nos termos do artigo 68.º/2 (cfr. artigo 246.º/4). Nos demais casos, os Assistentes podem intervir em qualquer altura do processo, aceitando-o no estado em que se encontrar desde que o requeiram ao Juiz até cinco dias antes do início do debate instrutório ou da audiência de julgamento. Nos casos em que deva ser deduzida acusação e abertura de instrução pelo Assistente tal requerimento deve ser apresentado no prazo estabelecido para a prática dos respetivos atos, nos termos do artigo 68.º/3 (cfr. artigos 285.º e 287.º/1-*b)*).

• Se for mandatário junta procuração?

Caso o Advogado seja o mandatário do Assistente deve juntar a respetiva procuração forense (cfr. artigo 70.º).

• Qual a posição processual dos Assistentes em processo penal?

Os Assistentes têm a posição de colaboradores do MP, a cuja atividade subordinam a sua intervenção no processo, salvo as exceções da lei, nos termos do artigo 69.º/1.

• Quais as principais atribuições dos Assistentes?

Nos termos do artigo 69.º/2, compete em especial aos Assistentes:

– intervir no inquérito e na instrução, oferecendo provas e requerendo as diligências que se afigurarem necessárias e conhecer os despachos que sobre tais iniciativas recaírem (artigo 69.º/2-*a)*);

- deduzir acusação independente da do MP e, no caso de procedimento dependente de acusação particular, ainda que aquele a não deduza (artigo 69.º/2-*b*)) e
- interpor recurso das decisões que os afetem, mesmo que o MP o não tenha feito, dispondo, para o efeito, de acesso aos elementos processuais imprescindíveis, sem prejuízo do regime aplicável ao segredo de justiça (artigo 69.º/2-*c*)).

• A quem se requer a constituição como Assistente num crime particular?

A constituição de Assistente num crime particular é requerida ao MP no prazo de dez dias a contar da advertência do artigo 246.º/4, nos termos do artigo 68.º/2.

• A constituição de Assistente está sujeita ao pagamento da taxa de justiça?

A constituição de Assistente está sujeita ao pagamento da taxa de justiça de 1UC, nos termos do artigo 519.º e artigo 8.º/1 do Regulamento das Custas Processuais.

***iv)* Das partes civis – artigos 71.º a 84.º**

• O artigo 71.º do Código de Processo Penal fala-nos em pedido de indemnização civil. Explique o porquê de um pedido de indemnização civil em matéria penal.

Com a prática de um crime pode alguém ser lesado, seja o Assistente ou um terceiro, e faz sentido que o pedido de indemnização civil seja deduzido no processo penal porque é aí que está a ser apreciada toda a matéria de facto envolvente, tendo assim o Tribunal Criminal uma melhor perceção da existência de uma lesão e da sua extensão. Ainda, há que ter em conta razões de economia processual.

• Onde é deduzido o pedido de indemnização civil fundado na prática de um crime?

O pedido de indemnização civil fundado na prática de um crime é deduzido no processo penal respetivo, só o podendo ser em separado (artigo 72.º), perante o Tribunal civil, nos casos previstos na lei, nos termos do artigo 71.º.

• Pode ser deduzido em separado?

Nos termos do artigo 72.º, o pedido de indemnização civil pode ser deduzido em separado, perante o Tribunal civil, quando:

– o processo penal não tiver conduzido à acusação dentro de oito meses a contar da notícia do crime, ou estiver sem andamento durante esse lapso de tempo (artigo 72.º/1-*a*));
– o processo penal tiver sido arquivado ou suspenso provisoriamente, ou o procedimento se tiver extinguido antes do julgamento (artigo 72.º/1-*b*));
– o procedimento depender de queixa ou de acusação particular (artigo 72.º/1-*c*));
– não houver ainda danos ao tempo da acusação, estes não forem conhecidos ou não forem conhecidos em toda a sua extensão (artigo 72.º/1-*d*));
– a sentença penal não se tiver pronunciado sobre o pedido de indemnização civil, nos termos do artigo 82.º/3 (artigo 72.º/1-*e*));
– for deduzido contra o arguido e outras pessoas com responsabilidade meramente civil, ou somente contra estas haja sido provocada, nessa ação, a intervenção principal do arguido (artigo 72.º/1-*f*));
– o valor do pedido permitir a intervenção civil do Tribunal coletivo, devendo o processo penal correr perante Tribunal singular (artigo 72.º/1-*g*));
– o processo penal correr sob a forma sumária ou sumaríssima (artigo 72.º/1-*h*));
– o lesado não tiver sido informado da possibilidade de deduzir o pedido civil no processo penal ou notificado para o fazer, nos termos do artigo 75.º/1 e do n.º 2 do artigo 77.º (artigo 72.º/1-*i*)).

• Imagine que é deduzido um pedido de indemnização civil relativo a um crime nos tribunais civis. Pode agora o ofendido/lesado apresentar queixa desse mesmo crime?

Nos casos em que o procedimento criminal dependa de queixa ou de acusação particular, a dedução prévia do pedido perante o Tribunal civil por parte das pessoas com direito de queixa ou de acusação vale como renúncia ao direito de deduzir o pedido de indemnização civil em separado, nos termos do artigo 72.º/2.

• Quem pode deduzir o pedido de indemnização civil?

O pedido de indemnização civil é deduzido pelo lesado, ou seja, a pessoa que sofreu danos ocasionados pelo crime, ainda que se não tenha constituído ou não possa constituir-se Assistente, nos termos do artigo 74.º/1.

- Quem se considerar lesado com a prática de um crime pode manifestar a intenção de deduzir pedido de indemnização civil nos autos?

Sim, quem tiver sido informado de que pode deduzir pedido de indemnização civil, ou mesmo que não o tenha sido se considere lesado, pode manifestar no processo, até ao encerramento do inquérito, o propósito de o fazer, nos termos do artigo 75.º/2.

- O Lesado deve fazer-se representar por Advogado?

O Lesado por fazer-se representar por Advogado, sendo obrigatória essa representação sempre que, em razão do valor do pedido de indemnização, se este fosse deduzido em separado, fosse obrigatória a constituição de Advogado segundo a lei processual civil, nos termos do artigo 76.º/1.

- O Estado pode formular um pedido de indemnização civil?

O Estado pode formular um pedido de indemnização civil através do MP em sua representação, nos termos do artigo 76.º/3.

- Até quando os sujeitos processuais podem deduzir um pedido de indemnização civil?

Se o pedido de indemnização civil for apresentado pelo MP ou Assistente é deduzido na acusação ou em requerimento articulado no prazo em que esta deve ser formulada (artigo 77.º/1). Se o lesado manifestou a intenção de deduzir o pedido de indemnização civil (artigo 75.º/2), é notificado do despacho de acusação, ou não havendo, do despacho de pronúncia, se a ele houver lugar, para, querendo, deduzir o pedido, em requerimento articulado, no prazo de vinte dias (artigo 77.º/2). Se não manifestou esta intenção, pode deduzir o pedido de indemnização civil até vinte dias depois do arguido ser notificado do despacho de acusação ou, se o não houver, do despacho de pronúncia (artigo 77.º/3).

- Qual o prazo para contestar o pedido de indemnização civil?

A pessoa contra quem for deduzido pedido de indemnização civil tem o prazo de vinte dias para, querendo, contestar, nos termos do artigo 78.º/1.

Se o pedido de indemnização civil não for deduzido no processo penal, nos casos em que isso é imposto por lei, o sujeito fica impossibilitado de recorrer aos meios civis para obter compensação dos prejuízos que a prática do crime acarretou (ocorre uma preclusão do direito à indemnização).

• Que elementos contem o pedido de indemnização?

Um pedido de indemnização civil deve conter a identificação do agente, alegação da matéria de facto, da ilicitude, da culpa do arguido, dos danos ocorridos e do nexo de causalidade entre os factos e os danos e a indicação da respetiva prova (cfr. artigo 483.º do Código Civil).

• Quando o ofendido apresenta queixa o que pode fazer em relação ao pedido de indemnização civil?

O queixoso pode manifestar a sua intenção de deduzir pedido de indemnização civil, nos termos do artigo 75.º/2.

• A falta de contestação de um pedido de indemnização civil implica a confissão dos factos?

A falta de contestação não implica a confissão dos factos, nos termos do artigo 78.º/3. Este regime é excecional àquele que vem previsto no processo civil no que respeita aos efeitos da falta de contestação (cfr. artigos 484.º, 784.º e 795.º). "Se assim não fosse, estar-se-iam a dar como provados os factos que consubstanciam o crime de que o arguido vem acusado, o que violaria os princípios do processo penal, maxime, as suas garantias de defesa, cfr. o artigo 32.º da CRP", *in* Paula Marques Carvalho, *Manual Prático de Processo Penal,* 4.ª Edição, Almedina, 2008, pág. 143.

• Em que momento deve ser requerida a prova do pedido de indemnização civil?

As provas são requeridas com os articulados, nos termos do artigo 79.º/1.

• Qual o limite de testemunhas admissíveis no pedido de indemnização civil em processo penal?

Cada requerente, demandado ou interveniente pode arrolar testemunhas em número não superior a dez ou a cinco, consoante o valor do pedido exceda ou não a alçada da relação em matéria cível, nos termos do artigo 79.º/2.

No caso de o valor do pedido exceder a alçada da relação em matéria cível, não podem ser arroladas mais de cinco testemunhas por facto, nos termos do artigo 79.º/3.

- As partes civis podem adicionar ou alterar o rol de testemunhas?

As partes civis podem adicionar ou alterar o rol de testemunhas, nos termos do artigo 316.º.

- As partes civis podem depor como testemunhas?

As partes civis não podem depor como testemunhas, nos termos do artigo 133.º/1-*c*).

- A sentença ainda que absolutória (quanto à responsabilidade criminal), pode condenar o arguido em indemnização civil?

A sentença ainda que absolutória (quanto à responsabilidade criminal), pode condenar o arguido em indemnização civil sempre que o pedido respetivo vier a revelar-se fundado, nos termos do artigo 377.º/1, 1.ª parte (sem prejuízo do artigo 82.º/3) – cfr. artigo 72.º/1-*e*).

- O Tribunal Criminal pode não decidir sobre o pedido de indemnização civil e remeter as Partes para os Tribunais Civis?

O Tribunal Criminal pode, oficiosamente ou a requerimento, remeter as Partes para os Tribunais Civis quando as questões suscitadas pelo pedido de indemnização civil inviabilizarem uma decisão rigorosa ou forem suscetíveis de gerar incidentes que retardem intoleravelmente o processo penal, nos termos do artigo 82.º/3.

2.3.4. Dos atos processuais

- O processo penal é público?

O processo penal é, sob pena de nulidade, público, ressalvadas as exceções previstas na lei, nos termos do artigo 86.º/1 (cfr. artigo 89.º).

• O Juiz pode determinar que um processo, na fase de inquérito, seja sujeito a segredo de justiça?

O Juiz de instrução pode, mediante requerimento do arguido, do Assistente ou do ofendido e ouvido o MP, determinar, por despacho irrecorrível, a sujeição do processo, durante a fase de inquérito, a segredo de justiça, quando entenda que a publicidade prejudica os direitos daqueles sujeitos ou participantes processuais, nos termos do artigo 86.º/2.

• O MP pode requerer que o processo seja sujeito a segredo de justiça?

Sempre que o MP entender que os interesses da investigação ou os direitos dos sujeitos processuais o justifiquem, pode determinar a aplicação ao processo, durante a fase de inquérito, do segredo de justiça, ficando essa decisão sujeita a validação pelo Juiz de instrução no prazo máximo de setenta e duas horas, nos termos do artigo 86.º/3.

• O segredo de justiça também abrange o arguido?

O segredo de justiça abrange o arguido, sobretudo no que concerne ao bom nome.

• Quando se diz que o processo é público, isso implica que qualquer pessoa pode consultar o processo?

Quando se diz que o processo é público, isso não implica que qualquer pessoa possa consultar o processo. Há que distinguir o segredo interno (que foi restringido pela reforma), do segredo externo (que se mantém), pois apenas as pessoas envolvidas no processo e respetivos mandatários podem consultá-lo (cfr. artigo 89.º).

• Um processo sujeito a segredo de justiça pode ser alvo de esclarecimentos públicos por parte da autoridade judiciária?

O segredo de justiça não impede a prestação de esclarecimentos públicos pela autoridade judiciária, quando forem necessários ao restabelecimento da verdade e não prejudicarem a investigação, a pedido de pessoas publicamente postas em causa ou para garantir a segurança das pessoas e bens ou a tranquilidade pública, nos termos do artigo 86.º/13, alíneas a) e b).

- Qualquer pessoa pode assistir às audiências em processo penal?

Aos atos processuais declarados públicos pela lei, nomeadamente às audiências, pode assistir qualquer pessoa. Oficiosamente ou a requerimento do MP, do Arguido ou do Assistente pode, o Juiz decidir, por despacho, restringir a livre assistência do público ou que o ato, ou parte dele, decorra com exclusão da publicidade, nos termos do artigo 87.º/1 (cfr. n.º 2).

Contudo, em caso de processo por crime de tráfico de órgãos humanos, tráfico de pessoas ou contra a liberdade e autodeterminação sexual, os atos processuais decorrem, em regra, com exclusão da publicidade, nos termos do artigo 87.º/3.

- A exclusão da publicidade abrange a leitura de sentença?

A exclusão da publicidade não abrange, em caso algum, a leitura da sentença, nos termos do artigo 87.º/5.

- As testemunhas prestam juramento?

As testemunhas prestam juramento nos termos do artigo 91.º/1 (cfr. artigo 91.º/3 e 6-*a*)).

- Os peritos e os intérpretes prestam juramento?

Os peritos e os intérpretes não prestam juramento mas sim compromisso, nos termos do artigo 91.º/2 (cfr. artigo 91.º/6-*b*)).

- Nos atos processuais pode-se utilizar a língua inglesa?

Nos atos processuais, tanto escritos como orais, utiliza-se a língua portuguesa, sob pena de nulidade, nos termos dos artigos 92.º/1 e 120.º/2-*c*).

- Qual a diferença entre sentenças, despachos e acórdãos?

A sentença é o ato decisório do Juiz que conheça a final do objeto do processo, nos termos do artigo 97.º/1-*a*). Por sua vez, o despacho é o ato decisório do Juiz que conheça de qualquer questão interlocutória ou quando puser termo ao processo não conhecendo a final do seu objeto, nos termos do artigo 97.º/1-*b*) – cfr. n.º 3.

Os acórdãos são as sentenças e os despachos proferidos por um Tribunal colegial, nos termos do artigo 97.º/2.

• O arguido pode apresentar um requerimento não assinado pelo Defensor?

O arguido, ainda que em liberdade, pode apresentar requerimentos (exposições e memoriais inclusive) em qualquer fase do processo, embora não assinados pelo Defensor, desde que se contenham dentro do objeto do processo ou tenham por finalidade a salvaguarda dos seus direitos fundamentais. Os requerimentos do arguido são sempre integrados nos autos, nos termos do artigo 98.º/1.

• O Assistente pode apresentar um requerimento sem estar assinado pelo Defensor?

Os requerimentos dos Assistentes (e outros participantes processuais que não o Arguido) que se encontrem representados por Advogados são assinados por estes, salvo se se verificar impossibilidade de eles o fazerem e o requerimento visar a prática de ato sujeito a prazo de caducidade, nos termos do artigo 98.º/2.

• O que é um auto?

O auto é o instrumento destinado a fazer fé quanto aos termos em que se desenrolam os atos processuais a cuja documentação a lei obrigar e aos quais tiver assistido quem o redige, bem como a recolher as declarações, requerimentos, promoções e atos decisórios orais que tiverem ocorrido perante aquele, nos termos do artigo 99.º/1.

• O que é uma ata?

Denomina-se ata, ao auto respeitante ao debate instrutório e à audiência, nos termos do artigo 99.º/2.

• Quando é que são praticados os atos processuais e quais as exceções à regra?

Os atos processuais praticam-se nos dias úteis, às horas de expediente dos serviços de justiça e fora do período de férias judicias, nos termos do artigo 103.º/1.

Excetua-se do previsto no artigo 103.º/1 os atos processuais relativos:

- a arguidos detidos ou presos, ou indispensáveis à garantia da liberdade das pessoas (artigo 103.º/2-*a*));
- os atos relativos a processos em que intervenham arguidos menores, ainda que não haja arguidos presos (artigo 103.º/2-*b*));
- aos atos de inquérito e de instrução, bem como os debates instrutórios e audiências relativamente aos quais for reconhecida, por despacho de quem a elas presidir, vantagem em que o seu início, prosseguimento ou conclusão ocorra sem aquelas limitações (artigo 103.º/2-*c*));
- aos atos relativos a processos sumários e abreviados, até à sentença em primeira instância (artigo 103.º/2-*d*));
- aos atos processuais relativos aos conflitos de competência, requerimentos de recusa e pedidos de escusa (artigo 103.º/2-*e*));
- aos atos relativos à concessão da liberdade condicional, quando se encontrar cumprida a parte da pena necessária à sua aplicação (artigo 103.º/2-*f*));
- aos atos de mero expediente, bem como as decisões das autoridades judiciárias, sempre que necessário (artigo 103.º/2-*g*));
- os atos considerados urgentes em legislação especial (artigo 103.º/2-h)).

• O interrogatório do arguido pode efetuar-se às 2h da madrugada?

O interrogatório não pode (sob pena de nulidade) ser efetuado entre as 0 e as 7 horas, salvo em ato seguido à detenção nos casos de terrorismo, criminalidade violenta ou altamente organizada ou quando o próprio arguido o solicite, nos termos do artigo 103.º/3 (cfr. n.º 5 e artigo 174.º/5, alínea a)).

• Qual a duração máxima do interrogatório do arguido?

O interrogatório do arguido tem a duração máxima de quatro horas, podendo ser retomado, em cada dia, por uma só vez, e idêntico prazo máximo, após um intervalo de sessenta minutos, nos termos do artigo 103.º/4 (cfr. n.º 5).

• Qual a regra de aplicação à contagem dos prazos processuais em processo penal?

Aplica-se à contagem dos prazos para a prática de atos processuais as disposições da lei do processo civil, nos termos do artigo 104.º/1(cfr. n.º 2).

• Qual é o prazo para a prática de qualquer ato processual?

Salvo disposição legal em contrário, o prazo para a prática de qualquer ato processual é de dez dias, nos termos do artigo 105.º/1.

• A pessoa em benefício da qual um prazo for estabelecido pode renunciar ao seu decurso?

A pessoa em benefício da qual um prazo for estabelecido pode renunciar ao seu decurso, mediante requerimento endereçado à autoridade judiciária que dirigir a fase do processo a que o ato respeitar, a qual o despacha em vinte e quatro horas, nos termos do artigo 107.º/1.

• Há algum caso em que os atos processuais podem ser praticados fora do prazo estabelecido por lei?

Os atos processuais podem ser praticados fora do prazo estabelecido por lei em caso de justo impedimento, nos termos do artigo 107.º/2 (cfr. n.os 3 e 4). Independentemente do justo impedimento, os atos processuais podem ser praticados dentro dos três primeiros dias úteis subsequentes ao termo do prazo, ficando a sua validade dependente do pagamento imediato de uma multa, nos termos do artigo 107.º-A e artigo 139.º/5 a 7 do Código de Processo Civil.

• É possível pedir a prorrogação do prazo em processo penal em casos de especial complexidade?

Quando o procedimento se revelar de excecional complexidade, devido, nomeadamente, ao número de arguidos ou de ofendidos ou ao carácter altamente organizado do crime, o Juiz, a requerimento do MP, do Assistente, do arguido ou das partes civis, pode prorrogar os prazos previstos para a contestação do pedido de indemnização civil (artigo 78.º), para a acusação pelo assistente (artigo 284.º), para a abertura de instrução (artigo 287.º), para a contestação e rol de testemunhas após o despacho de acusação (artigo 311.º-B), nos recursos (artigo 411.º/1 e 3) e na resposta ao recurso (artigo 413.º), até ao limite máximo de trinta dias sendo que quando a excecional complexidade o justifique, e a requerimento do MP, do Assistente, do arguido ou das partes civis o Juiz pode fixar um prazo superior, nos termos do artigo 107.º/6.

- Imagine que a secretaria se enganou e concedeu um prazo de defesa superior ao que a lei concede ao arguido. Quid Iuris?

No caso concreto, a defesa do arguido deve ser admitida dentro do prazo indicado pela secretaria, nos termos do artigo 191.º/3 do Código de Processo Civil *ex vi* do artigo 4.º.

- Quando tiverem sido excedidos os prazos previstos na lei para a duração de cada fase do processo, o que se pode fazer?

Quando tiverem sido excedidos os prazos previstos na lei para a duração de cada fase, podem o MP, o Arguido, o Assistente e as partes civis requerer a aceleração processual, nos termos do artigo 108.º/1 (cfr. artigos 109.º e 110.º).

- De que forma se pode efetuar as notificações em processo penal?

As notificações (cfr. artigo 112.º/3-*a)* a *d)*) efetuam-se mediante contacto pessoal com o notificando e no lugar em que este for encontrado (artigo 113.º1-*a)*), via postal registada, por meio de carta ou aviso registados (artigo 113.º/1-*b)*), via postal simples, por meio de carta ou aviso, nos casos expressamente previstos (artigo 113.º/1-*c)*) ou por editais e anúncios, nos casos em que a lei expressamente o admitir (artigo 113.º/1-*d)*).

Quando efetuadas por via postal registada, as notificações presumem-se feitas no 3.º dia posterior ao do seu envio, quando seja útil, ou no primeiro dia útil seguinte a esse, quando o não seja, devendo a cominação aplicável constar do ato de notificação, nos termos do artigo 113.º/2.

- Encontrando-se os sujeitos processuais representados por Defensor ou Advogado, quem é notificado dos atos processuais?

As notificações do Arguido, do Assistente e das partes civis podem ser feitas ao respetivo Defensor ou Advogado. Ressalvam-se as notificações respeitantes à acusação, à decisão instrutória, à contestação, à designação de dia para julgamento e à sentença, bem como as relativas à aplicação de medidas de coação e de garantia patrimonial e à dedução do pedido de indemnização civil, as quais, porém, devem igualmente ser notificadas ao Advogado ou Defensor nomeado (neste caso, o prazo para a prática de ato processual subsequente conta-se a partir da data da notificação efetuada em último lugar), nos termos do artigo 113.º/10 (cfr. artigo 113.º/16 e 17 para as notificações respeitantes a pessoa coletiva ou entidade equiparada).

- De que forma são os Advogados notificados e quando se inicia a contagem do prazo?

As notificações ao Advogado quando outra forma não resultar da lei, são feitas por via eletrónica, ou, quando tal não for possível, nos termos das alíneas a), b) e c) do n.º 1 do artigo 113.º, ou por telecópia, nos termos do artigo 113.º/11.

Quando efetuadas por via eletrónica, as notificações presumem-se feitas no terceiro dia posterior ao do seu envio, quando seja útil, ou no primeiro dia útil seguinte a esse, quando o não seja, nos termos do artigo 113.º/12.

- Existindo múltiplos arguidos ou assistentes notificados em datas diferentes, até quando pode ser praticado o ato processual em causa?

Havendo vários Arguidos ou Assistentes e o prazo para a prática de ato processual termine em dias diferentes, este pode ser praticado por todos ou cada um deles até ao termo do prazo que começou a correr em último lugar, nos termos do artigo 113.º/14.

- Imagine que é Advogado do Arguido e este falta à audiência de julgamento. O que deve fazer?

O Advogado deve fazer um requerimento a justificar a falta do Arguido nos três dias subsequentes de modo a evitar o pagamento de multa, nos termos do artigo 117.º/2, 3 e 4.

i) Das nulidades

- Quais as nulidades consideradas insanáveis pelo processo penal português?

No Código de Processo Penal constituem nulidades insanáveis, que devem ser oficiosamente declaradas em qualquer fase do procedimento, além das que como tal forem cominadas em outras disposições legais:
- a falta do número de juízes ou de jurados que devam constituir o Tribunal, ou a violação das regras legais relativas ao modo de determinar a respetiva

composição (artigo 119.º/*a)* – cfr. ainda artigos 32.º/9 da Constituição da República Portuguesa e 605.º/1 do Código de Processo Civil);
- a falta de promoção do processo pelo MP, nos termos do artigo 48.º, bem como a sua ausência a atos relativamente aos quais a lei exigir a respetiva comparência (artigo 119.º/*b)*);
- a ausência do arguido ou do seu Defensor, nos casos em que a lei exigir a respetiva comparência (artigo 119.º/*c)*);
- a falta de inquérito ou de instrução, nos casos em que a lei determinar a sua obrigatoriedade (artigo 119.º/*d)*);
- a violação das regras de competência do Tribunal, sem prejuízo do disposto no artigo 32.º/2 (artigo 119.º/*e)*);
- o emprego de forma de processo especial fora dos casos previstos na lei (artigo 119.º/*f)*).

- Existem nulidades dependentes de arguição?

Quaisquer nulidades diversas das referidas no artigo 119.º (nulidades insanáveis) devem ser arguidas pelos interessados. Se nenhum sujeito processual a arguir, o Tribunal também não as conhece, nos termos do artigo 120.º/1.

As nulidades dependentes de arguição (artigo 120.º/2-*a)* a *d)*) devem ser arguidas, tratando-se de nulidade de ato a que o interessado assista, antes que o ato esteja terminado (artigo 120.º/3-*a)*), tratando-se da ausência, por falta de notificação, do Assistente e das partes civis, até cinco dias após a notificação do despacho que designar dia para a audiência (artigo 120.º/3-*b)*), tratando-se de nulidade respeitante ao inquérito ou à instrução, até ao encerramento do debate instrutório ou, não havendo lugar a instrução, até cinco dias após a notificação do despacho que tiver encerrado o inquérito (artigo 120.º/3-*c)* e logo no início da audiência nas formas de processo especiais (artigo 120.º/3-*d)*).

MINUTA DE REQUERIMENTO PARA ACTA INVOCANDO UMA NULIDADE NOS TERMOS DO ARTIGO 120.º/2

Tendo requerido a V. Ex.ª que ordenasse a diligência que se reputa essencial para a descoberta da verdade material e para a boa decisão da causa nos termos expostos no referido requerimento, decidiu pelo seu indeferimento por o considerar um expediente meramente dilatório.

A omissão desta diligência constitui uma nulidade segundo o disposto na alínea *d)* do n.º 2 do artigo 120.º do CPP, que aqui se vem arguir tempestivamente, uma vez que a diligência requerida é a única que nos factos em causa poderá ser decisiva para uma justa defesa do arguido.

Como tal, deve o despacho de indeferimento ser declarado nulo e ordenada a diligência probatória omitida, de acordo com os efeitos legais cominados pelo disposto no artigo 122.º do Código de Processo Penal.

- Quando se consideram sanadas as nulidades?

Salvo nos casos em que a lei disponha de forma diferente, as nulidades ficam sanadas se os participantes processuais interessados renunciarem expressamente a argui-las (artigo 121.º/1-*a)*), tiverem aceitado expressamente os efeitos do ato anulável (artigo 121.º/1-*b)*) ou se tiverem prevalecido de faculdade a cujo exercício o ato anulável se dirigia (artigo 121.º/1-*c)*).

- E se a nulidade se dever a falta de notificação para a audiência de discussão e julgamento?

As nulidades respeitantes a falta ou vício de notificação ou de convocação para ato processual ficam sanadas caso a pessoa interessada compareça ou renuncie a comparecer ao ato. Ressalvam-se as situações em que o interessado compareça apenas para arguir a nulidade, nos termos do artigo 121.º/2 e 3.

- Quais os efeitos da declaração de nulidade?

A nulidade torna inválido o ato em que se verificarem bem como os que dele dependerem e que esta possa afetar, nos termos do artigo 122.º/1.

- O que deve conter a declaração de nulidade de um ato?

A declaração de nulidade determina quais os atos que passam a considerar-se inválidos e ordena, sempre que necessário e possível, a sua repetição pondo as despesas respetivas a cargo do Arguido, do Assistente ou das partes civis que tenham dado causa, culposamente, à nulidade, nos termos do artigo 122.º/2.

Ao declarar a nulidade o Juiz aproveita todos os atos que puderem ser aproveitados, nos termos do artigo 122.º/3.

2.3.5. Da prova

• Como a prova deve ser apreciada?

A prova é apreciada segundo as regras de experiência e a livre convicção da entidade competente, mas deve ser sempre fundamentada a decisão, nos termos do artigo 127.º (cfr. ainda artigos 97.º/5, 410.º/2 e artigo 205.º/1 da Constituição da República Portuguesa).

• Qual a consequência de uma prova obtida mediante tortura, coação ou em ofensa da integridade física ou moral das pessoas?

As provas obtidas mediante tortura, coação ou em ofensa da integridade física ou moral das pessoas são nulas, nos termos do artigo 126.º/1 (cfr. ainda artigo 32.º/8 da Constituição da República Portuguesa).

Da prova testemunhal – artigos 128.º a 139.º

• É permitida a inquirição de testemunhas abonatórias em processo penal?

Salvo quando a lei dispuser diferentemente, antes do momento de o Tribunal proceder à determinação da pena ou da medida de segurança aplicáveis, este pode proceder à inquirição de testemunhas (abonatórias) sobre factos relativos à personalidade e ao carácter do Arguido, bem como às suas condições pessoais e à sua conduta anterior, na medida estritamente indispensável para a prova de elementos constitutivos do crime, nomeadamente da culpa do agente, ou para a aplicação de medida de coação ou de garantia patrimonial, nos termos do artigo 128.º/2.

Com o rol de testemunhas, o arguido deve discriminar as que sejam abonatórias, as quais não podem exceder o número de cinco, nos termos do artigo 283.º/3-*d*). A "ratio" deste procedimento funda-se no bom senso/ponderação que o Tribunal faz da prova pois a testemunha abonatória tem menor peso. Não contribuindo para a discussão da matéria de facto, a lei quis impor um limite a este tipo de testemunhas.

• O que é o depoimento indireto?

O depoimento indireto é aquele que se baseia em factos dos quais a testemunha teve conhecimento através de terceiros (o ouvir dizer). Não traduz um método proibitivo de prova mas sim uma manifestação da prova testemunhal, nos termos do artigo 129.º.

- É admissível como depoimento a reprodução de vozes públicas e convicções pessoais?

Não é admissível como depoimento a reprodução de vozes ou rumores públicos, nos termos do artigo 130.º/1.

A manifestação de meras convicções pessoais sobre factos ou a sua interpretação só é admissível quando for impossível cindi-la do depoimento sobre factos concretos, quando tiver lugar em função de qualquer ciência, técnica ou arte e quando ocorrer no estádio de determinação da sanção, nos termos do artigo 130.º/2-*a)* a *c)*.

- Quem tem capacidade e dever de testemunhar?

Qualquer pessoa tem capacidade para ser testemunha desde que tenha aptidão mental para depor sobre os factos que constituam o objeto da prova e só pode recusar-se nos casos previstos na lei, nos termos do artigo 131.º/1 (cfr. n.os 2 a 4).

- Quais os deveres das testemunhas?

Salvo quando a lei dispuser de forma diferente, incumbem à testemunha os deveres de se apresentar, no tempo e no lugar devidos, à autoridade por quem tiver sido legitimamente convocada ou notificada, mantendo-se à sua disposição até ser por ela desobrigada (artigo 132.º/1-*a)*), de prestar juramento, quando ouvida por autoridade judiciária (artigo 132.º/1-*b)*), de obedecer às indicações que legitimamente lhe forem dadas quanto à forma de prestar depoimento (artigo 132.º/1-*c)*) e de responder com verdade às perguntas que lhe forem dirigidas (artigo 132.º/1-*d)*) – cfr. artigo 360.º do Código Penal.

- A testemunha é obrigada a responder a todas as perguntas?

A testemunha não é obrigada a responder a todas as perguntas, pois esta não é obrigada a responder quando alegar que das respostas resulta a sua responsabilização penal, nos termos do artigo 132.º/2.

- A testemunha que presta depoimento pode fazer-se acompanhar de Advogado?

Sempre que deva prestar depoimento, ainda que no decurso de ato vedado ao público, a testemunha pode fazer-se acompanhar de Advogado (desde que este não seja Defensor do arguido no processo), que a informa, quando entender necessário, dos direitos que lhe assistem, sem intervir na inquirição, nos termos do artigo 132.º/4 e 5.

- Quem está impedido de depor como testemunha?

Estão impedidas de depor como testemunhas o arguido e os co-arguidos no mesmo processo ou em processos conexos, enquanto mantiverem aquela qualidade, as pessoas que se tiverem constituído Assistentes, a partir do momento da constituição, as partes civis e os peritos, em relação às perícias que tiverem realizado, o representante da pessoa coletiva ou entidade equiparada no processo em que ela for arguida, nos termos do artigo 133.º/1-*a)* a e).

Em caso de separação de processos, os arguidos de um mesmo crime ou de um crime conexo, mesmo que já condenados por sentença transitada em julgado, só podem depor como testemunhas se nisso expressamente consentirem, nos termos do artigo 133.º/2.

- Quem pode recusar-se a depor como testemunha?

Podem recusar-se a depor como testemunhas os descendentes, os ascendentes, os irmãos, os afins até ao 2.º grau, os adotantes, os adotados e o cônjuge do arguido e quem tiver sido cônjuge do arguido ou quem, sendo de outro ou do mesmo sexo, com ele conviver ou tiver convivido em condições análogas às dos cônjuges, relativamente a factos ocorridos durante o casamento ou a coabitação ou ainda o membro do órgão da pessoa coletiva ou da entidade equiparada que não é representante da mesma no processo em que ela seja arguida, nos termos do artigo 134.º/1-*a) a c)*.

Em todo o caso, a entidade competente para receber o depoimento adverte, sob pena de nulidade, as pessoas referidas da faculdade que lhes assiste de recusarem o depoimento, nos termos do artigo 134.º/2.

- Imagine que no decurso de uma discussão, um indivíduo aponta uma caçadeira ao vizinho. A única testemunha é a esposa do agressor. Em sede de inquérito a esposa conta tudo tal qual como ocorreu. Chegados ao julgamento, o arguido remete-se ao silêncio e a esposa recusa-se a depor. Pode?

A esposa do arguido pode recusar-se a depor, nos termos do artigo 134.º/1-*b*).

- Quem pode escusar-se a depor em Tribunal?

Os ministros de religião ou confissão religiosa e os Advogados, médicos, jornalistas, membros de instituições de crédito e as demais pessoas a quem a lei permitir ou impuser que guardem segredo podem escusar-se a depor sobre os factos por ele abrangidos, nos termos do artigo 135.º (cfr. ainda artigos 182.º do Código de Processo Penal, 417.º/3 e 4 e 497.º do Código de Processo Civil, 13.º da LOSJ e 208.º da Constituição da República Portuguesa).

Das declarações do arguido, do Assistente e das partes civis

Declarações do arguido – artigos 140.º a 144.º

- O arguido presta juramento?

O arguido não presta juramento em caso algum, nos termos do artigo 140.º/3 (cfr. artigos 61.º/6-*b*) e 141.º/3).

- O MP pode fazer o primeiro interrogatório judicial de arguido detido?

O arguido detido que não deva ser de imediato julgado é interrogado exclusivamente pelo Juiz de instrução, no prazo máximo de 48 horas após a sua detenção (cfr. artigo 142.º/1 e 28.º/1 da Constituição da República Portuguesa). O mesmo é feito com assistência do MP (cfr. artigo 119.º-*b*)) e do Defensor (cfr. artigo 119.º-*c*)) e estando presente o funcionário de justiça. Não é admitida a presença de qualquer outra pessoa, a não ser que, por motivo de segurança, o detido deve ser guardado à vista, nos termos dos artigos 141.º/1 e 2, 254.º/2 e 268.º/1-*a*).

Durante o interrogatório, o MP e o Defensor, sem prejuízo do direito de arguir nulidades, abstêm-se de qualquer interferência, podendo o Juiz permitir que suscitem pedidos de esclarecimento das respostas dadas pelo arguido. Findo o interrogatório, podem requerer ao Juiz que formule àquele as perguntas que entenderem relevantes para a descoberta da verdade. O Juiz decide, por despacho irrecorrível, se o requerimento há de ser feito na presença do arguido e sobre a relevância das perguntas, nos termos do artigo 141.º/6 (cfr. 194.º/3).

• O arguido está obrigado a falar com verdade quanto aos antecedentes criminais no primeiro interrogatório judicial?

O arguido não está obrigado a falar com verdade quanto aos antecedentes criminais no primeiro interrogatório judicial. No primeiro interrogatório judicial é perguntado ao arguido pelo seu nome, filiação, freguesia e concelho de naturalidade, data de nascimento, estado civil, profissão, residência, local de trabalho, sendo-lhe exigida, se necessário, a exibição de documento oficial bastante de identificação. Apenas quanto a estas perguntas deve o arguido ser advertido que a falta de resposta ou a falsidade das mesmas poderá fazer o mesmo incorrer em responsabilidade penal, nos termos do artigo 141.º/3.

• O arguido está obrigado a falar com verdade quanto aos antecedentes criminais no julgamento?

No julgamento, o arguido não está obrigado a falar com verdade no que diz respeito aos seus antecedentes criminais, nos termos do artigo 342.º/1 a contrario.

• As declarações de arguido detido no primeiro interrogatório judicial podem ser utilizadas no processo, nomeadamente na audiência de julgamento?

No primeiro interrogatório judicial o Juiz deve informar o arguido que caso não exerça o direito ao silêncio, as declarações que prestar poderão ser utilizadas no processo mesmo que seja julgado na ausência ou não preste declarações em sede de audiência de julgamento, nos termos do artigo 141.º/4-*b*).

• A regra prevista no artigo 141.º/4-*b*) é aplicável a todos os interrogatórios feitos em fase de inquérito?

Não, a regra prevista no artigo 141.º/4-*b*) não é aplicável aos interrogatórios cuja realização tenha sido delegada pelo MP nos órgãos de polícia criminal, nos termos do artigo 144.º/2 in fine.

• Qual a função do primeiro interrogatório judicial de arguido detido?

A função do primeiro interrogatório judicial de arguido detido é informar o mesmo dos direitos referidos no artigo 61.º, dos motivos da sua detenção, dos factos que lhe são concretamente imputados e dos elementos do processo que indiciam os factos imputados e aplicar medidas de coação ou de garantia patrimonial se assim houver necessidade, nos termos dos artigos 141.º/4 e 142.º/2.

• Podem ser aplicadas medidas de coação ou de garantia patrimonial no primeiro interrogatório judicial de arguido detido?

Podem ser aplicadas medidas de coação ou de garantia patrimonial no primeiro interrogatório judicial de arguido detido, nos termos dos artigos 142.º/2 e 194.º/2.

• Imagine que assiste ao primeiro interrogatório judicial de um arguido detido por crime de tráfico de droga e o Juiz aplica como medida de coação a prisão preventiva. Como pode o Advogado reagir?

O Advogado deve imediatamente fazer um requerimento a pedir a substituição da medida de coação nos termos do artigo 212.º, a invocar circunstâncias que atenuem a aplicação dessa medida de coação. Por exemplo, este deve alegar que não existe perigo de fuga por parte do arguido, tal como dispõe o artigo 204.º

Se o Juiz mantiver a decisão de aplicar a medida de coação de prisão preventiva, o Advogado deve interpor recurso que deverá ser julgado no prazo máximo de trinta dias a contar do momento em que os autos forem recebidos, nos termos do artigo 219.º

• Como é que o Advogado pode demonstrar que não há perigo de fuga?

O Advogado deve invocar a personalidade do arguido, o facto de ser primário, de trabalhar, de estar bem inserido socialmente. Eventualmente, estando perante arguidos de reduzida condição económica, o Advogado pode alegar que este não tem condições financeiras e logísticas para levar a cabo uma eventual fuga.

- Como terminaria o Advogado o requerimento?

O Advogado deve terminar o requerimento pedindo a substituição da medida de coação, nos termos do artigo 212.º.

- Até que momento pode requerer a substituição?

A substituição da medida de coação pode ser requerida até ao trânsito em julgado da sentença, nos termos do artigo 214.º/1-*e*).

- O arguido detido é sempre interrogado pelo Juiz de instrução?

O arguido detido não é sempre interrogado pelo Juiz de instrução. Nos casos em que o arguido a seguir à detenção não seja interrogado pelo Juiz de instrução, este é apresentado ao MP competente na área em que a detenção se tiver operado, nos termos do artigo 143.º/1 (cfr. n.º 2).

Após o interrogatório sumário, o MP, se não libertar o detido, providencia para que ele seja presente ao Juiz de instrução competente para primeiro interrogatório judicial de arguido detido, nos termos do artigo 143.º/3 (cfr. artigos 141.º e 142.º).

- Os órgãos de polícia criminal podem fazer interrogatórios?

Os órgãos de polícia criminal podem fazer interrogatórios no qual o MP tenha delegado a sua realização, nos termos do artigo 144.º/2.

- A prestação de declarações dos Assistentes e das partes civis são precedidas de juramento?

A prestação de declarações dos Assistentes e das partes civis não são precedidas de juramento, nos termos do artigo 145.º/4 (cfr. artigos 346.º/2 e 347.º/2).

- Podem ser tomadas declarações para memória futura aos Assistentes e às partes civis?

Em caso de doença grave ou de deslocação para o estrangeiro de um Assistente ou parte civil, que previsivelmente a impeça de ser ouvida em julgamento, bem como nos casos de vítima de crime de tráfico de pessoas ou contra a liberdade e autodeterminação sexual, o Juiz pode proceder à inquirição dos mesmos, nos termos dos artigos 271.º/7 (inquérito), 294.º (instrução) e 320.º.

- É admissível a prova por acareação em processo penal?

É admissível acareação entre co-arguidos, entre o arguido e o Assistente, entre testemunhas ou entre estas, o arguido e o Assistente sempre que houver contradição entre as suas declarações e a diligência se afigurar útil à descoberta da verdade, nos termos do artigo 146.º/1. Esta diligência tem lugar oficiosamente ou a requerimento, nos termos do artigo 146.º/3.

- É admissível contradita em processo penal?

Em processo penal não é admissível a contradita, pois à produção de prova testemunhal tem de se aplicar, subsidiariamente, as disposições do Código de Processo Penal sobre tal meio de prova. O artigo 521.º do Código de Processo Civil não está em harmonia com o artigo 126.º do Código de Processo Penal, que nos refere não serem válidas as provas obtidas com ofensa da integridade física ou moral das pessoas. Neste sentido, uma vez que a contradita não é um ataque ao conteúdo do depoimento (veracidade ou não do depoimento), mas sim um ataque à própria pessoa da testemunha e suas qualidades (credibilidade da própria testemunha), esta não pode ser utilizada em processo penal.

Da prova por reconhecimento – artigos 147.º a 149.º (cfr. artigo 272.º/2)

Reconstituição do facto – artigo 150.º

Da prova pericial – artigos 151.º a 163.º (cfr. artigo 91.º/2 e 6-*b*)).

- De que forma deve ser apreciada o valor da prova pericial?

O valor da prova pericial presume-se subtraído à livre apreciação do julgador, nos termos do artigo 163.º.

Da prova documental – artigos 164.º a 170.º

- Em que momento deve ser apresentada a prova documental?

A prova documental deve ser junta no decurso do inquérito ou da instrução e, não sendo possível, deve sê-lo até ao encerramento da audiência, nos termos do artigo 165.º/1.

Fica assegurada, em qualquer caso, a possibilidade de contraditório, para realização do qual o Tribunal pode conceder um prazo não superior a oito dias, nos termos do artigo 165.º/2.

(cfr. ainda para o MP e Assistente os artigos 283.º/3 -*g*), 284.º/2 – b) e 285.º/3; para as partes civis o artigo 79.º/1; para o arguido no inquérito ou na instrução os artigos 61.º/1-*g*), 287.º/2 e 296.º).

- Qual o valor probatório dos documentos autênticos e autenticados?

Consideram-se provados os factos materiais constantes de documento autêntico ou autenticado enquanto a autenticidade do documento ou a veracidade do seu conteúdo não forem fundadamente postas em causa, nos termos do artigo 169.º.

***i*) Dos meios de obtenção de prova (cfr. artigo 32.º/8 da CRP).**

- Qual a diferença entre meios de prova e meios de obtenção de prova?

"I – Os meios de prova são os elementos de que o julgador se pode servir para formar a sua convicção acerca de um facto, conf. Antunes Varela, J. Miguel Bezerra e Sampaio e Nora – *Manual de Processo Civil,* pág. 452.

II – Os meios de obtenção de prova são os instrumentos de que se servem as autoridades judiciárias para investigar e recolher meios de prova, conf. Germano Marques da Silva, *Curso de Processo Penal II,* pág. 209 a 210, que distingue os meios de prova dos meios da sua obtenção: "É claro que através de meios de obtenção de prova se podem obter meios de prova de diferentes espécies, *v. g.* documentos, coisas, indicação de testemunhas, mas o que releva de modo particular é que, nalguns casos, o próprio meio de obtenção da prova acaba por ser também um meio de prova. Assim, por exemplo, enquanto a escuta telefónica é um meio de obtenção de prova, as gravações são já um meio de prova." podendo, no entanto, "suceder que a distinção resulte apenas da lei ter dado particular atenção ao modo de obtenção da prova, como nos parece acontecer, *v. g.*, com as escutas telefónicas."

III – Aos meios de obtenção da prova reportam-se os artigos 171.º a 190.º do C.P.P., sendo eles: os exames (artigo 171.º a 173.º), as revistas e buscas (artigo 174.º a 177.º), a apreensão (artigo 178.º a 186.º) e as escutas telefónicas (187.º e seg.), não se mostrando assim expressamente previstos pelo legislador, como meio de obtenção de prova, os meios electrónicos de vigilância, o que não significa, sem mais, que os meios de prova assim obtidos sejam ilegais, mas apenas que não lhes foi dada "particular atenção", in http://Tribunal-relacao.vlex.pt/vid/-29229755."

Dos exames – artigos 171.º a 173.º

Das revistas e buscas – artigos 174.º a 177.º

• As buscas e apreensões são meios de prova?

As buscas e apreensões não são meios de prova, mas sim meios de obtenção de prova (cfr. artigos 174.º e ss. e 178.º e ss.).

• Qual a diferença entre revista e busca?

A revista incide sobre uma pessoa. Por sua vez, a busca incide sobre um lugar, nos termos do artigo 174.º/1 e 2 (cfr. artigo 174.º/3 a 5).

• Há algum limite para se proceder a buscas em residência (busca domiciliária)?

A busca em casa habitada ou numa sua dependência fechada só pode ser ordenada ou autorizada pelo Juiz e efetuada entre as 7 e as 21 horas, sob pena de nulidade, nos termos do artigo 177.º/1.

Contudo, pode-se realizar buscas domiciliárias entre as 21 e as 7 horas nos casos de terrorismo ou criminalidade especialmente violenta ou altamente organizada, consentimento do visado, documentado por qualquer forma e em flagrante delito pela prática de crime punível com pena de prisão superior, no seu máximo, a três anos, nos termos do artigo 177.º/2-*a)* a *c)*.

• A busca num escritório de Advogados está sujeita a alguma formalidade?

Ver pág. 24, Deontologia profissional (cfr. artigos 177.º/5 e 75.º do EOA).

Das apreensões – artigos 178.º a 186.º

Das escutas telefónicas – artigo 187.º

- Em que casos é admissível a interceção e a gravação de conversações/comunicações telefónicas?

A interceção e a gravação de conversações ou comunicações telefónicas só podem ser autorizadas durante o inquérito, se houver razões para crer que a diligência é indispensável para a descoberta da verdade, ou que a prova seria, de outra forma, impossível ou muito difícil de obter, por despacho fundamentado do Juiz de instrução e mediante requerimento ao MP quanto a crimes puníveis com pena de prisão superior, no seu máximo, a três anos (artigo 187.º/1-*a*)), relativos ao tráfico de estupefacientes (artigo 187.º/1-*b*)), de detenção de arma proibida e de tráfico de armas (artigo 187.º/1-*c*)), de contrabando (artigo 187.º/1-*d*)), de injúria, de ameaça, de coação, de devassa da vida privada e perturbação da paz e do sossego, quando cometidos através do telefone (artigo 187.º/1-*e*)), de ameaça com prática de crime ou de abuso e simulação de sinais de perigo (artigo 187.º/1-*f*)) ou de evasão, quando o arguido haja sido condenado por algum dos crimes anteriormente referidos (artigo 187.º/1-*g*)).

- Imagine que foi feita uma escuta telefónica na qual um membro do Júri é o visado. Em conversa com outra pessoa, este confessa a prática de um crime. Pode usar-se essa escuta para o incriminar?

No caso concreto, a referida escuta não poderia ser autorizada nem utilizada contra este, noutro processo em curso ou a instaurar, pois não se trata de nenhuma das pessoas elencadas no artigo 187.º/4 (cfr. ainda o n.º 7). Segundo este artigo, só podem ser autorizadas, independentemente da titularidade do meio de comunicação utilizado, contra suspeito ou arguido (alínea *a*)), pessoa que sirva de intermediário, relativamente à qual haja fundadas razões para crer que recebe ou transmite mensagens destinadas ou provenientes de suspeito ou arguido (alínea *b*)) ou vítima de crime, mediante o respetivo consentimento, efetivo ou presumido (alínea *c*)).

- É possível a interceção e a gravação de conversações ou comunicações entre o arguido e o seu defensor?

Não é possível a interceção e a gravação de conversações ou comunicações entre o arguido e o seu Defensor, salvo se o Juiz tiver fundadas razões para crer que elas constituem objeto ou elemento de crime, nos termos do artigo 187.º/5.

- É admissível a interceção e a gravação de correio eletrónico?

A interceção e a gravação de correio eletrónico (ou qualquer outra forma de transmissão de dados por via telemática) só pode ser autorizada durante o inquérito, se houver razões para crer que a diligência é indispensável para a descoberta da verdade, ou que a prova seria, de outra forma, impossível ou muito difícil de obter, por despacho fundamentado do Juiz de instrução e mediante requerimento ao MP nos crimes a que se referido o artigo 187.º, nos termos do artigo 189.º (cfr. artigos 187.º e 188.º).

2.3.6. Das medidas de coação e de garantia patrimonial (artigos 191.º a 228.º)

- O que são medidas de coação?

As medidas de coação são medidas que limitam total ou parcialmente a liberdade das pessoas.

- Quais as medidas de coação que conhece?

As medidas de coação previstas no Código de Processo Penal são o termo de identidade e residência (TIR), a caução, a obrigação de apresentação periódica, a suspensão do exercício da profissão, de função, de atividade e de direitos, a proibição e imposição de condutas, a obrigação de permanência na habitação e a prisão preventiva (cfr. artigos 196.º a 202.º).

- Qual a medida de coação mais grave e a menos grave?

A medida de coação mais grave é a prisão preventiva (artigo 202.º), ao passo que a medida de coação menos grave é o TIR (artigo 196.º).

• A obrigação de identificação perante a autoridade competente é uma medida de coação?

Não, não se considera medida de coação a obrigação de identificação perante a autoridade competente, nos termos do artigo 191.º/2 (cfr. artigo 250.º).

• Quais os princípios que estão inerentes à aplicação de medidas de coação e de garantia patrimonial?

Nos termos do artigo 193.º, estão inerentes à aplicação de medidas de coação e de garantia patrimonial *os* princípios da legalidade, da adequação, da necessidade, da proporcionalidade e da subsidiariedade (cfr. artigos 18.º, 27.º, 28.º e 29.º da Constituição da República Portuguesa).

• Todas as medidas de coação e de garantia patrimonial são aplicadas pelo Juiz?

As medidas de coação e de garantia patrimonial são aplicadas por despacho do Juiz com exceção do TIR que é aplicado pelo órgão de polícia criminal ou autoridade judiciária, nos termos dos artigos 194.º/1 e 196.º/1. A aplicação é precedida da audição presencial do arguido, ressalvados os casos de impossibilidade devidamente fundamentada, e pode ter lugar no ato de primeiro interrogatório judicial (cfr. artigo 141.º/4).

• Durante o inquérito, pode o Juiz aplicar uma medida de coação ou de garantia patrimonial mais grave que a requerida pelo MP?

Durante o inquérito, o Juiz pode aplicar medida de coação diversa, ainda que mais grave, quanto à sua natureza, medida ou modalidade de execução, da requerida pelo Ministério Público, com fundamento na fuga ou perigo de fuga ou de perigo, em razão da natureza e das circunstâncias do crime ou da personalidade do arguido, de que este continue a atividade criminosa ou perturbe gravemente a ordem e a tranquilidade públicas, nos termos do artigo 194º, nº 2 (cfr. artigo 204.º alíneas a) e c)).

Porém, durante o inquérito, o Juiz não pode aplicar medida de coação mais grave, quanto à sua natureza, medida ou modalidade de execução, com fundamento no perigo de perturbação do decurso do inquérito ou da instrução do processo e, nomeadamente, perigo para a aquisição, conservação ou veracidade da prova, nem medida de garantia patrimonial mais grave do que a requerida pelo Ministério Público, sob pena de nulidade, nos termos do artigo 194.º/3 (cfr. artigo 204º, alínea b)). (cfr. ainda artigos 120.º/1, 2 e 3, 122.º e 142.º/2).

• Imagine que foram ordenadas medidas de coação ou de garantia patrimonial por Tribunal declarado incompetente. Quid Iuris?

As medidas de coação ou de garantia patrimonial ordenadas por Tribunal declarado incompetente, conservam eficácia mesmo após a declaração de incompetência, mas devem, no mais breve prazo, ser convalidadas ou infirmadas pelo Tribunal competente, nos termos do artigo 33.º/3.

• Podem ser aplicadas medidas de coação às pessoas coletivas?

Podem ser aplicadas medida de coação às pessoas coletivas, nomeadamente o termo de identidade e residência nos termos (artigo 196.º/1 e 4 a 7), a caução (artigo 197.º/4), a suspensão do exercício de atividades, da administração de bens ou a emissão de títulos de crédito, do controlo de contas bancárias, do direito de candidatura a contratos públicos e do direito a subsídios, subvenções ou incentivos outorgados pelo Estado, regiões autónomas, autarquias locais e demais pessoas coletivas públicas (artigo 199.º/3) e a proibição e imposição de condutas (artigos 200.º/7). É preciso ressalvar, no entanto, que nenhuma medida de coação, à exceção do termo de identidade e residência pode ser aplicada a pessoa coletiva ou entidade equiparada arguida se em concreto se não verificar, no momento da aplicação da medida, perigo de perturbação do inquérito ou da instrução do processo ou perigo de continuação da atividade criminosa, nos termos do artigo 204.º/2.

TIR – artigo 196.º

• Os penalistas de Coimbra defendem que o TIR é para proteger o arguido. Concorda?

Consideramos que o TIR funciona como proteção para o arguido pois este fica identificado nos autos e pode usar das garantias que a Constituição e as leis penais lhe atribuem.

- O TIR é uma medida de coação?

Sim, o TIR é uma medida de coação, nos termos do artigo 196.º.

- A aplicação do TIR é cumulável com outra medida de coação?

Sim, a aplicação do TIR é sempre cumulável com qualquer outra das medidas previstas no Código de Processo Penal, nos termos do artigo 196.º/8.

- Em caso de condenação, quando é que o TIR se extingue?

Em caso de condenação, o TIR só se extingue com a extinção da pena, nos termos dos artigos 196.º/3, alínea e) e 214º.º/1 alínea e).

- Um inspetor da polícia judiciária pode decretar uma medida de coação?

Sim, a autoridade judiciária ou o órgão de polícia criminal pode sujeitar a TIR, lavrado no processo, todo aquele que for constituído arguido, nos termos do artigo 196.º.

Caução – artigo 197.º

- A aplicação da caução é cumulável com outra medida de coação?

Sim, a aplicação da caução apenas não é cumulável com a prisão preventiva e a obrigação de permanência na habitação, nos termos do artigo 205.º (cfr. ainda artigos 197.º/2 e 206.º a 208.º).

Obrigação de apresentação periódica – artigo 198.º

- A aplicação da obrigação da apresentação periódica é cumulável com outra medida de coação?

Sim, a obrigação de apresentação periódica pode ser cumulada com qualquer outra medida de coação, com a exceção da obrigação de permanência na habitação e da prisão preventiva, nos termos do artigo 198.º/2.

Suspensão do exercício de profissão, de função, de atividade e de direitos – artigo 199.º

Proibição e imposição de condutas – artigo 200.º

Obrigação de permanência na habitação – artigo 201.º (cfr. artigos 193.º/2 e 3 e 218.º/3)

• Imagine que o arguido é sujeito a prisão preventiva. Posteriormente, o mesmo é sujeito a obrigação de permanência na habitação. O período de sujeição à obrigação de permanência na habitação soma-se ao período em que o arguido esteve em prisão preventiva?

Neste caso, o período em que o arguido esteve sujeito à obrigação de permanência na habitação soma-se ao período em que esteve em prisão preventiva, nos termos do artigo 215.º/8.

• Pode ser introduzido um chip na cabeça para impedir a ausência do arguido da habitação?

No caso concreto, não pode ser introduzido um chip na cabeça do arguido uma vez que tal medida viola os direitos constitucionalmente consagrados de cada indivíduo, bem como viola os princípios básicos inerentes ao ser humano, a sua dignidade pessoal e os direitos que lhe são atribuídos pelas leis penais (cfr. Constituição da República Portuguesa, Declaração Universal dos Direitos do Homem e Lei n.º 33/2010 – Regula a utilização de meios técnicos de controlo à distância (vigilância eletrónica)).

Prisão Preventiva – artigo 202.º e ss. e artigo 28.º da Constituição da República Portuguesa

• Quais os requisitos da aplicação da prisão preventiva ao arguido?

Para que um arguido seja sujeito a prisão preventiva, tem de estar verificada uma das seguintes situações:
- haver fortes indícios de prática de crime doloso punível com pena de prisão de máximo superior a cinco anos (artigo 202.º/1-*a*));
- haver fortes indícios de prática de crime doloso que corresponda a criminalidade violenta (artigo 202.º/1-*b*));
- haver fortes indícios de prática de crime doloso de terrorismo ou que corresponda a criminalidade altamente organizada punível com pena de prisão de máximo superior a três anos (artigo 202.º/1-*c*));

- haver fortes indícios de prática de crime doloso de ofensa à integridade física qualificada, furto qualificado, dano qualificado, burla informática e nas comunicações, abusem de cartão de garantia ou de cartão, dispositivo ou dados de pagamento, recetação, falsificação ou contrafação de documento, atentado à segurança de transporte rodoviário, puníveis com pena de prisão de máximo superior a três anos (artigo 202.º/1-*d*));
- haver fortes indícios da prática de crime doloso de detenção de arma proibida, detenção de armas e outros dispositivos, produtos ou substâncias em locais proibidos ou crime cometido com arma, nos termos do regime jurídico das armas e suas munições, puníveis com pena de prisão de máximo superior a três anos (artigo 202.º/1-*e*));
- se tratar de pessoa que tiver penetrado ou permaneça irregularmente em território nacional, ou contra a qual estiver em curso processo de extradição ou de expulsão (artigo 202.º/1-*f*)). (Cfr. artigos 193.º/2 e 3 e 219.º)

• Imagine que o arguido sofre de anomalia psíquica. Pode o mesmo ser sujeito a prisão preventiva?

Sofrendo o arguido de anomalia psíquica, o Juiz pode impor, ouvido o Defensor e sempre que possível também um familiar, que enquanto a anomalia persistir em vez da prisão tenha lugar internamento preventivo em hospital psiquiátrico ou outro estabelecimento análogo adequado, adotando as cautelas necessárias para prevenir os perigos de fuga e de cometimento de novos crimes, nos termos do artigo 202.º/2.

• Pode o Juiz em algum caso impor ao arguido a prisão preventiva por crime com pena de prisão inferior a cinco anos?

Sim, o Juiz pode impor a prisão preventiva desde que ao crime caiba pena de prisão de máximo superior a três anos, em caso de violação das obrigações impostas por aplicação de uma medida de coação ou quando houver fortes indícios de que após aplicação de medida de coação o arguido cometeu crime doloso da mesma natureza punível com pena de prisão de máximo superior a três anos, nos termos do artigo 203.º (cfr. ainda artigo 193.º/2 e 3).

- É possível suspender a execução da prisão preventiva?

Sim, é possível suspender a execução da prisão preventiva, se tal for exigido por razão de doença grave do arguido, de gravidez ou de puerpério. A suspensão cessa logo que deixarem de verificar-se as circunstâncias que a determinaram e de todo o modo no caso de puerpério quando se esgotar o terceiro mês posterior ao parto, nos casos do artigo 211.º.

- Quais as consequências da violação de uma medida de coação?

No caso de um arguido violar as obrigações impostas por aplicação de uma medida de coação, o Juiz pode impor outra ou outras medidas de coação previstas no Código de Processo Penal e admissíveis no caso, nos termos do artigo 203.º/1.

- É possível que o Juiz revogue uma medida de coação?

O Juiz pode revogar uma medida de coação aplicada ao arguido quando esta tenha sido aplicada fora das hipóteses ou das condições previstas na lei ou caso tenham deixado de subsistir as circunstâncias que justificaram a sua aplicação, nos termos do artigo 212.º/1.

- As medidas que tenham sido revogadas podem ser novamente aplicadas?

Sim, as medidas podem ser novamente aplicadas se sobrevierem motivos que legalmente justifiquem a sua aplicação, nos termos do artigo 212.º/2.

- Pode o Juiz substituir uma medida de coação por outra?

Sim, quando se verificar uma atenuação das exigências cautelares que determinaram a aplicação de uma medida de coação, o Juiz substitui-a por outra menos grave ou determina uma forma menos gravosa da sua execução, nos termos do artigo 212.º/3 (cfr. ainda artigos 194.º e 268.º/1-*b*)).

- A revogação e a substituição de uma medida de coação podem ser provocadas pelo arguido?

Sim, a revogação e a substituição de medidas de coação podem ter lugar a requerimento do arguido. Se porém, o Juiz julgar o requerimento do arguido manifestamente infundado, condena-o ao pagamento de uma soma entre 6 e 20 UC, nos termos do artigo 212.º/4 (cfr. artigo 116.º/1). Oficiosamente, o Juiz pode ainda revogar ou substituir medidas de coação. Tal também acontece, a requerimento do MP.

- Pode o Juiz proceder ao reexame dos pressupostos da prisão preventiva ou da obrigação de permanência na habitação?

O Juiz pode proceder oficiosamente ao reexame dos pressupostos da prisão preventiva ou da obrigação de permanência na habitação, decidindo se elas são de manter ou devem ser substituídas ou revogadas no prazo máximo de três meses, a contar da data da sua aplicação ou do último reexame (artigo 213.º/1-*a*)) e quando no processo forem proferidos despacho de acusação ou de pronúncia ou decisão que conheça, a final, do objeto do processo e não determine a extinção da medida aplicada (artigo 213.º/1-*b*)).

- A decisão que mantenha a prisão preventiva e da obrigação de permanência na habitação é suscetível de recurso?

Sim, a decisão que mantenha a prisão preventiva e da obrigação de permanência na habitação é suscetível de recurso, nos termos do artigo 213.º/5.

- Quando se extinguem as medidas de coação?

As medidas de coação extinguem-se de imediato com o arquivamento do inquérito (artigo 214.º/1-*a*)), com a prolação do despacho de não pronúncia (artigo 214.º/1-*b*)), com a prolação do despacho que rejeitar a acusação que seja considerada infundada (artigo 214.º/1-*c*)), com a sentença absolutória, mesmo que dela tenha sido interposto recurso (artigo 214.º/1-*d*)) e com o trânsito em julgado da sentença condenatória, à exceção do TIR que só se extingue com a extinção da pena (artigo 214.º/1-*e*)).– cfr. ainda artigo 196.º/3, alínea e).

Extinguem-se igualmente de imediato quando for proferida sentença condenatória, ainda que dela tenha sido interposto recurso, se a pena aplicada não for superior à prisão ou à obrigação de permanência já sofridas, nos termos do artigo 214.º/2.

- Quais os prazos de duração máxima da prisão preventiva?

Nos termos do artigo 215.º/1, os prazos de duração máxima da prisão preventiva são os seguintes:
- quatro meses sem que tenha sido deduzida acusação – alínea *a)*;
- oito meses sem que, havendo lugar a instrução, tenha sido proferida decisão instrutória – alínea *b)*;
- um ano e dois meses sem que tenha havido condenação em 1.ª instância – alínea *c)*;
- um ano e seis meses sem que tenha havido condenação com trânsito em julgado – alínea *d)*.

De acordo com o artigo 215.º/2, os prazos previstos no artigo 215.º/1 são elevados, respetivamente, para seis meses, dez meses, um ano e seis meses e dois anos, em casos de terrorismo, criminalidade violenta ou altamente organizada, ou quando se proceder por crime punível com pena de prisão de máximo superior a oito anos, ou por crime:
- previsto no artigo 299.º, no artigo 318.º/1, nos artigos 319.º, 326.º, 331.º ou no artigo 333.º/1 do Código Penal e nos artigos 30.º, 79.º e 80.º do Código de Justiça Militar, aprovado pela Lei n.º 100/2003, de 15 de Novembro – alínea *a)*;
- de furto de veículos ou de falsificação de documentos a eles respeitantes ou de elementos identificadores de veículos – alínea *b)*;
- de falsificação de moeda, títulos de crédito, valores selados, selos e equiparados ou da respetiva passagem – alínea *c)*;
- de burla, insolvência dolosa, administração danosa do sector público ou cooperativo, falsificação, corrupção, peculato ou de participação económica em negócio – alínea *d)*;
- de branqueamento de vantagens de proveniência ilícita – alínea *e)*;
- De fraude na obtenção ou desvio de subsídio, subvenção ou crédito – alínea *f)*;
- abrangido por convenção sobre segurança da navegação aérea ou marítima – alínea *g)*.

Ainda, à luz do artigo 215.º/3, os prazos previstos no artigo 215.º/1 são elevados, respetivamente, para um ano, um ano e quatro meses, dois anos e seis meses e três anos e quatro meses, quando o procedimento for por um dos crimes referidos no número anterior e se revelar de excecional complexidade, devido, nomeadamente, ao número de arguidos ou de ofendidos ou ao carácter altamente organizado do crime.

Também, segundo o previsto no artigo 215.º/5, os prazos referidos nas alíneas *c)* e *d)* do artigo 215.º/1, bem como os correspondentemente referidos no artigo 215.º/2 e 3, são acrescentados de seis meses se tiver havido recurso para o Tribunal Constitucional ou se o processo penal tiver sido suspenso para julgamento em outro Tribunal de questão prejudicial.

Por fim, pelo disposto no artigo 215.º/6, no caso de o arguido ter sido condenado a pena de prisão em 1.ª instância e a sentença condenatória ter sido confirmada em sede de recurso ordinário, o prazo máximo da prisão preventiva eleva-se para metade da pena que tiver sido fixada.

- Qual o prazo de duração máxima possível da prisão preventiva?

O prazo de duração máxima possível da prisão preventiva é de três anos e dez meses, nos termos do artigo 215.º/5.

- Conhece algum caso de suspensão do decurso dos prazos de duração máxima da prisão preventiva?

Sim, o decurso dos prazos de duração máxima da prisão preventiva suspende-se em caso de doença do arguido que imponha internamento hospitalar, se a sua presença for indispensável à continuação das investigações, nos termos do artigo 216.º.

- Se a libertação do arguido tiver lugar por se terem esgotado os prazos de duração máxima da prisão preventiva, o que o Juiz pode fazer?

Em tais casos, o Juiz pode sujeitar o arguido a alguma ou algumas das medidas previstas nos artigos 197.º a 200.º inclusive, ou seja, a caução, a obrigação de apresentação periódica, a suspensão do exercício de profissão, de função, de atividade e de direitos e a proibição e imposição de condutas, nos termos do artigo 217.º/2.

- Quais os prazos de duração máxima de outras medidas de coação que não a prisão preventiva?

A obrigação de apresentação periódica e a suspensão do exercício de profissão, de função, de atividade e de direitos têm como prazos máximos da sua duração, os prazos referidos no artigo 215.º/1, elevados ao dobro, contados desde o início da sua execução, nos termos do artigo 218.º/1.

Por sua vez, a proibição e imposição de condutas e a obrigação de permanência na habitação têm como prazos máximos os previstos para a prisão preventiva, nos termos do artigo 218.º/2 e 3 (cfr. artigo 215, 216.º e 217.º).

• Quais os modos de impugnação da aplicação de uma medida de coação?

A aplicação de uma medida de coação pode ser impugnada mediante recurso, habeas corpus em virtude de detenção ilegal e habeas corpus em virtude de prisão ilegal (cfr. artigos 219.º a 224.º).

• A decisão que aplicar, substituir ou mantiver uma medida de coação pode ser objeto de recurso. Em que prazo?

A decisão que aplique, substitua ou mantenha uma medida de coação pode ser objeto de recurso no prazo geral de trinta dias, nos termos do artigo 411.º

• Num determinado processo, o arguido que tinha sido sujeito a medida de coação de obrigação de permanência na habitação viu esta ser substituída por medida de obrigação de apresentações periódicas. O Dr. é Advogado do Assistente. O seu cliente, ofendido, não se conforma em encontrar o arguido de cada vez que vai ao café. O que pode fazer quanto ao despacho que altera a medida de coação? O Assistente tem legitimidade para recorrer?

Não, o Assistente nada pode fazer uma vez que da decisão que aplicar, substituir ou mantiver medidas de coação, apenas têm legitimidade para interpor recurso o arguido ou o MP, nos termos do artigo 219.º.

• O que é um habeas corpus e quais os seus requisitos?

O habeas corpus é um meio jurisdicional de defesa do direito à liberdade individual, a utilizar em caso de prisão ou detenção ilegal, com carácter de urgência, nos termos dos artigos 220.º a 223.º e artigo 31.º da Constituição da República Portuguesa.

• Qual a diferença entre o habeas corpus por prisão ilegal e por detenção ilegal?

O habeas corpus em virtude de detenção ilegal é requerido ao Juiz de Instrução da área onde se encontrar o detido com um dos seguintes fundamentos:
- estar excedido o prazo para entrega ao poder judicial (artigo 220.º/1-*a*));
- manter-se a detenção fora dos locais legalmente permitidos (artigo 220.º/1-*b*));
- ter sido a detenção efetuada ou ordenada por entidade incompetente (artigo 220.º/1-*c*));

- ser a detenção motivada por facto pelo qual a lei a não permite (artigo 220.º/1-*d*)).

Por sua vez, o habeas corpus em virtude de prisão ilegal é dirigido ao Presidente do Supremo Tribunal de Justiça e deve fundar-se em ilegalidade da prisão proveniente de ter sido efetuada ou ordenada por entidade incompetente (artigo 222.º/2-*a*)), ter sido motivada por facto pelo qual a lei a não permite (artigo 222.º/2-*b*)) ou ter sido mantida para além dos prazos fixados pela lei ou por decisão judicial (artigo 222.º/2-*c*)).

- Imagine que alguém é detido numa terça-feira. Na sexta-feira seguinte, a esposa do detido quer ir vê-lo, mas não lho permitem. Esta procura-o enquanto Advogado. O que pode fazer?

O Advogado deve requerer ao Juiz de instrução da área onde se encontrar o detido que ordene a sua imediata libertação judicial uma vez que se encontra excedido o prazo para entrega ao poder judicial, nos termos do artigo 220.º/1-*a*) e artigo 31.º da Constituição da República Portuguesa (*Habeas Corpus* em virtude de detenção ilegal).

- Imagine um caso em que uma pessoa se encontra detida há três dias por condução sem habilitação legal. Existe algum meio de reação?

O Advogado, o detido ou qualquer cidadão no gozo dos seus direitos políticos pode requerer um habeas corpus em virtude de detenção ilegal, uma vez que se excedeu o prazo para entrega ao poder judicial, nos termos do artigo 220.º/1-*a*)) e artigo 31.º da Constituição da República Portuguesa.

- Onde deve ser entregue o requerimento de habeas corpus?

O requerimento de habeas corpus em virtude de detenção ilegal é requerido ao Juiz de Instrução da área onde se encontrar o detido (artigo 220.º/1).

Por sua vez, o habeas corpus em virtude de prisão ilegal é dirigido ao Presidente do Supremo Tribunal de Justiça (artigo 222.º).

- Perante o habeas corpus o que o Juiz pode fazer?

Em caso de habeas corpus em virtude de detenção ilegal, o Juiz depois de receber o requerimento, se o não considerar manifestamente infundado, ordena, por via telefónica, se necessário, a apresentação imediata do detido, sob pena de desobediência qualificada, nos termos do artigo 221.º/1.

Conjuntamente com a ordem referida no artigo 221.º/1, o Juiz manda notificar a entidade que tiver o detido à sua guarda, ou quem puder representá-la, para se apresentar no mesmo ato munida das informações e esclarecimentos necessários à decisão sobre o requerimento, nos termos do artigo 221.º/2.

Após terem sido ouvidos o MP e o Defensor constituído ou nomeado para o efeito, o Juiz decide-se pela libertação judicial do detido ou pela recusa do requerimento, nos termos do artigo 221.º/3.

Por sua vez, em caso de habeas corpus em virtude de prisão ilegal, o Presidente do Supremo Tribunal de Justiça convoca a secção criminal, notificando o MP e o Defensor (e nomeando-o se este já não estiver constituído) para se pronunciarem, nos termos do artigo 223.º/1 e 2.

Seguidamente a secção criminal reúne para deliberação, a qual é imediatamente tornada pública, e pode ser tomada no sentido de:

- indeferir o pedido por falta de fundamento bastante (artigo 223.º/4-*a)*);
- mandar colocar imediatamente o preso à ordem do Supremo Tribunal de Justiça e no local por este indicado, nomeando um Juiz para proceder a averiguações, dentro do prazo que lhe for fixado, sobre as condições de legalidade da prisão (artigo 223.º/4-*b)*);
- mandar apresentar o preso no tribunal competente e no prazo de vinte e quatro horas, sob pena de desobediência qualificada (artigo 223.º/4-*c)*);
- declarar ilegal a prisão e, se for caso disso, ordenar a libertação imediata (artigo 223.º/4-*d)*).

• Imagine que está ser investigado um determinado crime. É ouvido um cidadão como testemunha. No entanto, mais tarde, apura-se que o mesmo está envolvido nesse crime, sendo acusado. Essa pessoa não foi constituída como arguido. A polícia judiciária prende-o preventivamente. O que deve fazer?

O Advogado deve requerer junto do Supremo Tribunal de Justiça uma providência de habeas corpus em virtude de prisão ilegal uma vez que o referido cidadão não foi constituído como arguido, nos termos dos artigos 222.º e 223.º.

• Imagine que o Juiz no seguimento de uma petição de habeas corpus em virtude de prisão ilegal, declara ilegal a prisão e ordena a libertação imediata do preso. Acontece que, após esta decisão, o guarda prisional não cumpre a ordem de libertação do arguido. Quid Iuris?

O guarda prisional comete o crime de denegação de justiça e prevaricação, pelo que também há possibilidade de recurso à força, nos termos do artigo 224.º (cfr. artigo 369.º/4 e 5 do Código Penal).

• Imagine que alguém foi detido/preso ilegalmente. Na sequência de habeas corpus, foi ordenada a sua libertação. A pessoa ora em causa sente-se lesada com o facto de ter sido submetida a tal situação. Quid Iuris?

Quem tiver sofrido detenção, prisão preventiva ou obrigação de permanência na habitação pode requerer, perante o Tribunal competente, indemnização dos danos sofridos quando a privação da liberdade for ilegal, nos termos do artigo 220.º/1, ou do artigo 222.º/2 (artigo 225.º/1-*a*)), a privação da liberdade se tiver devido a erro grosseiro na apreciação dos pressupostos de facto de que dependia (artigo 225.º/1-*b*)) ou se comprovar que o arguido não foi agente do crime ou atuou justificadamente (artigo 225.º/1-*c*)) ou a privação da liberdade tiver violado os números 1 a 4 do artigo 5.º da Convenção Europeia dos Direitos Humanos. (artigo 225.º/1-*d*)) – cfr. n.º 2 e ainda os artigos 1.º, 2.º, 9.º, alínea b), 16.º, 17.º, 18.º e 27.º/1 todos da Constituição da República Portuguesa.

• Quais as medidas de garantia patrimonial que conhece?

O Código de Processo Penal prevê como medidas de garantia patrimonial a caução económica e arresto preventivo, nos termos dos artigos 227.º e 228.º.

• Suponha que num crime com pena superior a cinco anos, o coletivo condena o arguido a sete anos de prisão e ordena a sua prisão imediata. O Advogado recorre da sentença. Esta prisão é medida de coação?

Sim, pois a pena de prisão só pode ter início depois do trânsito em julgado da sentença condenatória (cfr. artigos 214.º/1-*e*) *a contrario*, 477.º e 80.º do Código Penal).

- O Tribunal pode decretar duas medidas de coação?

O Tribunal pode decretar duas medidas de coação. Por exemplo, a obrigação de apresentação periódica pode ser cumulada com qualquer outra medida de coação, com a exceção da obrigação de permanência na habitação e da prisão preventiva, nos termos do artigo 198.º/2 (cfr. artigo 196.º/8).

- Quais as diferenças entre a detenção e a prisão preventiva?

A detenção e a prisão preventiva têm várias diferenças em relação a múltiplos aspetos.

Em relação à sua natureza, a prisão preventiva é uma medida de coação enquanto a detenção é uma medida de natureza cautelar que pode ser aplicada mesmo que não exista um processo.

Em termos de duração, a prisão preventiva tem uma duração máxima de três anos e dez meses (artigo 215.º/5), já a detenção nunca pode ultrapassar as 48 horas (artigo 254.º/1-*a*)).

A prisão preventiva é sempre aplicada pelo Juiz de instrução, na fase de inquérito e instrução, e pelo Juiz de julgamento em qualquer outra fase do processo (incluindo recurso). Para a detenção é competente o Juiz, o MP, o órgão de polícia criminal e inclusive qualquer pessoa, em caso de flagrante delito.

Em relação ao sujeito passivo, este deve já estar constituído como arguido ou deve ser constituído como tal em momento anterior à aplicação da medida de coação. Por sua vez, a detenção é aplicada a qualquer suspeito ou interveniente processual, incluindo testemunhas.

Por fim, no que toca às suas finalidades, na prisão preventiva há o intuito de evitar o perigo de fuga, perigo de perturbação do inquérito ou o perigo da continuação da atividade criminosa (artigo 204.º) ao passo que na detenção, a ideia base é apenas assegurar a presença do arguido em ato judicial (por exemplo: primeiro interrogatório judicial).

2.3.7. Da notícia do crime

- De que forma o MP adquire a notícia do crime?

O MP adquire notícia do crime por conhecimento próprio, por intermédio dos órgãos de polícia criminal ou mediante denúncia, nos termos do artigo 241.º

- Uma notícia na televisão ou num jornal pode funcionar como notícia de um crime nos termos do artigo 241.º?

Uma notícia de jornal pode fundamentar a abertura de um inquérito judicial porquanto pode ser uma forma de aquisição da notícia de crime pelo MP, nos termos previstos no artigo 241.º.

- Quando os órgãos de polícia criminal adquirem a notícia de um crime, o que devem fazer em primeiro lugar e em que prazo?

Sempre que uma autoridade judiciária, um órgão de polícia criminal ou outra entidade policial presenciarem qualquer crime de denúncia obrigatória, levantam ou mandam levantar auto de notícia, onde se mencionem os factos que constituem o crime, o dia, a hora, o local e as circunstâncias em que o crime foi cometido e tudo o que puderem averiguar acerca da identificação dos agentes e dos ofendidos, bem como os meios de prova conhecidos, nomeadamente as testemunhas que puderem depor sobre os factos, nos termos do artigo 243.º/1-*a)* a *c)*.

O auto de notícia deve ser obrigatoriamente remetido ao MP no mais curto prazo, que não pode exceder dez dias, e vale como denúncia, nos termos dos artigos 243.º/3 e 248.º/1.

- Os órgãos de polícia criminal podem investigar um crime sem receberem ordens por parte do MP?

Os órgãos de polícia criminal podem investigar um crime, mesmo antes de receberem ordem da autoridade judiciária competente para procederem a investigações, praticar os atos cautelares necessários e urgentes para assegurar os meios de prova, nomeadamente, a proceder a exames dos vestígios do crime, em especial às diligências previstas no artigo 171.º/2, e no artigo 173.º, assegurando a manutenção do estado das coisas e dos lugares, a colher informações das pessoas que facilitem a descoberta dos agentes do crime e a sua reconstituição e a proceder a apreensões no decurso de revistas ou buscas ou em caso de urgência ou perigo na demora, bem como adotar as medidas cautelares necessárias à conservação ou manutenção dos objetos apreendidos, nos termos do artigo 249.º/1 e 2-*a)* a *c)*.

• Quando é que a denúncia é obrigatória?

A denúncia é obrigatória, ainda que os agentes do crime não sejam conhecidos para as entidades policiais, quanto a todos os crimes de que tomarem conhecimento e para os funcionários, na aceção do artigo 386.º do Código Penal, quanto a crimes de que tomarem conhecimento no exercício das suas funções e por causa delas, nos termos do artigo 242.º/1-*a)* e *b)*.

Quando várias pessoas forem obrigadas à denúncia do mesmo crime, a sua apresentação por uma delas dispensa as restantes, nos termos do artigo 242.º/2.

Quando se referir a crime cujo procedimento dependa de queixa ou de acusação particular, a denúncia só dá lugar a instauração de inquérito se a queixa for apresentada no prazo legalmente previsto, nos termos do artigo 242.º/3.

• Qual a forma, conteúdo e espécies de denúncias?

A denúncia pode ser feita verbalmente ou por escrito e não está sujeita a formalidades especiais, nos termos do artigo 246.º/1.

A denúncia verbal é reduzida a escrito e assinada pela entidade que a receber e pelo denunciante, devidamente identificado, nos termos do artigo 246.º/2 (cfr. artigos 95.º/3 e 243.º/1).

O denunciante pode declarar, na denúncia, que deseja constituir-se Assistente. Tratando-se de crime cujo procedimento depende de acusação particular, a declaração é obrigatória devendo, neste caso, a autoridade judiciária ou o órgão de polícia criminal a quem a denúncia for feita verbalmente, advertir o denunciante da obrigatoriedade de constituição de Assistente e dos procedimentos a observar, nos termos do artigo 246.º/4.

• É possível a denúncia anónima?

A denúncia anónima só pode determinar a abertura de inquérito se dela se retirarem indícios da prática de crime ou se constituir crime, nos termos do artigo 246.º/6.

• Qual a diferença entre a denúncia e a queixa?

A denúncia refere-se aos crimes públicos e tem legitimidade para a fazer obrigatoriamente as pessoas previstas nos artigos 242.º e 244.º Por sua vez, a queixa diz respeito a crimes semi-públicos ou particulares e têm legitimidade para a fazer os ofendidos ou as pessoas a quem a lei conferir legitimidade para tal, no termos do artigo 113.º do Código Penal.

A queixa refere-se ao crime pelo qual não se pode promover oficiosamente o processo penal. É o ofendido que dá a notícia do crime ao MP. A partir desse momento ele tem legitimidade para promover o processo.

Das medidas cautelares e de polícia – artigos 248.º a 253.º

• O que é a detenção?

A detenção é a "privação da liberdade precária, por um período curto, não excedente a 48 horas, que só poderá manter-se se for confirmada pela autoridade judicial. Essa privação de liberdade, se for judicialmente mantida, passará a designar-se prisão preventiva, in dicionário penal", *in* Henriques Eiras e Guilhermina Fortes, *Dicionário de Direito Penal e Processo Penal,* 2.ª Edição, Quid Juris, 2006, pág. 139.

• A detenção no âmbito do artigo 254.º abrange testemunhas?

A detenção abrange testemunhas quando se destine a assegurar a presença imediata ou, não sendo possível, no mais curto prazo, mas sem nunca exceder vinte e quatro horas, da mesma perante a autoridade judiciária em ato processual, nos termos do artigo 254.º/1-*b)*.

• Quem procede à detenção em flagrante delito?

Em caso de flagrante delito, por crime punível com pena de prisão qualquer autoridade judiciária ou entidade policial procede à detenção ou então qualquer pessoa pode proceder à detenção, caso uma das entidades referidas não estiver presente nem puder ser chamada em tempo útil, nos termos do artigo 255.º/1-*a)* e *b)* – cfr. ainda artigo 255.º/2.

• Há lugar a detenção em flagrante delito em crimes cujo procedimento dependa de acusação particular?

Tratando-se de crime cujo procedimento dependa de acusação particular não há lugar a detenção em flagrante delito, mas apenas à identificação do infrator, nos termos do artigo 255.º/4.

- O que é o flagrante delito?

É flagrante delito todo o crime que se está cometendo ou se acabou de cometer, nos termos do artigo 256.º/1.

Reputa-se também flagrante delito o caso em que o agente for, logo após o crime, perseguido por qualquer pessoa ou encontrado com objetos ou sinais que mostrem claramente que acabou de o cometer ou nele participar, nos termos do artigo 256.º/2.

Em caso de crime permanente, o estado de flagrante delito só persiste enquanto se mantiverem sinais que mostrem claramente que o crime está a ser cometido e o agente está nele a participar, nos termos do artigo 256.º/3.

- Quais os casos/requisitos em que é possível a detenção fora do flagrante delito?

Fora de flagrante delito, a detenção só pode ser efetuada por mandado do Juiz ou, nos casos em que for admissível prisão preventiva, do MP quando:

- houver fundadas razões para considerar que o visado se não apresentaria voluntariamente perante autoridade judiciária no prazo que lhe fosse fixado – artigo 257.º/1-*a)*;
- se verifique perigo de fuga, perigo de perturbação do decurso do inquérito ou da instrução do processo e, nomeadamente, perigo para a aquisição, conservação ou veracidade da prova ou perigo, em razão da natureza e das circunstâncias do crime ou da personalidade do arguido, de que este continue a atividade criminosa ou perturbe gravemente a ordem e a tranquilidade públicas que apenas a detenção permita acautelar – artigo 257.º/1-*b)* (cfr. ainda artigo 204.º);
- tal se mostrar imprescindível para a proteção da vítima – artigo 257.º/1-*c)*.

- As autoridades de polícia criminal podem ordenar a detenção fora de flagrante delito, por iniciativa própria?

As autoridades de polícia criminal podem ordenar a detenção fora de flagrante delito, por iniciativa própria quando se tratar de um caso em que é admissível a prisão preventiva (artigo 257.º/2-*a)*), quando existirem elementos que tornem fundados o receio de fuga ou de continuação da atividade criminosa (artigo 257.º/2-*b)*) e quando não for possível, dada a situação de urgência e de perigo na demora, esperar pela intervenção da autoridade judiciária (artigo 257.º/2-*c)*).

MINUTA DE REQUERIMENTO ORAL NA PSP (PEDIDO DE LIBERTAÇÃO IMEDIATA DO ARGUIDO)

__________________ (nome completo), arguido no processo em epígrafe, melhor identificado nos autos, vem requerer a sua libertação imediata nos termos do artigo 261.º do Código de Processo Penal o que o faz com os seguintes fundamentos:

a) No dia ____ de ____________ (mês) de ________ (ano), isto é, hoje de manhã, o arguido estando em sua casa foi detido dois agentes da P.S.P. que o transportaram para a Esquadra de Polícia de ________ (local), tendo de imediato sido constituído arguido;
b) Tal detenção e constituição como arguido tiveram como causa factos que se tinham passado há cerca de duas horas no café "Bola de Berlim", sito na Rua...;
c) Os factos ocorridos podem eventualmente consubstanciar a prática do crime de ofensa à integridade física simples, p. e p. no artigo 143.º do Código de Processo Penal, dado que, após uma discussão entre o ora Requerente e um antigo conhecido seu, João, o mesmo desferiu um murro no rosto.

Perante os factos descritos e estando na presença de um crime semipúblico, nos termos do n.º 2 do artigo 143.º do Código de Processo Penal, isto é, que depende da apresentação de queixa e não tendo esta sido até ao momento por quem tem legitimidade para o fazer, a detenção efetuada e a subsequente constituição de arguido são ilegais, nos termos do artigo 255.º/3 do Código de Processo Penal.

Por outro lado, a detenção também é ilegal pelo facto do arguido não ter sido detido em flagrante delito e não estarmos perante nenhuma das situações previstas no artigo 257.º do Código de Processo Penal em que a lei permite a detenção fora do flagrante delito.

Face ao exposto, deve o arguido ser de imediato libertado, nos termos do já supracitado, artigo 261.º do Código de Processo Penal.

2.3.8. Do inquérito

- Em que consiste o inquérito?

O inquérito compreende o conjunto de diligências que visam investigar a existência de um crime, determinar os seus agentes e a responsabilidade deles e descobrir e recolher as provas, em ordem à decisão sobre a acusação, nos termos do artigo 262.º.

- A notícia de um crime dá sempre lugar a um inquérito?

A notícia de um crime dá sempre lugar a um inquérito, ressalvadas as exceções previstas no Código de Processo Penal, nos termos do artigo 262.º/2 (cfr. ainda os artigos 49.º, 50.º, 53.º/2-*a)*, 382.º/2 e 392.º).

- A quem cabe a direção do inquérito?

A direção do inquérito cabe ao MP, assistido pelos órgãos de polícia criminal (cfr. ainda os artigos 270.º/1 e 53.º/2-*b)* e 56.º).

- Como termina o inquérito?

O inquérito termina com o MP a proceder, por despacho, ao arquivamento (artigo 277.º) ou a deduzir acusação contra o agente do crime (artigo 283.º).

O MP procede ao arquivamento do inquérito logo que tiver recolhido prova bastante de não se ter verificado crime, de o arguido não o ter praticado a qualquer título, de ser legalmente inadmissível o procedimento e quando tiver sido possível ao MP obter indícios suficientes da não verificação do crime, nos termos do artigo 277.º/1 e 2.

Por sua vez, se durante o inquérito tiverem sido recolhidos indícios suficientes de se ter verificado crime e de quem foi o seu agente, o MP deduz acusação contra o agente do crime no prazo de dez dias, nos termos do artigo 283.º/1.

- Uma pessoa é considerada arguida só porque corre inquérito contra ela?

Nem sempre, esta pessoa pode ser apenas um suspeito (cfr. artigo 57.º *a contrario*).

- Quais os atos a praticar pelo MP num inquérito?

Ressalvadas as restrições previstas no artigo 268.º e ss., o MP pratica os atos e assegura os meios de prova necessários à investigação da existência de um crime, à determinação dos seus agentes bem como à sua responsabilização, nos termos do artigo 267.º.

- Qual o papel do Juiz de instrução no inquérito?

Compete exclusivamente ao Juiz de instrução durante o inquérito, a requerimento do MP, da autoridade de polícia criminal e em caso de urgência ou de perigo na demora, do arguido e do Assistente a:
- proceder ao primeiro interrogatório judicial de arguido detido (artigo 268.º/1-*a*); cfr. ainda os artigos 64.º/1-*a*) 119.º-*c*) e 141.º);
- proceder à aplicação de uma medida de coação ou de garantia patrimonial, à exceção do TIR, a qual pode ser aplicada pelo MP (artigo 268.º/1-*b*));
- proceder a buscas e apreensões em escritório de Advogado, consultório médico ou estabelecimento bancário (artigos 177.º/3, 180.º/1, 181.º e 268.º/1-*c*));
- tomar conhecimento, em primeiro lugar, do conteúdo da correspondência apreendida, nos termos do artigo 179.º/3 (artigo 268.º/1-*d*));
- declarar a perda a favor do Estado de bens apreendidos, quando o MP proceder ao arquivamento do inquérito (artigos 268.º/1-*e*), 277.º, 280.º e 282.º);
- praticar quaisquer outros atos que a lei expressamente reservar ao Juiz de instrução (artigo 268.º/1-*f*); cfr. ainda os artigos 30.º, 68.º/4, 116.º/1, 220.º, 271.º, 280.º e 281.º).

Compete-lhe ainda ordenar ou autorizar:
- a efetivação de perícias (artigos 154.º/3 e 269.º/1-*a*));
- a efetivação de exames (artigos 172.º/2 e 269.º/1-*b*));
- buscas domiciliárias (artigos 177.º e 269.º/1-*c*));
- apreensões de correspondência (artigo 179.º/1 e 269.º/1-*d*));
- a intercetação, gravação ou registo de conversações ou comunicações (artigos 187.º, 189.º e 269.º/1-*e*));
- a prática de qualquer outro ato que a lei expressamente fizer depender de ordem ou autorização do Juiz de instrução (artigo 269.º/1-*f*)).

• O MP pode delegar atos durante o inquérito para os órgãos de polícia criminal?

O MP pode delegar atos durante o inquérito para os órgãos de polícia criminal, ressalvadas as exceções previstas no artigo 270.º/2 e dos atos que são da exclusiva competência do Juiz de instrução, nos termos dos artigos 268.º e 269.º.

• Há algum caso em que se procede sempre a inquirição para memória futura na fase de inquérito?

Sim, procede-se sempre à inquirição para memória futura na fase de inquérito no caso de processo por crime contra a liberdade e autodeterminação sexual de menor, desde que a vítima não seja ainda maior, nos termos do artigo 271.º/2.

Contudo, a tomada de declarações não prejudica a prestação de depoimento em audiência de julgamento, sempre que ela for possível e não puser em causa a saúde física ou psíquica de pessoa que o deva prestar, nos termos do artigo 271.º/8. (Cfr. artigo 294.º para a instrução).

• Correndo inquérito contra pessoa determinada é obrigatório interrogá-la como arguido?

Sim, correndo inquérito contra pessoa determinada em relação à qual haja suspeita fundada da prática de crime é obrigatório interrogá-la como arguido, salvo se não for possível notificá-la, nos termos do artigo 272.º/1 (cfr. n.ºs 2 e 3).

• Qual é o prazo de duração máxima de um inquérito?

O MP encerra o inquérito, arquivando-o ou deduzindo acusação, nos prazos máximos de seis meses, se houver arguidos presos ou sob obrigação de permanência na habitação, ou de oito meses, se os não houver, nos termos do artigo 276.º/1.

Contudo, o prazo ora referido é elevado para oito meses, quando o inquérito tiver por objeto um dos crimes referidos no artigo 215.º/2 (artigo 276.º/2-*a*)), para dez meses, quando, independentemente do tipo de crime, o procedimento se revelar de excecional complexidade, devido, nomeadamente, ao número de arguidos ou de ofendidos ou ao carácter altamente organizado do crime (artigo 276.º/2-*b*)) e para doze meses, nos casos referidos no artigo 215.º/3 (artigo 276.º/2-*c*)) – cfr. artigo 276.º/3.

Arquivamento do inquérito – artigo 277.º

- Imagine que é Advogado do Assistente num determinado processo e o mesmo é arquivado. Como pode reagir?

No caso concreto, o Assistente pode requerer a abertura de instrução, nos termos do artigo 287.º/1-*b*), ou suscitar a intervenção hierárquica nos termos do artigo 278.º/1 e 2.

- Depois de já não poder ser requerida a abertura de instrução, por motivo de arquivamento do inquérito, ainda é possível fazer-se alguma coisa?

O Assistente ou o denunciante com a faculdade de se constituir Assistente pode, no prazo de vinte dias a contar da data em que a abertura de instrução já não puder ser requerida, requerer ao imediato superior hierárquico do Magistrado do MP que seja formulada acusação ou que as investigações prossigam, indicando, neste caso, as diligências a efetuar e o prazo para o seu cumprimento, nos termos do artigo 278.º/1 (intervenção hierárquica).

- Qual a diferença entre a intervenção hierárquica e o requerimento de abertura de instrução?

A intervenção hierárquica diz respeito a zonas inexploradas e decisivas para o processo. Por exemplo, o MP não realizar diligências requeridas pelo ofendido. Por outro lado, o requerimento de abertura de instrução é utilizado em situações onde esteja em causa a leitura de indícios suficientes ou a sua relevância jurídica (cfr. artigo 278.º).

- É possível a reabertura de um inquérito? Se sim, quais os requisitos?

O inquérito só pode ser reaberto se surgirem novos elementos de prova que invalidem os fundamentos invocados pelo MP no despacho de arquivamento, nos termos do artigo 279.º/1.

- Existem casos em que uma dispensa de pena pode provocar o arquivamento?

Se o processo for por crime relativamente ao qual se encontre expressamente prevista na lei penal a possibilidade de dispensa da pena (por exemplo, a existência do estado de necessidade), o MP, com a concordância do Juiz de instrução, pode decidir-se pelo arquivamento do processo, se se verificarem os pressupostos daquela dispensa, nos termos do artigo 280.º/1.

Se a acusação tiver sido já deduzida, o Juiz de instrução pode, enquanto esta decorrer, arquivar o processo com a concordância do MP e do arguido, se se verificarem os pressupostos da dispensa da pena, nos termos do artigo 280.º/2.

• Quais os requisitos para que possa ser requerida a suspensão provisória do processo?

O MP, oficiosamente ou a requerimento do arguido ou do Assistente, determina, com a concordância do Juiz de instrução, a suspensão do processo em crimes com pena de prisão não superior a cinco anos ou com sanção diferente da prisão e, mediante a imposição ao arguido de injunções e regras de conduta, quando se verifiquem os seguintes pressupostos:

- concordância do arguido e do Assistente (artigo 281.º/1-*a*));
- ausência de condenação anterior por crime da mesma natureza (artigo 281.º/1-*b*));
- ausência de aplicação anterior de suspensão provisória de processo por crime da mesma natureza (artigo 281.º/1-*c*));
- não haver lugar a medida de segurança de internamento (artigo 281.º/1-*d*));
- ausência de um grau de culpa elevado (artigo 281.º/1-*e*));
- ser de prever que o cumprimento das injunções e regras de conduta responda suficientemente às exigências de prevenção que no caso se façam sentir (artigo 281.º/1-*f*)).

Porém, é dispensada a concordância do assistente prevista na alínea a) do n.º 1 do artigo 281.º quando perante casos de crimes de furto simples (artigo 203º do Código Penal), a conduta ocorrer em estabelecimento comercial, durante o período de abertura ao público, relativamente à subtração de coisas móveis de valor diminuto e desde que tenha havido recuperação destas, salvo quando cometida por duas ou mais pessoas, nos termos do artigo 281.º/10.

• Que tipos de injunções podem ser impostas?

São oponíveis ao arguido, cumulativa ou separadamente, as seguintes injunções e regras de conduta:

- indemnizar o lesado (artigo 281.º/2-*a*));
- dar ao lesado satisfação moral adequada (artigo 281.º/2-*b*));

- entregar ao Estado ou a instituições privadas de solidariedade social certa quantia ou efetuar prestação de serviço de interesse público (artigo 281.º/2-*c*));
- residir em determinado lugar (artigo 281.º/2-*d*));
- frequentar certos programas ou atividades (artigo 281.º/2-*e*));
- não exercer determinadas profissões (artigo 281.º/2-*f*));
- não frequentar certos meios ou lugares (artigo 281.º/2-*g*));
- não residir em certos lugares ou regiões (artigo 281.º/2-*h*));
- não acompanhar, alojar ou receber certas pessoas (artigo 281.º/2-*i*));
- não frequentar certas associações ou participar em determinadas reuniões (artigo 281.º/2-*j*));
- não ter em seu poder determinados objetos capazes de facilitar a prática de outro crime (artigo 281.º/2-*l*));
- qualquer outro comportamento especialmente exigido pelo caso (artigo 281.º/2-*m*));
- Tratando-se de crime para o qual esteja legalmente prevista pena acessória de conduzir veículos com motor, é obrigatoriamente oponível a aplicação de injunção de proibição de conduzir veículos a motor (artigo 281.º/4).

Não são oponíveis injunções e regras de conduta que possam ofender a dignidade do arguido, nos termos do artigo 281.º/5.

• Em caso de violência doméstica não agravado pelo resultado, pode a vítima requerer a suspensão provisória do processo?

Em caso de violência doméstica não agravado pelo resultado, a vítima terá de fazer um requerimento livre e esclarecido, para que o MP possa determinar a suspensão provisória do processo.

Porém, para ser determinada essa suspensão deverá ter a concordância do Juiz de instrução e do arguido, devendo verificar-se os pressupostos de ausência de condenação anterior por crime da mesma natureza e de ausência de aplicação anterior de suspensão provisória de processo por crime da mesma natureza, nos termos do artigo 281.º/8. (cfr. artigo 281º/1/b) e c))

• Quais os prazos de suspensão provisória do processo?

A suspensão do processo pode ir até dois anos, com exceção dos processos por crime de violência doméstica não agravado pelo resultado e de crime contra a liberdade e autodeterminação sexual de menor não agravado pelo resultado, em que a duração da suspensão pode durar até cinco anos, nos termos do artigo 282.º/1 e 5 (cfr. artigo 281.º/8 e 9).

• A prescrição corre no decurso do prazo de suspensão do processo?

A prescrição não corre no decurso do prazo de suspensão do processo, nos termos do artigo 282.º/2. Esta volta a correr a partir do dia em que cessar a causa da suspensão, nos termos do artigo 120.º/3 do Código Penal.

Acusação pelo MP – artigo 283.º

• Após a recolha por parte do MP de indícios suficientes de se ter verificado crime e de quem foi o seu agente, qual o prazo de que este dispõe para deduzir acusação?

Se durante o inquérito tiverem sido recolhidos indícios suficientes de se ter verificado crime e de quem foi o seu agente, o MP, no prazo de dez dias, deduz acusação contra aquele, nos termos do artigo 283.º/1.

• Depois da acusação os sujeitos processuais aguardam uma diligência, qual?

Os sujeitos processuais ficam a aguardar a marcação da audiência de julgamento.

• O que são indícios suficientes?

Consideram-se indícios suficientes sempre que destes resultar uma possibilidade razoável de ao arguido vir a ser aplicada, por força dos mesmos, em julgamento, uma pena ou medida de segurança, nos termos do artigo 283.º/2.

• O que deve conter a acusação do MP?

A acusação deve conter, sob pena de nulidade (cfr. artigo 118.º):
– as indicações tendentes à identificação do arguido (artigo 283.º/3-*a*));
– a narração, ainda que sintética, dos factos que fundamentam a aplicação ao arguido de uma pena ou de uma medida de segurança, incluindo, se possível, o lugar, o tempo e a motivação da sua prática, o grau de participação

que o agente neles teve e quaisquer circunstâncias relevantes para a determinação da sanção que lhe deve ser aplicada (artigo 283.º/3-*b*));

- as circunstâncias relevantes para a atenuação especial da pena que deve ser aplicada ao arguido ou para a dispensa da pena em que este deve ser condenado (artigo 283.º/3-*c*));
- a indicação das disposições legais aplicáveis (artigo 283.º/3-*d*));
- o rol com o máximo de vinte testemunhas, com a respetiva identificação, discriminando-se as que só devam depor sobre os aspetos referidos no artigo 128.º/2, as quais não podem exceder o número de cinco (artigo 283.º/3-*e*));
- a indicação dos peritos e consultores técnicos a serem ouvidos em julgamento, com a respetiva identificação (artigo 283.º/3-*f*));
- a indicação de outras provas a produzir ou a requerer (artigo 283.º//3-*g*));
- a indicação do relatório social ou de informação dos serviços de reinserção social, quando o arguido seja menor, salvo quando não se mostre ainda junto e seja prescindível em função do superior interesse do menor (artigo 283.º/3-*i*)).
- a data e assinatura (artigo 283.º/3-*i*)).

Em caso de conexão de processos, é deduzida uma só acusação, nos termos do artigo 283.º/4 (cfr. ainda n.os 5 e 6).

O limite do número de testemunhas previsto no artigo 283.º/3-*e*) pode ser ultrapassado desde que tal se afigure necessário para a descoberta da verdade material, designadamente quando tiver sido praticado algum dos crimes referidos no artigo 215.º/2 ou se o processo se revelar de excecional complexidade, devido ao número de arguidos ou ofendidos ou ao carácter altamente organizado do crime, nos termos do artigo 283.º/7.

• Qual o número máximo de testemunhas que uma acusação do MP pode conter?

O rol de testemunhas deve conter o máximo de vinte testemunhas, discriminando-se as que devam ser abonatórias, as quais não podem exceder o número de cinco, nos termos do artigo 283.º/3-*e*).

Este limite pode ser ultrapassado desde que tal se afigure necessário para a descoberta da verdade material, designadamente quando tiver sido praticado algum dos crimes referidos no artigo 215.º/2 ou se o processo se revelar de excecional complexidade, devido ao número de arguidos ou ofendidos ou ao carácter altamente organizado do crime, nos termos do artigo 283.º/7.

• O Assistente pode indicar provas a produzir ou a requerer além das que o MP indicou?

O Assistente pode indicar provas a produzir ou a requerer que não constem da acusação do MP, nos termos do artigo 284.º/2-*b*).

• O Assistente depois de notificado da acusação por parte do MP tem também, obrigatoriamente, de deduzir acusação?

A acusação do Assistente é facultativa. Até dez dias após a notificação da acusação do MP, o Assistente pode também deduzir acusação pelos factos acusados pelo MP, por parte deles ou por outros que não importem alteração substancial daqueles, nos termos do artigo 284.º/1 (cfr. artigo 1.º-*f*)).

A acusação por parte do Assistente pode limitar-se a mera adesão à acusação do MP, nos termos do artigo 284.º/2-*a*).

Se porventura o Assistente pretender introduzir novos factos que alterem substancialmente o objeto do processo, este deverá requerer a abertura de instrução, nos termos do artigo 287.º/1-*b*)).

Acusação particular – artigo 285.º

• Findo o inquérito, o MP pode acusar sozinho quando o procedimento depender de acusação particular?

Findo o inquérito, quando o procedimento depender de acusação particular, o MP notifica o Assistente para que este deduza em dez dias, querendo, acusação particular, nos termos dos artigos 50.º/1 e 285.º/1 (neste tipo de crime, a promoção dos autos cabe ao Assistente). Nesta notificação, o MP indica, se foram recolhidos indícios suficientes da verificação do crime e de quem foram os seus agentes, nos termos do artigo 285.º/2.

Nos cinco dias posteriores à apresentação da acusação particular por parte do Assistente, o MP pode acusar pelos mesmos factos, por parte deles ou por outros que não importem uma alteração substancial daqueles, nos termos do artigo 285.º/4.

Caso o Assistente não deduza a acusação particular no prazo legal, o MP terá que arquivar o processo por falta de legitimidade para prosseguir com os autos, nos termos do artigo 69.º/2-*a*) e *b*), 2.ª parte.

2.3.9. Da instrução

- Qual a finalidade da instrução?

A instrução visa a comprovação judicial da decisão de deduzir acusação ou de arquivar o inquérito em ordem a submeter ou não a causa a julgamento, nos termos do artigo 286.º/1.

- A instrução é obrigatória?

A instrução tem carácter facultativo, nos termos do artigo 286.º/2.

- Há lugar a instrução nas formas de processo especiais?

Não há lugar a instrução nas formas de processo especiais (sumário, abreviado e sumaríssimo), nos termos do artigo 286.º/3. No processo sumário, o arguido detido é prontamente apresentado e submetido a julgamento. Já na forma de processo sumaríssimo, esta diz apenas respeito ao momento da aplicação da sanção. Se o arguido não aceitar a forma de processo sumaríssimo, o procedimento criminal segue para outra forma que lhe seja aplicável – se o processo seguir a forma comum poderá ser Requerida a instrução (cfr. artigo 398.º/2).

- Qual o prazo para requerer a abertura de instrução?

A abertura de instrução pode ser requerida, no prazo de vinte dias a contar da notificação da acusação ou do arquivamento, nos termos do artigo 287.º/1. Este prazo pode ser alargado para trinta dias, nos termos dos artigos 107.º/6 e 215.º/3 *in fine.*

- Imagine que já decorreu o prazo para o requerimento de abertura de instrução. Há ainda alguma possibilidade de reapreciação dos factos?

No prazo de vinte dias a contar da data em que a abertura de instrução já não puder ser requerida, o imediato superior hierárquico do Magistrado do MP pode, por sua iniciativa ou a requerimento do Assistente ou do denunciante com a faculdade de se constituir Assistente, determinar que seja formulada acusação ou que as investigações prossigam, indicando, neste caso, as diligências a efetuar e o prazo para o seu cumprimento, nos termos do artigo 278.º/1.

Esgotado o prazo do artigo 278.º/1, o inquérito só pode ser reaberto se surgirem novos elementos de prova que Invalidem os fundamentos invocados pelo MP no despacho de arquivamento, nos termos do artigo 279.º/1.

• O Assistente pode requerer a intervenção hierárquica sem ter requerido a abertura de instrução?

O Assistente e o denunciante com a faculdade de se constituir Assistente podem, se optarem por não requerer a abertura da instrução, suscitar a intervenção hierárquica, ao abrigo do artigo 278.º, no prazo previsto para o requerimento de abertura de instrução.

• Quem pode requerer a abertura de instrução?

A abertura de instrução pode ser requerida pelo arguido, relativamente a factos pelos quais o MP ou o Assistente, em caso de procedimento dependente de acusação particular, tiverem deduzido acusação ou pelo Assistente, se o procedimento não depender de acusação particular, relativamente a factos pelos quais o MP não tiver deduzido acusação, nos termos do artigo 287.º/1-*a)* e *b)*.

• O requerimento de abertura de instrução está sujeito a alguma formalidade especial?

O requerimento de abertura de instrução não está sujeito a formalidades especiais, mas deve conter, em súmula, as razões de facto e de direito de discordância relativamente à acusação, bem como, sempre que disso for caso, a indicação dos atos de instrução que o requerente pretende que o Juiz leve a cabo, dos meios de prova que não tenham sido considerados no inquérito e dos factos que, através de uns e de outros, se espera provar, sendo ainda aplicável ao requerimento do Assistente o disposto no artigo 283.º/3-*b)* e *d)* não podendo ser indicadas mais de 20 testemunhas, nos termos do artigo 287.º/2.

• Qual a consequência da ineptidão do requerimento de abertura de instrução?

"É para nós claro que o assistente devia ter sido convidado a apresentar *novo* requerimento.

Fundamentemos:

Em primeiro lugar, de acordo com o disposto no artigo 287.º, n.º 3, do CPP, o requerimento para abertura de instrução só pode ser rejeitado por extemporâneo, por incompetência do Juiz ou por inadmissibilidade legal da instrução.

Ora, como se reconhecerá, o facto de o requerimento em análise não conter todos os requisitos legais/formais não integra nenhuma daquelas situações. Logo, por esta razão, não podia ser rejeitado liminarmente.

Salvo melhor opinião, a questão deve ser tratada à luz do disposto no artigo 123.º, n.º 2, do CPP. Ou seja, uma vez que o requerimento para abertura da instrução não contém os requisitos acima referidos – não delimitando o assim o *objeto* do processo – enferma de *irregularidade* que *afecta* o *valor* do ato praticado. Assim sendo, como é, deve ser ordenada *oficiosamente* a sua *reparação*, como resulta nítido do disposto no artigo 123.º, n.º 2, do CCP.

Neste sentido, entre outros, Ac. RL de 19.03.03,CJTII,131.

Como se reconhecerá, não se vê no convite à reparação qualquer desvio à estrutura acusatória do processo, qualquer *orientação* judicial.

De facto, com tal decisão, não se está a *dizer* como é que o assistente deve *acusar* ou do que deve *acusar*, mas tão só a permitir que o requerimento reúna os requisitos *formais* de modo a poder-se realizar a instrução de acordo com as normas que a regulam, de acordo com a sua *finalidade*.

Finalmente, como é evidente, tal decisão não põe, de modo nenhum, em causa ao direitos de defesa do arguido, como claramente resulta, nomeadamente, do disposto no artigo 287.º, n.º 5, do CPP". http://www.dgsi.pt/jtre.nsf/c3fb530030ea1c61802568d9005cd5bb/74f31d55748dd4f280256f7000588394?OpenDocument, Acórdão do Tribunal da Relação de Évora, 07-12-2004.

• A quem compete a direção da instrução?

A direção da instrução compete a um Juiz de instrução, assistido pelos órgãos de polícia criminal, nos termos do artigo 288.º/1 (cfr. ainda os artigos 17.º, 40.º-*b)* e artigo 32.º/4 da Constituição da República Portuguesa).

• O Juiz de instrução pode ser assistido pelos órgãos de polícia criminal?

O Juiz de instrução pode ser assistido pelos órgãos de polícia criminal, podendo conferir-lhes o encargo de procederem a quaisquer diligências de investigação relacionadas com a instrução, salvo o interrogatório do arguido, inquirição de testemunhas, atos que por lei sejam cometidos em exclusivo à competência do Juiz e, especialmente, os referidos nos artigos 268.º/1 e 270.º/2.

- Qual o conteúdo da instrução?

A instrução é formada pelo conjunto dos atos de instrução que o Juiz entenda dever levar a cabo e, obrigatoriamente, por um debate instrutório, oral e contraditório, no qual podem participar o MP, o arguido, o Defensor, o Assistente e o seu Advogado, mas não as partes civis, nos termos do artigo 289.º/1 (cfr. n.º 2).

- É possível a inquirição de testemunhas abonatórias na instrução?

Não é possível a inquirição de testemunhas abonatórias na instrução, nos termos dos artigos 291.º/4 e 128.º/2.

- É possível a tomada de declarações para memória futura na instrução?

Oficiosamente ou a requerimento, o Juiz pode proceder, durante a instrução, à inquirição de testemunhas, à tomada de declarações do Assistente, das partes civis, de peritos e de consultores técnicos e a acareações para memória futura, nos termos do artigo 294.º (cfr. artigo 271.º).

Debate instrutório – artigos 297.º a 305.º

- Qual a finalidade do debate instrutório?

O debate instrutório visa permitir uma discussão perante o Juiz, por forma oral e contraditória, sobre se, do decurso do inquérito e da instrução, resultam *indícios e elementos de direito suficientes* para justificar a submissão do arguido a julgamento, nos termos do artigo 298.º.

- Uma alteração não substancial dos factos descritos na acusação dá origem a um novo processo?

Se dos atos de instrução ou do debate instrutório resultar alteração não substancial dos factos descritos na acusação do MP ou do Assistente, ou no requerimento para abertura da instrução, o Juiz, oficiosamente ou a requerimento, comunica a alteração ao Defensor, interroga o arguido sobre ela sempre que possível e concede-lhe, a requerimento, um prazo para preparação da defesa não superior a oito dias, com o consequente adiamento do debate, se necessário, nos termos do artigo 303.º/1 (cfr. n.º 5).

• Uma alteração substancial dos factos é tida em conta para efeitos de pronúncia?

Uma alteração substancial dos factos (artigo 1.º-*f*)) descritos na acusação ou no requerimento para abertura da instrução não pode ser tomada em conta pelo Tribunal para o efeito de pronúncia no processo em curso, nem implica a extinção da instância, nos termos do artigo 303.º/3.

A comunicação da alteração substancial dos factos ao MP vale como denúncia para que ele proceda pelos novos factos, se estes forem autonomizáveis em relação ao objeto do processo, nos termos do artigo 303.º/4.

• Quais os prazos de duração máxima da instrução?

O Juiz encerra a instrução nos prazos máximos de dois meses, se houver arguidos presos ou sob obrigação de permanência na habitação, ou de quatro meses, se os não houver, nos termos do artigo 306.º/1. O prazo de dois meses é elevado para três meses quando a instrução tiver por objeto um dos crimes referidos no artigo 215.º/3, nos termos do artigo 306.º/2.

• É possível a suspensão provisória do processo na instrução?

É possível a suspensão provisória do processo na instrução, nos termos do artigo 307.º/2.

• Imagine que o requerimento de abertura de instrução apenas tinha sido requerido por um dos arguidos. Quid Iuris?

A circunstância de ter sido requerido apenas por um dos arguidos não prejudica o dever de o Juiz retirar da instrução as consequências legalmente impostas a todos os arguidos, nos termos do artigo 307.º/4.

- O que entende por despacho de pronúncia?

É o despacho que ordena que a causa seja submetida a julgamento pelo facto de terem sido recolhidos indícios suficientes de serem aplicados ao arguido uma pena ou medida de segurança, nos termos do artigo 308.º/1.

- Em que casos a decisão instrutória pode ser considerada nula?

A decisão instrutória é nula na parte em que pronunciar o arguido por factos que constituam alteração substancial dos descritos na acusação do MP ou do Assistente ou no requerimento para abertura da instrução, nos termos do artigo 309.º/1 (cfr. n.º 2).

- É possível recorrer da decisão de pronúncia? E do despacho de não pronúncia?

A decisão instrutória que pronunciar o arguido pelos factos constantes da acusação do MP, deduzida nos termos dos artigos 283.º ou 285.º/4, é irrecorrível e determina a remessa imediata dos autos ao Tribunal competente para julgamento.

A decisão instrutória é recorrível, nomeadamente, quando não pronuncia o arguido, pronuncia o arguido pelos factos constantes exclusivamente da acusação do Assistente (nos crimes particulares) ou pelos factos que o MP decidiu não acusar e que o Assistente incluiu no seu requerimento de abertura de instrução (tratando-se de crimes públicos e semi-públicos).

É ainda recorrível o despacho que indefira a nulidade que haja sido arguida da decisão instrutória relativa à pronúncia do arguido por factos que consubstanciam alteração substancial daqueles que venham descritos na acusação do MP ou Assistente ou no requerimento de abertura de instrução (cfr. os artigos 310.º/3 e 309.º).

O Assistente tem legitimidade para interpor recurso de revisão relativamente a despachos de não pronúncia (artigo 450.º/1-*b*)).

- O Assistente pode requerer a abertura de instrução por um crime particular?

O Assistente não pode requerer a abertura de instrução por um crime particular uma vez que é o mesmo que tem o ónus de deduzir a acusação particular, nos termos do artigo 285.º.

- As partes civis participam do debate instrutório?

As partes civis não participam do debate instrutório dado que a instrução destina-se a comprovação judicial de acusar ou arquivar, nada tendo que ver com a sua responsabilidade quanto ao pedido de indemnização civil, nos termos do artigo 289.º/1 *in fine*.

2.3.10. Do julgamento

- Quem declara aberta a audiência?

O Juiz Presidente declara aberta a audiência, nos termos do artigo 329.º/3 (cfr. artigos 312.º e 313.º).

- No processo penal, em que fase do processo é equilibrada a balança da justiça? Qual o momento crucial?

O momento crucial em processo penal é a audiência de julgamento uma vez que não valem em julgamento, nomeadamente, para o efeito de formação da convicção do Tribunal, quaisquer provas que não tiverem sido produzidas ou examinadas em audiência (cfr. artigo 355.º/1 – princípio da imediação).

- Qual o prazo para contestar em processo penal?

O arguido tem, querendo, o prazo de vinte dias, a contar da notificação do despacho que designa dia para a audiência, para contestar, acompanhado do rol de testemunhas. Havendo vários arguidos ou assistentes, quando o prazo para a prática de atos de atos subsequentes à notificação termine em dias diferentes, o ato pode ser praticado por todos ou por cada um deles até ao termo do prazo que começou a correr em último lugar, nos termos dos artigos 113.º/14.

- Se o arguido não contestar, isto implica algum efeito cominatório?

O facto de o arguido não contestar a acusação em processo penal não implica qualquer efeito cominatório uma vez que se tal acontecesse, estar-se-iam a dar como provados os factos que consubstanciam o crime (cfr. artigos 339.º/4 e 355.º e 32.º da Constituição da República Portuguesa).

- A contestação está sujeita a formalidades especiais?

A contestação em processo penal (diferentemente do pedido de indemnização civil) não está sujeita a formalidades especiais, nos termos do artigo 311.º -B/2 (cfr. ainda o artigo 78.º/2).

- Em que prazo pode o arguido contestar?

O arguido apresenta, querendo, a sua contestação em vinte dias a contar da notificação do despacho para apresentação de contestação, nos termos do artigo 311.º-B/1.

- Imagine que o arguido é notificado da acusação. Quando é que este pode apresentar o rol de testemunhas?

O arguido pode apresentar o rol de testemunhas quando é notificado do despacho para apresentação de contestação, nos termos do artigo 311.º-B/1, 3 e 4.

- Qual o limite máximo de testemunhas?

O rol de testemunhas deve conter um máximo de vinte testemunhas, discriminando-se aquelas que sejam abonatórias, as quais não podem exceder o número de cinco.

Contudo, este limite pode ser ultrapassado desde que tal se afigure necessário para a descoberta da verdade material, designadamente quando tiver sido praticado algum dos crimes referidos no artigo 215.º/2 ou se o processo se revelar de excecional complexidade, devido ao número de arguidos ou ofendidos ou ao carácter altamente organizado do crime, nos termos do artigo 283.º/3-*d)* e 7 aplicável *ex vi* artigo 311.º-B/4.

- O MP/Assistente/arguido/partes civis pode(m) alterar o rol de testemunhas?

O MP, o Assistente, o arguido ou as partes civis podem alterar o rol de testemunhas, inclusivamente requerendo a inquirição para além do limite legal, nos casos em que tal se afigure necessário para a descoberta da verdade material, designadamente quando tiver sido praticado algum dos crimes referidos no artigo 215.º/2 ou se o processo se revelar de excecional complexidade, devido ao número de arguidos ou ofendidos ou ao carácter altamente organizado do crime, contanto que o adicionamento ou a alteração requeridos possam ser comunicados aos outros até três dias antes da data fixada para a audiência, nos termos do artigo 316.º/1 (cfr. ainda o artigo 283.º/7 e 8).

• Podem ser ouvidas testemunhas fora do Tribunal onde decorre o julgamento?

Excecionalmente, a tomada de declarações ao Assistente, às partes civis, às testemunhas, a peritos ou a consultores técnicos pode, oficiosamente ou a requerimento, não ser prestada presencialmente, podendo ser solicitada pelo Presidente ao Juiz de outra comarca, por meio adequado de comunicação, nos termos do artigo 318.º/1 (cfr. n.os 2 a 6 e artigo 111.º).

Ainda, se, por fundadas razões, o Assistente, uma parte civil, uma testemunha, um perito ou um consultor técnico se encontrarem impossibilitados de comparecer na audiência, pode o Presidente ordenar, oficiosamente ou a requerimento, que lhes sejam tomadas declarações no lugar em que se encontrarem, em dia e hora que lhes comunicará, nos termos do artigo 319.º/1 (cfr. n.os 2 e 3).

• A audiência de julgamento é pública?

A audiência de julgamento é pública, salvo nos casos em que o Presidente decidir a exclusão ou a restrição da publicidade, nos termos do artigo 321.º e 206.º da Constituição da República Portuguesa.

• O arguido que está preso preventivamente assiste à audiência de julgamento algemado?

O arguido, ainda que se encontre detido ou preso, assiste à audiência livre na sua pessoa, salvo se forem necessárias cautelas para prevenir o perigo de fuga ou atos de violência, nos temos do artigo 325.º/1.

• A audiência é contínua?

A audiência é contínua, decorrendo sem qualquer interrupção ou adiamento até ao seu encerramento, nos termos do artigo 328.º/1.

- A audiência pode ser interrompida?

São admissíveis, na mesma audiência, as interrupções estritamente necessárias, em especial para alimentação e repouso dos participantes. Se a audiência não puder ser concluída no dia em que se tiver iniciado, é interrompida, para continuar no dia útil imediatamente posterior, nos termos do artigo 328.º/2.

- É admissível o adiamento da audiência?

O adiamento da audiência só é admissível, sem prejuízo dos demais casos previstos no Código de Processo Penal, quando, não sendo a simples interrupção bastante para remover o obstáculo, faltar ou ficar impossibilitada de participar pessoa que não possa ser de imediato substituída e cuja presença seja indispensável por força da lei ou de despacho do Tribunal, exceto se estiverem presentes outras pessoas, caso em que se procederá à sua inquirição ou audição, mesmo que tal implique a alteração da ordem de produção de prova referida no artigo 341.º, for absolutamente necessário proceder à produção de qualquer meio de prova superveniente e indisponível no momento em que a audiência estiver a decorrer, surgir qualquer questão prejudicial, prévia ou incidental, cuja resolução seja essencial para a boa decisão da causa e que torne altamente inconveniente a continuação da audiência ou for necessário proceder à elaboração de relatório social ou de informação dos serviços de reinserção social, nos termos do artigo 370.º/1, nos termos do artigo 328.º/3-*a)* a *d)*.

Em caso de interrupção da audiência ou do seu adiamento, a audiência retoma-se a partir do último ato processual praticado na audiência interrompida ou adiada, nos termos do artigo 328.º/4. (cfr. ainda n.os 5 e 7).

O adiamento não pode exceder trinta dias. Se não for possível retomar a audiência neste prazo, por impedimento do tribunal ou por impedimento dos defensores constituídos em consequência de outro serviço judicial já marcado de natureza urgente e com prioridade sobre a audiência em curso, devo o respetivo motivo ficar consignado em ata, identificando-se expressamente a diligência e o processo a que respeita, nos termos do artigo 328.º/6 (para efeitos de contagem de prazo cfr. artigo 328.º/7).

- Imagine que no início da audiência de julgamento o MP não está presente. Quid Iuris?

Se, no início da audiência não estiver presente o MP, o Presidente procede, sob pena de nulidade insanável, à substituição do MP pelo substituto legal, ao qual pode conceder, se assim o requerer, algum tempo para examinar o processo e preparar a intervenção, nos termos do artigo 330.º/1.

- Imagine que no início da audiência de julgamento o Defensor do arguido não está presente. Quid Iuris?

Se, no início da audiência o Defensor do arguido, o Presidente procede, sob pena de nulidade insanável, à substituição do Defensor por outro Advogado ou Advogado Estagiário, ao qual pode conceder, se assim o requerer, algum tempo para examinar o processo e preparar a intervenção, nos termos do artigo 330.º/1.

- E se a falta for do representante do Assistente ou das partes civis. Quid Iuris?

Em caso de falta do representante do Assistente ou das partes civis a audiência prossegue, sendo o faltoso admitido a intervir logo que comparecer. Tratando-se da falta de representante do Assistente em procedimento dependente de acusação particular, a audiência é adiada por uma só vez. A falta não justificada ou a segunda falta valem como desistência da acusação, salvo se houver oposição do arguido, nos termos do artigo 330.º/2.

- A falta do Assistente, testemunhas, peritos, consultores técnicos, e, partes civis na audiência dá lugar a adiamento?

Sem prejuízo do disposto no artigo 116.º, a falta do Assistente, de testemunhas, peritos ou consultores técnicos ou das partes civis não dá lugar ao adiamento da audiência. O Assistente e as partes civis são, nesse caso, representados para todos os efeitos legais pelos respetivos Advogados constituídos, nos termos do artigo 331.º/1.

Por falta de tais pessoas não pode haver mais de um adiamento, nos termos do artigo 331.º/3.

- É obrigatória a presença do arguido na sala de audiência?

É obrigatória a presença do arguido na audiência, sem prejuízo do disposto nos artigos 333.º/1 e 2 e 334.º/1 e 2, nos termos do artigo 332.º/1.

O arguido que tiver comparecido à audiência não pode afastar-se dela até ao seu termo. O Presidente toma as medidas necessárias e adequadas para evitar o afastamento, incluída a detenção durante as interrupções da audiência, se isso parecer indispensável, nos termos do artigo 332.º/4.

Se, não obstante o disposto no artigo 332.º/4, o arguido se afastar da sala de audiência, pode esta prosseguir até final se o arguido já tiver sido interrogado e o Tribunal não considerar indispensável a sua presença, sendo para todos os efeitos representado pelo Defensor, nos termos do artigo 332.º/5.

- Imagine que o arguido é devidamente notificado para estar presente na audiência. Contudo, no dia da referida audiência o arguido falta. A audiência é realizada?

Se o arguido regularmente notificado não estiver presente na hora designada para o início da audiência, o Presidente toma as medidas necessárias e legalmente admissíveis para obter a sua comparência e a audiência só é adiada se o Tribunal considerar que é absolutamente indispensável para a descoberta da verdade material a sua presença desde o início da audiência, nos termos do artigo 333.º/1.

Contudo, se o Tribunal considerar que a audiência pode começar sem a presença do arguido, ou se a falta de arguido tiver como causa os impedimentos enunciados no artigo 117.º/2, 3 e 4, a audiência não é adiada, sendo inquiridas ou ouvidas as pessoas presentes pela ordem referida no artigo 341.º-*b)* e *c)*, sem prejuízo da alteração que seja necessária efetuar no rol apresentado, e as suas declarações documentadas, aplicando-se sempre que necessário o disposto no artigo 117.º/6, nos termos do artigo 333.º/2.

- Imagine que a primeira sessão da audiência de julgamento se realiza na ausência do arguido. Este tem direito a prestar declarações posteriormente?

Neste caso, o arguido mantém o direito de prestar declarações até ao encerramento da audiência e, se ocorrer na primeira data marcada, o Advogado constituído ou o Defensor nomeado ao arguido pode requerer que este seja ouvido na segunda data designada pelo Juiz ao abrigo do artigo 312.º/2, nos termos do artigo 333.º/3.

- Imagine que o arguido faltou à audiência de julgamento e foi proferida sentença. Qual o prazo que este detém para interpor recurso?

O prazo para interpor recurso conta-se da data de notificação da decisão, sendo o arguido informado do prazo que tem para recorrer, nos termos dos artigos 334.º/6 e 411.º.

Declaração de contumácia – artigos 335.º a 337.º

- O que é uma pessoa contumaz?

Uma pessoa contumaz é "aquele que se recusa a comparecer em juízo ou que não foi encontrado pelo Tribunal. Revel. cfr. artigos 335.º e ss.", *in* Henriques Eiras e Guilhermina Fortes, *Dicionário de Direito Penal e Processo Penal,* 2.ª Edição, Quid Juris, 2006, pág. 87.

- Imagine que o arguido não contesta a acusação. No início do julgamento pode ainda fazer alguma coisa?

Ainda que não tenha contestado, o arguido pode indicar, se assim o desejar, sumariamente e no prazo de dez minutos, os factos que se propõe provar, nos termos do artigo 339.º/2.

- O Juiz pode condenar o arguido com base na contestação se nela ele confessar os factos que constituem o crime?

O Juiz não pode condenar o arguido com base na contestação mesmo que nela confesse os factos que constituem o crime uma vez a decisão deve basear-se nos factos que resultarem da prova produzida em audiência (cfr. artigos 339.º/4, 344.º e 355.º).

Da produção de prova – artigo 340.º e ss.

- Se o arguido não arrolar testemunhas, pode apresentá-las na audiência de julgamento?

O arguido pode requerer que sejam ouvidas testemunhas para descoberta da verdade material e para a boa decisão da causa, nos termos do artigo 340.º/1.

• Em que casos podem ser indeferidos os requerimentos de prova?

Os requerimentos de prova são indeferidos por despacho quando a prova ou o respetivo meio forem legalmente inadmissíveis, nos termos do artigo 340.º/3.

São ainda indeferidos:

– caso seja notório que as provas requeridas podiam já ter sido juntas ou arroladas com a acusação ou com a contestação, exceto se o Tribunal entender que são indispensáveis à descoberta da verdade e boa decisão da causa, nos termos do artigo 340.º/4-*a)*;
– quando as provas requeridas são irrelevantes ou supérfluas, nos termos do artigo 340.º/4-*b)*;
– quando o meio de prova é inadequado, de obtenção impossível ou muito duvidosa, nos termos do artigo 340.º/4-*c)*;
– quando o requerimento tem finalidade meramente dilatória, nos termos do artigo 340.º/4-*d)*.

• Imagine que o Juiz impede que um requerimento seu seja ditado para a ata. Quid Iuris?

O Advogado pode fazer uso do direito de protesto quando não lhe é concedida a palavra ou quando um requerimento seu não for lavrado em ata, nos termos do artigo 80.º do EOA.

• E se o Juiz não deixar exercer o direito de protesto?

Confrontado com tal situação, o Advogado deve arguir a nulidade da ata, uma vez que o teor desta não corresponde ao que realmente se passou. Ainda, deve entregar o seu protesto por escrito na secretaria, requerendo que este passe a constar da ata (cfr. artigo 80.º do EOA).

• Imagine que no dia do julgamento o cliente aparece com um amigo que gostava que fosse ouvido para dizer o quanto boa pessoa é o seu cliente. O Advogado pedia ao Juiz para o ouvir?

O Advogado não deve requerer ao Juiz que o amigo do arguido seja inquirido, uma vez que a testemunha apenas pode falar sobre o carácter do arguido (testemunha abonatória), e tal não se revela essencial para a descoberta da verdade material (artigo 340.º).

MINUTA DE REQUERIMENTO PARA ACTA

__________________ (nome completo), arguido no processo em epígrafe vem, ao abrigo do artigo 340.º do Código de Processo Penal requerer chamar a depor o senhor __________________ (nome completo), nos termos e com os fundamentos seguintes:

A testemunha B. veio a juízo dizer que tinha conhecimento dos factos em causa através do __________________ (nome completo), que não se encontrava arrolado como testemunha no presente processo. No caso concreto, estamos perante um depoimento indireto (129.º do Código de Processo Penal) pelo que se configura necessário chamar aos autos a pessoa ora referida para a descoberta da verdade e a boa decisão da causa, uma vez que não existe outra prova que comprove tais factos, sob pena do depoimento da testemunha B. ser considerado nulo e tal prejudicar a defesa do arguido.

Face ao exposto, requer-se a V. Ex.ª a notificação de Y. para vir a juízo depor sobre os factos em questão, em virtude de os ter presenciado.

Espera Deferimento

- Qual a ordem da produção de prova?

A produção de prova deve iniciar-se com as declarações do arguido, nos termos do artigo 341.º-*a*).

Seguidamente, devem apresentar-se os meios de prova indicados pelo MP, pelo Assistente e pelo lesado, nos termos do artigo 341.º-*b*).

Depois, devem apresentar-se os meios de prova indicados pelo arguido e pelo responsável civil, nos termos do artigo 341.º-*c*).

Por fim, a produção de prova termina com a audição do arguido (o arguido começa e termina a produção de prova), nos termos do artigo 361.º

Saliente-se ainda que esta ordem pode ser alterada pelo Presidente, nos termos dos artigos 323.º-*a*), 331.º/2, 333.º/2 e 348.º/2.

- No início da audiência, o Juiz faz perguntas ao arguido às quais ele tem de responder. Que perguntas são essas?

O Presidente começa por perguntar ao arguido pelo seu nome, filiação, freguesia e concelho de naturalidade, data de nascimento, estado civil, profissão, local de trabalho e residência e, se necessário, pede-lhe a exibição de documento oficial bastante de identificação, nos termos do artigo 342.º/1.

• Qual a consequência se não responder ou não responder com verdade?

O arguido deve responder a tais perguntas com verdade, sob pena de incorrer em responsabilidade penal, nos termos do artigo 342.º/2.

• Para além da responsabilidade penal, posso aplicar subsidiariamente o processo civil para invocar a litigância de má-fé?

Não posso aplicar subsidiariamente o processo civil para invocar a litigância de má-fé, uma vez que o processo civil só é aplicado quando o processo penal seja omisso. "O Código do Processo Penal não contém norma expressa relativa à má-fé, encontrando-se vedado o recurso ao Código do Processo Civil, perante a desarmonia de princípios neste particular, não havendo sequer fundamento para sustentar o entendimento de que há lacuna (art .º 4.º do Código do Processo Penal)", in Acórdão do Tribunal da Relação de Coimbra de 12 de Julho de 2006, http://www.dgsi.pt/jtrc.nsf/c3fb530030ea1c61802568d9005cd5bb/06ebed62300f3f7b802571e2004af0de?OpenDocument.

• As declarações do arguido são prova testemunhal?

As declarações do arguido não são prova testemunhal pois o mesmo está impedido de depor como testemunha, nos termos do artigo 133.º/1.

• O silêncio do arguido na audiência de julgamento pode desfavorecê-lo?

O silêncio do arguido na audiência de julgamento não pode desfavorecê-lo, nos termos do artigo 343.º/1.

• Se vários arguidos quiserem falar no decurso da audiência de julgamento, falam uns na presença dos outros?

Se vários arguidos quiserem falar no decurso da audiência de julgamento, o Presidente determina se devem ser ouvidos na presença uns dos outros. Em caso de audição separada, o Presidente, uma vez todos os arguidos ouvidos e regressados à audiência, dá-lhes resumidamente conhecimento, sob pena de nulidade, do que se tiver passado na sua ausência, nos termos do artigo 343.º/4.

Confissão do arguido – artigo 344.º

- Imagine que o arguido confessa em julgamento a autoria dos crimes que lhe são imputados. O que é necessário para que não seja nula?

Sob pena de nulidade, o Juiz deve perguntar ao arguido se faz a confissão de livre vontade e fora de qualquer coação bem como se se propõe fazer uma confissão integral e sem reservas nos termos do artigo 344.º/1.

- Quais os efeitos da confissão integral e sem reservas por parte do arguido?

A confissão integral e sem reservas implica a renúncia à produção da prova relativa aos factos imputados e consequente consideração destes como provados (artigo 344.º/2-*a*)), a passagem de imediato às alegações orais e, se o arguido não dever ser absolvido por outros motivos, à determinação da sanção aplicável (artigo 344.º/2-*b*)) e a redução da taxa de justiça em metade (artigo 344.º/2-*c*)).

- Em que casos não é possível a confissão integral e sem reservas por parte do arguido?

Não é possível a confissão integral e sem reservas por parte do arguido quando houver co-arguidos e não se verificar a confissão integral, sem reservas e coerente de todos eles, quando o Tribunal, em sua convicção, suspeitar do carácter livre da confissão, nomeadamente por dúvidas sobre a imputabilidade plena do arguido ou da veracidade dos factos confessados ou quando o crime for punível com pena de prisão superior a cinco anos, nos termos do artigo 344.º/3-*a*) a *c*).

Verificando-se a confissão integral e sem reservas nos casos ora referidos ou a confissão parcial ou com reservas, o Tribunal decide, em sua livre convicção, se deve ter lugar e em que medida, quanto aos factos confessados, a produção da prova, nos termos do artigo 344.º/4.

- Quando é que pode haver produção de prova depois da confissão?

Pode haver produção de prova depois da confissão quando houver co-arguidos e não se verificar a confissão integral, sem reservas e coerente de todos eles, quando o Tribunal, em sua convicção, suspeitar do carácter livre da confissão, nomeadamente por dúvidas sobre a imputabilidade plena do arguido ou da veracidade dos factos confessados ou quando o crime for punível com pena de prisão superior a cinco anos, nos termos do artigo 344.º/3-*a*) a *c*).

- Imagine que num determinado processo existem dois arguidos. Um fala e envolve o outro arguido. O outro arguido não fala. Pode o Tribunal considerar as declarações do primeiro para aferir da existência de prova ou não?

O Tribunal não pode considerar as declarações do arguido que falou como confissão integral e sem reservas, uma vez que existe um outro arguido que não prestou declarações, nos termos do artigo 344.º/3-*a)*. Assim, ficará à livre apreciação do julgador considerar ou não as declarações prestadas como prova em relação ao arguido que não falou.

- Imagine que o arguido do qual é Defensor se dispõe a prestar declarações e a resposta a alguma pergunta não o favorece. O que pode o Advogado fazer?

O Advogado pode recomendar o arguido a recusar responder a essa pergunta, nos termos do artigo 345.º/1.

- As declarações do Assistente são precedidas de juramento?

As declarações do Assistente não são precedidas de juramento. Contudo, as mesmas ficam sujeitas ao dever de verdade e a responsabilidade penal pela sua violação, nos termos do artigo 346.º/2 *ex vi* artigo 145.º/2 e 4.

- As declarações das partes civis são precedidas de juramento?

As declarações das partes civis não são precedidas de juramento. Contudo, as mesmas ficam sujeitas ao dever de verdade e a responsabilidade penal pela sua violação, nos termos do artigo 347.º/2 *ex vi* artigo 145.º/2 e 4.

- É admissível acareação de testemunhas?

É admissível acareação entre testemunhas ou entre estas, o arguido e o Assistente sempre que houver contradição entre as suas declarações e a diligência se afigurar útil à descoberta da verdade, nos termos do artigo 146.º/1. Esta tem lugar oficiosamente ou a requerimento, nos termos do artigo 146.º/3.

- Quem leva a cabo a inquirição de testemunhas menores de 16 anos?

A inquirição de testemunhas menores de 16 anos é levada a cabo apenas pelo Presidente. Finda ela, os outros juízes, os jurados, o MP, o Defensor e os

Advogados do Assistente e das partes civis podem pedir ao Presidente que formule à testemunha perguntas adicionais, nos termos do artigo 349.º.

• O Tribunal pode ordenar o afastamento do arguido da sala de audiência, durante a prestação de declarações?

O Tribunal pode ordenar o afastamento do arguido da sala de audiência, durante a prestação de declarações, se houver razões para crer que a presença do arguido inibiria o declarante de dizer a verdade (artigo 352.º/1-*a*)), se o declarante for menor de 16 anos e houver razões para crer que a sua audição na presença do arguido poderia prejudicá-lo gravemente (artigo 352.º/1-*b*)) ou se dever ser ouvido um perito e houver razão para crer que a sua audição na presença do arguido poderia prejudicar gravemente a integridade física ou psíquica deste (artigo 352.º/1-*c*)).

Voltando o arguido à sala de audiência é, sob pena de nulidade, resumidamente instruído pelo Presidente do que se tiver passado na sua ausência com exceção de quando deva ser ouvido um perito e houver razão para crer que a sua audição na presença do arguido poderia prejudicar gravemente a integridade física ou psíquica deste, nos termos do artigo 352.º/2.

• As provas que não tiverem sido produzidas ou examinadas em audiência valem em julgamento, nomeadamente para o efeito de formação da convicção do Tribunal?

As provas que não tiverem sido produzidas ou examinadas em audiência não valem em julgamento, nomeadamente para o efeito de formação da convicção do Tribunal, nos termos do artigo 355.º/1 (princípio da imediação).

• Imagine que o arguido em sede de interrogatório dá uma versão dos factos e que depois vai negar em julgamento. O que acontece? Qual a prova que o Juiz vai valorar?

A prova produzida na audiência (princípio da imediação), nos termos do artigo 355.º (a menos que essa afirmação seja feita ao abrigo do regime das declarações para memória futura; cfr também n.º 2).

• Quais as leituras de autos e declarações permitidas?

Só é permitida a leitura em audiência de autos relativos a atos processuais levados a cabo nos termos dos artigos 318.º, 319.º e 320.º ou de instrução ou de inquérito que não contenham declarações do arguido, do Assistente, das partes civis ou de testemunhas, nos termos do artigo 356.º/1.

A leitura de declarações do Assistente, das partes civis e de testemunhas só é permitida tendo sido prestadas perante o Juiz nos casos em que as declarações tenham sido tomadas para memória futura (artigo 356.º/2-*a*)), quando o MP, o arguido e o Assistente estejam de acordo na sua leitura (artigo 356.º/2-*b*)) e tratando-se de declarações obtidas mediante rogatórias ou precatórias legalmente permitidas (artigo 356.º/2-*c*)).

É também permitida a leitura de declarações anteriormente prestadas perante o Juiz na parte necessária ao avivamento da memória de quem declarar na audiência que já não recorda certos factos ou quando houver, entre elas e as feitas em audiência, contradições ou discrepâncias, nos termos do artigo 356.º/3 (cfr. ainda n.os 4 e 5).

• Imagine que liam declarações proibidas recolhidas em fase de inquérito na audiência de julgamento. Se tal sucedesse, que faria?

Perante tal situação o Advogado deve arguir a nulidade de tais leituras antes que estas tenham terminado, nos termos do artigo 120.º/2 e 3-*a*) – cfr. ainda artigo 356.º.

• Imagine que no decurso de um crime, um indivíduo aponta uma caçadeira ao vizinho. A única testemunha é a esposa do agressor. Em sede de inquérito a esposa conta tudo tal qual como ocorreu. Chegados ao julgamento, o arguido remete-se ao silêncio e a esposa recusa-se a depor. Pode?

A esposa do arguido pode remeter-se ao silêncio, nos termos do artigo 134.º/1-*a*).

• O MP, face à recusa da esposa, pede que sejam lidas as declarações pela mesma prestadas em sede de Inquérito. Pode?

O MP, face à recusa da esposa, não pode pedir que sejam lidas as declarações da mesma uma vez que é proibida, em qualquer caso, a leitura do depoimento prestado em inquérito (ou instrução) por testemunha que, em audiência, se tenha validamente recusado a depor, nos termos do artigo 356.º/6.

• Os órgãos de polícia criminal que tiverem recebido declarações cuja leitura não for permitida, podem ser inquiridos como testemunhas sobre o conteúdo daquelas?

Os órgãos de polícia criminal que tiverem recebido declarações cuja leitura não for permitida, bem como quaisquer pessoas que, a qualquer título, tiverem participado na sua recolha, não podem ser inquiridos como testemunhas sobre o conteúdo daquelas, nos termos dos artigos 356.º/7 e 357.º/2.

• É permitida a reprodução ou leitura de declarações do arguido?

A reprodução ou a leitura de declarações anteriormente feitas pelo arguido só é permitida quando este o solicite (seja qual for a entidade perante a qual tiverem sido prestadas) ou quando, tendo sido feitas perante a autoridade judiciária com assistência de defensor e o arguido tenha sido informado de que não exercendo o direito ao silêncio as declarações que prestar poderão ser utilizadas no processo, mesmo que seja julgado na ausência, ou não preste declarações em audiência de julgamento, estando sujeitas à livre apreciação da prova, nos termos dos artigos 357.º/1-*a)* e *b)* e 141º/4-*b)*. (cfr. artigo 357.º/2 e 3).

• Qual a diferença entre testemunhas abonatórias e as demais?

As testemunhas abonatórias apenas prestam declarações sobre o carácter do arguido enquanto que as demais têm conhecimento dos factos em virtude de os terem presenciado ou por alguma outra razão de ciência que lhes permitiu ter contacto direto com os mesmos.

• O que distingue a testemunha de um perito?

O perito é uma pessoa de honorabilidade e de reconhecida competência da matéria em causa (artigo 152.º/1 *in fine*). A testemunha é alguém que tem conhecimento dos factos por os ter presenciado ou por alguma outra razão de ciência.

- Imagine que o arguido vai ser julgado por homicídio simples, mas antes do julgamento o Juiz apercebe-se que os factos consubstanciam um homicídio qualificado. Estamos perante uma alteração substancial dos factos?

No caso concreto, estamos perante uma alteração substancial dos factos uma vez que esta alteração leva a uma agravação dos limites máximos das sanções aplicáveis, nos termos do artigo 1.º-*f) in fine* (cfr. ainda artigo 359.º/1).

- Qual a consequência de uma alteração substancial dos factos?

Uma alteração substancial dos factos descritos na acusação ou na pronúncia não pode ser tomada em conta pelo Tribunal para o efeito de condenação no processo em curso, nem implica a extinção da instância, valendo como denúncia para que o MP proceda pelos novos factos, se estes forem autonomizáveis em relação ao objeto do processo, nos termos do artigo 359.º/1 e 2.

- Uma alteração substancial dos factos implica sempre um novo processo?

Se houver acordo entre o MP, o arguido e o Assistente, o Juiz comunica logo ao Defensor e concede, a requerimento deste, dez dias para preparação da defesa relacionada com os novos factos, nos termos do artigo 359.º/3 e 4.

- E ao homicídio simples o que é que acontecia?

Era julgado até final, e nestes casos regra geral o arguido é absolvido pois decorre contra si um processo por homicídio qualificado na mesma factualidade.

- O professor Germano Marques da Silva considera que nestes casos o processo devia ser suspenso e remetido ao MP para nova investigação. Concorda?

Sim, porque devia haver uma reforma da acusação e proceder-se-ia segundo o princípio da economia processual, visto evitarmos mais atos processuais que não têm qualquer efeito prático.

Alegações orais – artigo 360.º

- Nas alegações orais é admissível réplica?

Nas alegações orais é admissível réplica, a exercer uma só vez, sendo, porém, sempre o Defensor, se pedir a palavra, o último a falar, sob pena de nulidade. A réplica deve conter-se dentro dos limites estritamente necessários para a refutação dos argumentos contrários que não tenham sido anteriormente discutidos, nos termos do artigo 360.º/2.

2.3.11. Da sentença (artigos 365.º a 380.º)

- É possível o Juiz ausentar-se e ser outro a condenar?

Não, pois só podem intervir na decisão da matéria de facto os Juízes que tenham assistido a todos os atos de instrução e discussão praticados na audiência final ao abrigo do princípio do juiz natural, nos termos dos artigos 32.º/9 CRP, 119.º-*a)* do Código de Processo Penal, 605.º/1 do Código de Processo Civil *ex vi* 4.º do Código de Processo Penal.

- Quais os requisitos da sentença?

A sentença começa por um relatório, que contém as indicações tendentes à identificação do arguido, as indicações tendentes à identificação do Assistente e das partes civis, a indicação do crime ou dos crimes imputados ao arguido, segundo a acusação, ou pronúncia, se a tiver havido e a indicação sumária das conclusões contidas na contestação, se tiver sido apresentada, nos termos do artigo 374.º/1-*a)* a *d)*.

Ao relatório segue-se a fundamentação, que consta da enumeração dos factos provados e não provados, bem como de uma exposição tanto quanto possível completa, ainda que concisa, dos motivos, de facto e de direito, que fundamentam a decisão, com indicação e exame crítico das provas que serviram para formar a convicção do Tribunal, nos termos do artigo 374.º/2.

Por fim, a sentença termina pelo dispositivo que contém as disposições legais aplicáveis, a decisão condenatória ou absolutória, a indicação do destino a dar a coisas ou objetos relacionados com o crime, a ordem de remessa de boletins ao registo criminal e a data e as assinaturas dos membros do Tribunal, nos termos do artigo 356.º/3-*a)* a *e)*.

• Qual a diferença entre sentença condenatória e sentença absolutória em processo penal?

A sentença condenatória especifica os fundamentos que presidiram à escolha e à medida da sanção aplicada, indicando, nomeadamente, se for caso disso, o início e o regime do seu cumprimento, outros deveres que ao condenado sejam impostos e a sua duração, bem como o plano individual de readaptação social, nos termos do artigo 375.º/1

Considera-se também sentença condenatória a que tiver decretado dispensa da pena, nos termos do artigo 375.º/3.

Por sua vez, a sentença absolutória declara a extinção de qualquer medida de coação e ordena a imediata libertação do arguido preso preventivamente, salvo se ele dever continuar preso por outro motivo ou sofrer medida de segurança de internamento, nos termos do artigo 376.º/1.

• A sentença sendo absolutória pode condenar o arguido em indemnização civil?

A sentença, ainda que absolutória, condena o arguido em indemnização civil sempre que o pedido respetivo vier a revelar-se fundado, sem prejuízo do disposto no artigo 82.º/3, nos termos do artigo 377.º/1.

• Quais as causas de nulidade da sentença?

É nula a sentença que não contiver as menções referidas no artigo 374.º/2 e 3-*b)* ou, em processo sumário ou abreviado, não contiver a decisão condenatória ou absolutória ou as menções referidas nos artigos 389.º-A/1-*a)* a *d)* e 391.º-F (artigo 379/1-*a)*), que condenar por factos diversos dos descritos na acusação ou na pronúncia, se a houver, fora dos casos e das condições previstos nos artigos 358.º e 359.º (artigo 379/1-*b)*), quando o Tribunal deixe de pronunciar-se sobre questões que devesse apreciar ou conheça de questões de que não podia tomar conhecimento (artigo 379/1-*c)*).

As nulidades da sentença devem ser arguidas ou conhecidas em recurso, devendo o Tribunal supri-las, aplicando-se, com as necessárias adaptações, o disposto no artigo 414.º/4, nos termos do artigo 379.º/2. (cfr. ainda o artigo 379.º/3)

- Imagine que o seu cliente é condenado a pena de prisão efetiva em decisão oral reproduzida em ata. O que é que o Advogado deve fazer?

O Advogado deve imediatamente interpor recurso da decisão proferida em audiência por declaração na ata, nos termos do artigo 411.º/2.

A motivação do recurso interposto por declaração na ata, pode ser apresentada no prazo de trinta dias contado da data da interposição, nos termos do artigo 411.º/3.

Interponha recurso para ata

MINUTA DE INTERPOSIÇÃO DE RECURSO

> ______________ (nome completo), arguido nos presentes autos, tendo sido notificado do teor da sentença e com ela não se conformando, vem nos termos do artigo 411.º interpor recurso da mesma.

- Há desconto do tempo da prisão preventiva no cumprimento da pena aplicada?

A prisão preventiva (a detenção e a obrigação de permanência na habitação também) sofrida pelo arguido é descontada por inteiro no cumprimento da pena de prisão, ainda que tenha sido aplicada em processo diferente daquele em que vier a ser condenado, quando o facto por que for condenado tenha sido praticado anteriormente à decisão final do processo no âmbito do qual a medida foi aplicada, nos termos do artigo 80.º do Código Penal.

- É possível condenar alguém a seis anos de prisão com pena suspensa por três?

Não, o Tribunal apenas suspende a execução da pena de prisão aplicada em medida não superior a cinco anos. E fá-lo se, atendendo à personalidade do agente, às condições da sua vida, à sua conduta anterior e posterior ao crime e às circunstâncias deste, concluir que a simples censura do facto e a ameaça da prisão realizam de forma adequada e suficiente as finalidades da punição, nos termos do artigo 50.º/1 do Código Penal.

O período de suspensão é fixado entre um e cinco anos, nos termos do artigo 50.º/5 do Código Penal.

• Uma pessoa coletiva pode ser condenada em processo penal?

Uma pessoa coletiva pode ser condenada em processo penal nos crimes e nas situações a que se refere os artigos 11.º/2 e 90.ºA e ss. do Código Penal.

• Um arguido pode ser condenado duas vezes pelo mesmo crime?

Ninguém pode ser julgado duas vezes pela prática do mesmo crime, nos termos do artigo 29.º/5 da Constituição da República Portuguesa (princípio ne bis in idem). Aplica-se também às pessoas julgadas em país estrangeiro, nos termos do artigo 6.º/1 do Código Penal.

• Imagine que o arguido foi preso por não pagar a pena de multa a que foi condenado. Tendo em conta que se tratava de uma sentença transitada em julgado, o que poderia o Advogado fazer?

O condenado pode a todo o tempo evitar, total ou parcialmente, a execução da prisão subsidiária, pagando, no todo ou em parte, a multa a que foi condenado, nos termos do artigo 49.º/2 do Código Penal (cfr. artigo 49.º/1 do Código Penal e artigo 489.º).

2.3.12. Dos processos especiais

• Quais os processos especiais que conhece?

O Código de Processo Penal prevê três tipos de processos especiais, o processo sumário (artigo 381.º), o processo abreviado (artigo 391.º-A) e o processo sumaríssimo (artigo 392.º).

• Quais as diferenças entre estes?

No processo sumário os arguidos são detidos em flagrante delito. O processo nunca é sumaríssimo à partida. Ele torna-se sumaríssimo por iniciativa do arguido ou quando o MP depois de o ter ouvido entender que ao caso deve ser aplicada pena ou medida de segurança não privativa da liberdade.

Além disso, no processo sumário, o arguido detido é imediatamente submetido a julgamento. A forma sumaríssima releva somente em relação ao tempo de aplicação da sanção ao arguido. Se este não aceitar esta forma de processo, os autos seguem para outra forma que lhes caibam.

O processo abreviado diz respeito aos casos de crime punível com pena de multa ou com pena de prisão não superior a cinco anos, havendo provas simples e evidentes de que resultem indícios suficientes de se ter verificado o crime e de quem foi o seu agente, o MP, em face do auto de notícia ou após realizar inquérito sumário, deduz acusação para julgamento em processo abreviado, nos termos do artigo 391.º-A/1. Ainda, os crimes puníveis com pena de prisão de limite máximo superior a cinco anos, mesmo em caso de concurso de infrações, quando o MP, na acusação, entender que não deve ser aplicada, em concreto, pena de prisão superior a cinco anos, nos termos do artigo 391.º-A/2.

- Há lugar a instrução nas formas de processo especiais?

Não há lugar a instrução nas formas de processo especiais, nos termos dos artigos 286.º/3 e 398.º/2.

Processo sumário – artigos 381.º a 391.º

- As pessoas com legitimidade para tal, podem constituir-se como Assistente ou em partes civis num processo sumário?

Em processo sumário, as pessoas com legitimidade para tal podem constituir-se Assistentes ou intervir como partes civis se assim o solicitarem, mesmo que só verbalmente, no início da audiência, nos termos do artigo 388.º.

- Em que tipo de processo especial pode o MP substituir a acusação pela leitura do Auto de Notícia da autoridade que procedeu à detenção do arguido?

O MP pode substituir a apresentação da acusação pela leitura do auto de notícia da autoridade que tiver procedido à detenção em processo sumário, nos termos do artigo 389.º/1.

Porém, caso seja insuficiente, a factualidade constante do auto de notícia pode ser completada por despacho do MP proferido antes da apresentação a julgamento, sendo tal despacho igualmente lido em audiência, nos termos do artigo 389.º/2 (cfr. artigo 389.º/ 3).

- A sentença em processo sumário é proferida por escrito?

A sentença é logo proferida oralmente, nos termos do artigo 389.º-A/1.

- É admissível recurso em processo sumário?

Em processo sumário só é admissível recurso da sentença ou o despacho que ponha termo ao processo, nos termos do artigo 391.º/1.

Processo abreviado – artigos 391.º-A a 391.º-G

- Qual o prazo para que o MP deduza acusação em processo abreviado?

Sem prejuízo do disposto no n.º 4 do artigo 384º, a acusação é deduzida no prazo de noventa dias a contar da aquisição da notícia do crime (artigo 241.º), tratando-se de crime público (artigo 391.º-B/2-*a*)) ou da apresentação de queixa, nos restantes casos (artigo 391.º-B/2-*b*)).

Se o procedimento depender de acusação particular, a acusação do MP tem lugar depois de deduzida acusação pelo Assistente, nos termos do artigo 391.º-B, n.º 3 (cfr. artigo 285.º).

- Há lugar a inquérito no processo abreviado?

Pode haver inquérito sumário no processo abreviado, nos termos do artigo 391.º-A/1.

- É possível a constituição de Assistente no processo abreviado?

É possível a constituição de Assistente no processo abreviado, nos termos do artigo 391.º-B/3.

- É possível a intervenção de partes civis no processo abreviado?

É possível a intervenção de partes civis no processo abreviado, nos termos do artigo 391.º-E/2.

- Em processo abreviado, é aplicável a suspensão provisória do processo?

Em processo abreviado, é aplicável a suspensão provisória do processo, nos termos do artigo 391.º-B/4 (cfr. artigo 281.º e 282.º).

- Em processo abreviado, pode haver arquivamento em caso de dispensa de pena?

Em processo abreviado, é possível o arquivamento em caso de dispensa de pena, nos termos do artigo 391.º-B/4 (cfr. artigo 280.º).

Processo sumaríssimo – artigos 392.º a 398.º

- É permitido, em processo sumaríssimo, a intervenção de partes civis?

Não é permitida, em processo sumaríssimo, a intervenção de partes civis, sem prejuízo do disposto no número seguinte, nos termos do artigo 393.º/1.

No entanto, até ao momento da apresentação do requerimento do MP, pode o lesado manifestar a intenção de obter a reparação dos danos sofridos, caso em que aquele requerimento deverá conter a indicação a que alude o artigo 394.º/2-*b)*, nos termos do artigo 393.º/2.

- No processo sumaríssimo pode haver suspensão provisória do processo?

No processo sumaríssimo não pode haver suspensão provisória do processo pois o processo apenas segue esta forma com o devido consenso entre arguido, Assistente e MP (artigo 392.º/1).

- Não havendo oposição do arguido ao requerimento do MP o que acontece?

Quando o arguido não se opuser ao requerimento, o Juiz, por despacho, procede à aplicação da sanção e à condenação no pagamento de taxa de justiça, nos termos do artigo 397.º/1.

O despacho a que se refere o número anterior vale como sentença condenatória e não admite recurso ordinário, nos termos do artigo 397.º/2 (cfr. ainda n.º 3).

Caso o arguido deduza oposição, o Juiz ordena o reenvio do processo para outra forma que lhe caiba, equivalendo à acusação, em todos os casos, o requerimento do MP formulado à luz do artigo 394.º, nos termos do artigo 398.º/1.

Após ter sido ordenado o reenvio, o arguido é notificado da acusação, bem como para requerer, no caso de o processo seguir a forma comum, a abertura de instrução, nos termos do artigo 398.º/2.

2.3.13. Dos recursos

- Que tipos de recursos é que conhece em direito penal?

Em direito penal existem os *recursos ordinários* e os *recursos extraordinários*, conforme estejamos perante decisões já transitadas em julgado ou não. O Código de Processo Penal prevê duas espécies de recursos ordinários: o *recurso perante as Relações* (artigos 427.º a 431.º) e o *recurso perante o Supremo Tribunal de Justiça* (artigos 432.º a 436.º). As Relações conhecem de facto e de direito e o recurso para o Supremo Tribunal de Justiça visa exclusivamente o reexame da matéria de direito, sem prejuízo do disposto do artigo 410.º/2 e 3 (artigos 428.º e 434.º). Por sua vez, nos recursos extraordinários podemos distinguir o *recurso para a fixação da jurisprudência* (artigo 437.º e ss.) e o *recurso de revisão* (artigo 449.º e ss.).

- Quando é que se considera que um processo transitou em julgado?

Uma decisão judicial transita em julgado, ou seja, é insuscetível de impugnação ordinária, quando é irrecorrível ou, sendo recorrível, se deixou esgotar, sem dele fazer o aproveitamento, o prazo legal para interposição do recurso (artigo 411.º/1).

- Qual a diferença entre recurso e reclamação?

O recurso visa a reapreciação de uma decisão judicial por um órgão judicial diferente (superior hierarquicamente). Por sua vez, a reclamação é dirigida ao mesmo órgão que proferiu a decisão.

- Existe alçada em processo penal?

Em matéria penal não há alçada. A recorribilidade das decisões constitui a regra, nos termos dos artigos 399.º e 400.º e do artigo 44.º/2 da LOSJ.

- Os despachos do MP são suscetíveis de recurso?

Os despachos do MP apenas são suscetíveis de recurso hierárquico ou reclamação para o superior hierárquico. Por exemplo, os artigos 278.º e 279.º/2.

- Quais as decisões que não admitem recurso?

Não é admissível recurso:
- de despachos de mero expediente (artigo 400.º/1-*a*));
- de decisões que ordenam atos dependentes da livre resolução do Tribunal (artigo 400.º/1-*b*));
- de acórdãos proferidos, em recurso, pelas relações que não conheçam, a final, do objeto do processo , exceto nos casos em que, inovadoramente, apliquem medidas de coação ou de garantia patrimonial, quando em 1.ª instância tenha sido decidido não aplicar qualquer medida para além do termo de identidade e residência previsto no artigo 196.º (artigo 400.º/1-*c*));
- de acórdãos absolutórios proferidos, em recurso, pelas relações, exceto no caso de decisão condenatória de 1.ª instância em pena de prisão superior a 5 anos (artigo 400.º/1-*d*));
- de acórdãos proferidos, em recurso, pelas relações, que apliquem pena não privativa da liberdade ou pena de prisão não superior a 5 anos, exceto no caso de decisão absolutória em 1.ª instância (artigo 400.º/1-*e*));
- de acórdãos condenatórios proferidos, em recurso, pelas relações, que confirmem decisão de 1.ª instância e apliquem pena de prisão não superior a oito anos (artigo 400.º/1-*f*));
- nos demais casos previstos na lei (artigo 400.º/1-*g*)).

É de realçar que o Tribunal Constitucional no seu Acórdão n.º 595/2018 declarou, "*... com força obrigatória geral, a inconstitucionalidade da norma que estabelece a irrecorribilidade do acórdão da Relação que, inovadoramente face à absolvição ocorrida em 1.ª instância, condena os arguidos em pena de prisão efetiva não superior a cinco anos, constante do artigo 400.º, n.º 1, alínea e), do Código de Processo Penal, na redação da Lei n.º 20/2013, de 21 de fevereiro, por violação do artigo 32.º, n.º 1, conjugado com o artigo 18.º, n.º 2 da Constituição.*"

Sem prejuízo do disposto nos artigos 427.º e 432.º o recurso da parte da sentença relativa à indemnização civil só é admissível desde que o valor do pedido seja superior à alçada do Tribunal recorrido e a decisão impugnada seja desfavorável para o recorrente em valor superior a metade desta alçada, nos termos do artigo 400.º/2.

• Mesmo que não seja possível recurso quanto à matéria penal, pode ser interposto recurso da parte da sentença relativa à indemnização civil?

Mesmo que não seja admissível recurso quanto à matéria penal, pode ser interposto recurso da parte da sentença relativa à indemnização civil, nos termos do artigo 400.º/3.

• Quem tem legitimidade e interesse em agir?

Têm legitimidade para recorrer:
- o MP, de quaisquer decisões, ainda que no exclusivo interesse do arguido (artigo 401.º/1-*a)*);
- o arguido e o Assistente, de decisões contra eles proferidas (artigo 401.º/1-*b)*);
- as partes civis, da parte das decisões contra cada uma proferida (artigo 401.º/1-*c)*);
- aqueles que tiverem sido condenados ao pagamento de quaisquer importâncias, nos termos do Código de Processo Penal, ou tiverem a defender um direito afetado pela decisão (artigo 401.º/1-*d)*).

Não pode recorrer quem não tiver interesse em agir, nos termos do artigo 401.º/2.

• O que é um recurso subordinado e quais os prazos?

O recurso subordinado é aquele que é interposto pela parte contrária após ter sido interposto recurso por uma das partes civis, nos termos do artigo 404.º/1.

O recurso subordinado é interposto no prazo de trinta dias, contado da data da notificação referida no artigo 411.º/6 e 7, nos termos do artigo 404.º/2.

Se o primeiro Recorrente desistir do recurso, este ficar sem efeito ou o Tribunal não tomar conhecimento dele, o recurso subordinado fica sem efeito, nos termos do artigo 404.º/3.

• Qual a diferença entre subida nos autos e subida em separado?

Nos casos em que o recurso sobe nos próprios autos não há que juntar certidões das peças processuais para instruir o recurso. Por seu turno, no caso da subida em separado, o recurso tem autonomia física, sendo necessário instruir um novo auto que irá correr paralelamente ao processo principal.

- Qual a diferença entre recurso suspensivo e com efeito devolutivo?

Se o recurso tem efeito devolutivo, a pena constante da decisão de que se recorre é aplicada e o processo segue os seus termos. Por sua vez, se o recurso tem efeito suspensivo implica a suspensão do processo, que não segue os seus termos até ser decidido o recurso, ou a suspensão da aplicação da pena constante da decisão de que se recorre, apenas abrange a execução da pena o que leva a que os autos sigam os seus termos.

- Imagine que o seu cliente roubou maçãs e é condenado a pena de prisão efetiva. O Advogado recorre. Este recurso tem efeito suspensivo?

No caso ora em concreto, o recurso tem efeito suspensivo porque diz respeito a uma decisão final condenatória, nos termos do artigo 408.º/1-*a)* – cfr. artigo 214.º.

- Recorda-se de algum recurso que tenha efeito devolutivo?

Tem efeito devolutivo o recurso de aplicação da medida de coação (artigo 408.º a *contrario*).

- O que entende por proibição de reformatio in pejus?

A proibição da reformatio in pejus significa que, quando é interposto recurso de uma decisão final, o Tribunal superior não pode modificar a sanção aplicada pela decisão recorrida em prejuízo de qualquer dos arguidos, sejam ou não recorrentes. Excetuam-se o recurso interposto pelo MP que não seja no exclusivo interesse da defesa e a pena de multa se a situação económica e financeira do arguido tiver entretanto melhorado de forma sensível, nos termos do artigo 409.º/1 e 2.

- Quais os fundamentos que deve conter o recurso?

Sempre que a lei não restringir a cognição do Tribunal ou os respetivos poderes, o recurso pode ter como fundamento quaisquer questões de que pudesse conhecer a decisão recorrida, nos termos do artigo 410.º/1.

- O requerimento de interposição do recurso é sempre motivado?

O requerimento de interposição do recurso é sempre motivado, sob pena de não admissão do recurso, nos termos do artigo 411.º/3.

- Quando interpõe recurso junta logo as motivações?

O requerimento de interposição do recurso é sempre motivado, sob pena de não admissão do recurso, podendo a motivação, no caso de recurso interposto por declaração na ata, ser apresentada no prazo de trinta dias, contado da data da interposição, nos termos do artigo 411.º/3 (cfr. artigo 412.º).

- Qual o prazo para interposição do recurso?

O prazo para interposição do recurso é de trinta dias, nos termos do artigo 411.º/1 e 3.

- O que fazia se fosse aplicada em decisão oral reproduzida em ata ao seu cliente uma pena de prisão efetiva de quatro anos? Existe algum expediente previsto pela lei para fazer funcionar imediatamente o efeito suspensivo do recurso em processo penal? Imagine que está num julgamento (Tribunal júri coletivo) e o seu cliente diz-lhe que se for aplicada pena de prisão efetiva que quer recorrer. O que deveria fazer?

O Advogado deve imediatamente pedir a palavra ao Juiz Presidente e interpor recurso da decisão proferida em audiência por declaração na ata, nos termos do artigo 411.º/2 (efeito suspensivo do recurso).

A motivação do recurso interposto por declaração na ata, pode ser apresentada no prazo de trinta dias contado da data da interposição, nos termos do artigo 411.º/3.

- O que acontecia se o Advogado não recorresse imediatamente?

Se o Advogado não recorresse imediatamente o seu cliente iria preso.

• Porque está consagrada a possibilidade de interpor recurso da medida de coação aplicada para a ata?

O legislador ao consagrar a possibilidade de interpor recurso de medida de coação aplicada para a ata, com efeito suspensivo, visa assegurar o respeito pelos princípios da segurança jurídica e do efetivo direito ao recurso (cfr. artigo 32.º da Constituição da República Portuguesa e artigo 411.º).

MINUTA DE RECURSO PARA A ACTA
NOS TERMOS DO ARTIGO 411.º/2

> ____________________ (nome completo), arguido nos presentes autos, tendo sido notificado do teor do Acórdão, e não se conformando com esta decisão, vem, nos termos do artigo 411.º/2, interpor recurso do mesmo, tendo este efeito suspensivo.
>
> Pede Deferimento

• No requerimento de interposição de recurso é possível ao Recorrente requerer que se realize audiência?

No requerimento de interposição de recurso o Recorrente pode requerer que se realize audiência, especificando os pontos da motivação do recurso que pretende ver debatidos, nos termos do artigo 411.º/5.

• Qual o prazo de resposta ao recurso?

Os sujeitos processuais afetados pela interposição do recurso podem responder no prazo de 30 dias contados da notificação do requerimento de interposição e respetivas motivações, nos termos 413.º/1 (cfr. artigo 411.º/6).

• Os sujeitos processuais podem desistir do recurso interposto?

Os sujeitos processuais podem desistir do recurso interposto (manifestação do princípio do dispositivo), até ao momento de o processo ser concluso ao relator para exame preliminar, nos termos do artigo 415.º/1.

A desistência é feita por requerimento ou termo no processo e é verificada por despacho do relator, nos termos do artigo 415.º/2.

- Imagine que da prova gravada produzida em audiência constam elementos diferentes daqueles que o Tribunal deu relevância para a sua decisão. O Advogado entende que tais elementos poderiam levar a uma decisão diversa. Quid Iuris?

Sempre que por existirem os vícios referidos nas alíneas do artigo 410.º/2 (vícios de julgamento), não for possível decidir da causa, o Tribunal de recurso determina o reenvio do processo para novo julgamento relativamente à totalidade do objeto do processo ou a questões concretamente identificadas na decisão de recurso, nos termos do artigo 426.º/1 (cfr. artigo 410.º/2-*a)* a *c)*).

- O Tribunal da Relação pode admitir a renovação da prova?

Quando deva conhecer de facto e de direito, a Relação admite a renovação da prova se se verificarem os vícios referidos nas alíneas do artigo 410.º/2 e houver razões para crer que aquela permitirá evitar o reenvio do processo, nos termos do artigo 430.º/1.

- O que é o recurso per saltum?

"Diz-se que se recorre per saltum quando o recurso é interposto diretamente da 1.ª instância para o STJ. É o que acontece no caso de recurso interposto de acórdãos finais proferidos pelo Tribunal coletivo para reexame da matéria de direito", *in* Henriques Eiras e Guilhermina Fortes, *Dicionário de Direito Penal e Processo Penal,* 2.ª Edição, *Quid Juris,* 2006, pág. 311 – artigo 432.º-*c)* e *d)*.

- Quais os casos em que se recorre para o Supremo Tribunal de Justiça?

Recorre-se para o Supremo Tribunal de Justiça:
- de decisões das relações proferidas em 1.ª instância, visando exclusivamente o reexame da matéria de direito ou com os fundamentos previstos nos n.ºs 2 e 3 do artigo 410.º (artigo 432.º/1-*a)*);
- de decisões que não sejam irrecorríveis proferidas pelas relações, em recurso, nos termos do artigo 400.º (artigo 432.º/1-*b)*);
- de acórdãos finais proferidos pelo Tribunal do júri ou pelo Tribunal coletivo que apliquem pena de prisão superior a cinco anos, visando exclusivamente o reexame de matéria de direito ou com os fundamentos previstos nos números 2 e 3 do artigo 410.º (artigo 432.º/1-*c)*);

– de decisões interlocutórias que devam subir com os recursos referidos nas alíneas anteriores(artigo 432.º/1-*d*)).

• Quais os casos em que há recurso diretamente para o Supremo Tribunal de Justiça?

Há recurso diretamente para o Supremo Tribunal de Justiça nas situações previstas nos artigos 11.º, 427.º, 432.º/1-*c)* e *d)*.

• Relacione o artigo 432.º/2 com o artigo 414.º/8.

No caso de recurso interposto de Acórdão final proferido pelo Tribunal do Júri ou Tribunal Coletivo que aplique pena de prisão superior a cinco anos e que vise exclusivamente o reexame de matéria de direito ou com os fundamentos previstos nos números 2 e 3 do artigo 410.º não é admissível recurso prévio para a Relação (artigo 432.º/1-*c)* e 2). No entanto, caso seja interposto recurso desse mesmo Acórdão, por um sujeito processual diferente, e que vise exclusivamente o reexame da matéria de facto, ambos os recursos serão julgados conjuntamente pelo Tribunal competente para conhecer da matéria de facto, ou seja, o Tribunal da Relação.

• Que tipos de recursos extraordinários é que conhece?

Existem dois tipos de recursos extraordinários em processo penal. O recurso para a fixação da jurisprudência (artigo 437.º) e o recurso de revisão (artigo 449.º).

• Se o julgamento decorrer perante o Tribunal de Júri, para que Tribunal se deverá interpor recurso?

Para se recorrer diretamente para o Supremo Tribunal de Justiça, terão de verificar-se os pressupostos do artigo 432.º/1-*c)*.

• O Tribunal de recurso pode pronunciar-se sobre a convicção do Juiz da primeira instância?

O Tribunal Superior não pode fazer a critica da apreciação da prova levada a cabo pelo Tribunal recorrido a não ser que, de acordo com as regras da experiência comum e visto que seja o conteúdo da decisão objeto de recurso, ressalte a verificação de qualquer um dos vícios a que se alude no artigo 410.º/2.

2.3.14. Legislação complementar importante

***i)* Jovens adultos – Decreto-Lei n.º 401/82**

• A aplicação da lei penal e da lei processual é igual para um arguido de 20 anos e para outro de 30?

Aos maiores de 16 anos e menores de 21 são aplicáveis normas fixadas em legislação especial, nos termos do artigo 9.º do Código Penal (cfr. artigo 1.º do DL n.º 401/82).

***ii)* Lei Tutelar Educativa – Lei n.º 166/99**

• Qual o regime para o jovem de 12 a 16 anos que pratique um facto qualificado pela lei como crime?

A prática, por menor com idade compreendida entre os 12 e os 16 anos, de facto qualificado pela lei como crime dá lugar à aplicação de medida tutelar educativa, nos termos do artigo 1.º da Lei n.º 166/99 (Lei Tutelar Educativa) – cfr. artigo 19.º do Código Penal.

• O seu cliente faz 16 anos daqui a uma semana. Foi apanhado a consumir e a traficar estupefacientes. Aconselha a SPP (suspensão provisória do processo)?

Nesse caso a SPP não poderá ser aplicada, na medida em que dever-se-á aplicar, ao caso concreto, o Regime Tutelar Educativo – Lei n.º 166/99.

3. SÍMBOLOS DA JUSTIÇA (PODE SER OBJECTO DE EXAME)

Os **símbolos da Justiça** representam, no seu conjunto, uma grande metáfora repleta de significados. Cada elemento completa o outro de forma a que as decisões da Justiça sejam sempre as mais justas.
São símbolos da Justiça a espada, a balança, e a Deusa de olhos vendados ou de olhos abertos e sem venda.

A **espada** é o símbolo da força, da coragem, da regra, da ordem e de aquilo que a razão dita. Também é símbolo do poder coercivo da Justiça para alcançar tais fins.

Por sua vez, a **balança** é o símbolo da equidade, da ponderação, do equilíbrio e da igualdade das decisões aplicadas pela lei.

Já a **Deusa de olhos vendados** personifica a Deusa Romana *Iustitia*, que corresponde à grega *Diké*, que simboliza o intuito de nivelar o tratamento jurídico de todos por igual, sem qualquer distinção. Tem como finalidades a objetividade e a imparcialidade. O facto de a Deusa ter os olhos vendados, elucida e bem que todos devem ser iguais perante a lei. No que diz respeito à aplicação das normas, a venda simboliza que tal aplicação não tem em conta as circunstâncias do caso concreto, limitando-se a subsumir os factos à norma.

Por fim, a **Deusa de olhos abertos e sem venda** simboliza a necessidade de não permitir que nenhuma circunstância do caso concreto, que seja relevante para a aplicação da norma, não seja tida em conta.

4. SUGESTÕES FINAIS

- A situação pode ser importante e solene, mas aconselhamos os Colegas a manter sempre a calma;

- Escutem as perguntas até ao fim e caso não compreendam a pergunta que está a ser feita, peçam ao membro do júri para repeti-la ou esclarecer sobre o que é pretendido;

- Na altura de responderem tirem sempre alguns segundos para refletir, pois muitas vezes a resposta que nos surge de imediato pode não ser a mais correta;

- É essencial responder objetivamente ao que é perguntado e não dar ênfase a aspetos secundários ou divagar evitando complicações desnecessárias ao próprio exame;

- É essencial o raciocínio e conhecimento jurídico;

- É importante demonstrar um bom domínio da oralidade;

- Utilizar incorretamente ou com pouco rigor os termos jurídicos penalizará o candidato na sua avaliação;

- É um valor acrescentado para quem está a ser avaliado que esteja informado acerca da atualidade noticiosa, pois podem ser feitas perguntas sobre novas decisões governativas ou qualquer medida que seja anunciada e tenha impacto em termos jurídicos;

- Poderá ser pedido um comentário ou opinião sobre alguma situação que esteja relacionada com um processo mediático;

BIBLIOGRAFIA

ORLANDO GUEDES DA COSTA, *Direito Profissional do Advogado,* Almedina, 6.ª Edição, 2008.

ORLANDO GUEDES DA COSTA, *Direito Profissional do Advogado,* Almedina, 8.ª Edição, 2015.

HENRIQUES EIRAS e GUILHERMINA FORTES, *Dicionário de Direito Penal e Processo Penal,* Quid Juris, 2.ª Edição, 2006.

ANA PRATA, *Dicionário Jurídico,* Almedina, 4.ª Edição, 2005.

JOEL TIMÓTEO RAMOS PEREIRA, *Prontuário de Formulários e Trâmites, Volume 1, Processo Civil Declarativo,* Quid Juris – 3.ª reimpressão, 2002.

LUÍS MANUEL TELES DE MENEZES LEITÃO, *Arrendamento Urbano,* Almedina, 2006.

ESMERALDA NASCIMENTO e ALEXANDRA LIMPO DE FARIA, *Formulários de Acções Cíveis Comuns,* Almedina, 7.ª Edição, 2008.

PAULA MARQUES CARVALHO, *Manual Prático de Processo Penal,* Almedina, 4.ª Edição, 2008.

ANTÓNIO ARNAUT, *Estatuto da Ordem dos Advogados Anotado,* 14.ª Edição, Coimbra Editora, 2012.

ABÍLIO NETO, *Novo Código de Processo Civil Lei n.º 41/2013 Anotado,* 1ª Edição, Ediforum Edições Jurídicas, Lda, Junho 2013.

RUI DA FONSECA E CASTRO e FERNANDO DA FONSECA E CASTRO, *Medidas de Coacção e de Garantia Patrimonial,*Quid Iuris 2013.